从零开始学运营

内容运营+渠道运营+活动运营+用户运营

谭静 编著

人民邮电出版社

北京

图书在版编目（CIP）数据

从零开始学运营：内容运营+渠道运营+活动运营+用户运营 / 谭静编著. -- 北京：人民邮电出版社，2019.5
ISBN 978-7-115-50475-3

Ⅰ．①从… Ⅱ．①谭… Ⅲ．①网络营销 Ⅳ.①F713.365.2

中国版本图书馆CIP数据核字(2018)第295128号

内 容 提 要

本书共16章专题内容，包括内容元素、爆款软文、直播与H5、流量渠道、视频音频渠道、活动运营认识、活动运营流程、用户拉新与留存、用户促活和变现等，可谓应有尽有，教您轻松理清烦琐的运营工作，让您在一本书中从零开始精通运营！

本书中共列举了256个纯高手实战技巧，从运营分支组成、运营岗位职责、行业运营重心、运营流程，到软文标题、软文图片、图文分析、流量渠道、视频音频渠道、开展活动等，步步为营，方方面面全突破，精准把握运营要点，最终成为运营高手！

本书适合传统互联网行业的从业人员、新媒体从业人员以及打算进行互联网和新媒体创业、就业而需要掌握运营技能的人士学习和参考。

◆ 编　著　谭　静
　　责任编辑　刘瑞莲
　　责任印制　周昇亮

◆ 人民邮电出版社出版发行　　北京市丰台区成寿寺路 11 号
　　邮编　100164　　电子邮件　315@ptpress.com.cn
　　网址　http://www.ptpress.com.cn
　　北京天宇星印刷厂印刷

◆ 开本：700×1000　1/16
　　印张：18.5　　　　　　　　　　2019 年 5 月第 1 版
　　字数：361 千字　　　　　　　2024 年 9 月北京第 22 次印刷

定价：55.00 元

读者服务热线：(010)81055296　印装质量热线：(010)81055316
反盗版热线：(010)81055315
广告经营许可证：京东市监广登字 20170147 号

前言

——"知而后行"+"行而后知"：写成、写好自己的"从零开始学运营"成长手册

在传统互联网和移动互联网时代，从网站产品的出现到发展壮大，都与运营有着密切关系。而在整个运营过程中，要从零开始学会运营，精于运营，就是当下企业、商家和运营者要面对的问题。

运营就是一个"知而后行"，而后又"行而后知"的过程，这在正文第 9 章中介绍渠道运营概况时会提到。其实，"知而后行"而后又"行而后知"是适用于整个运营过程的。本书就是从这一点出发并从一个运营初学者的角度来给全书内容布局的。

首先，"知而后行"的过程可从整体和局部这两个角度来理解和实行。从整体角度来看，"知而后行"的运营就是先要了解与运营相关的基础入门知识，然后才能从各大分支具体地展开和完成运营工作，如图 1 所示。

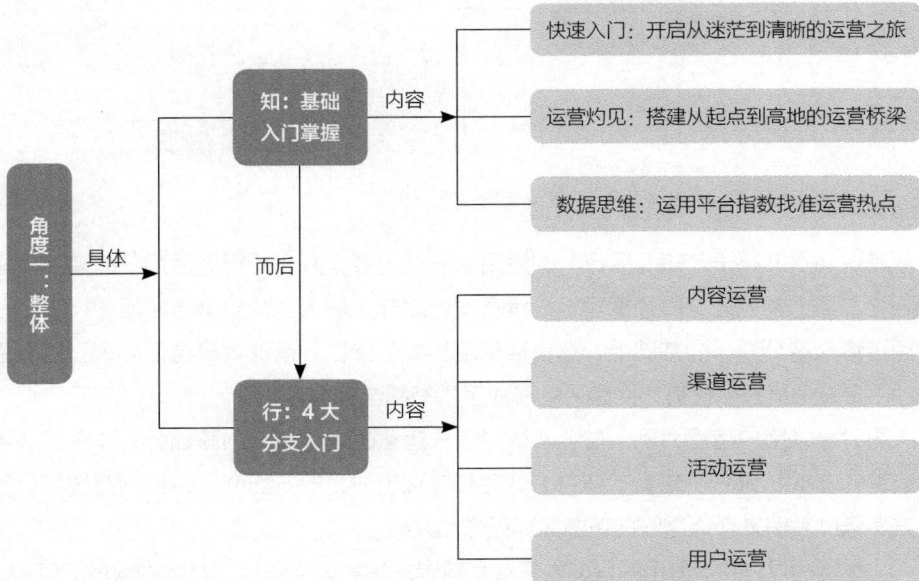

图 1　角度一：整体

从局部来看，也就是从 4 大分支的具体运营来看，"知而后行"的运营建立在对

各大分支运营的含义、目的、人员等方面的了解上，然后思考怎样去运营及其理由和结果等。下面以用户运营为例来解释本书布局的"知而后行"，如图2所示。

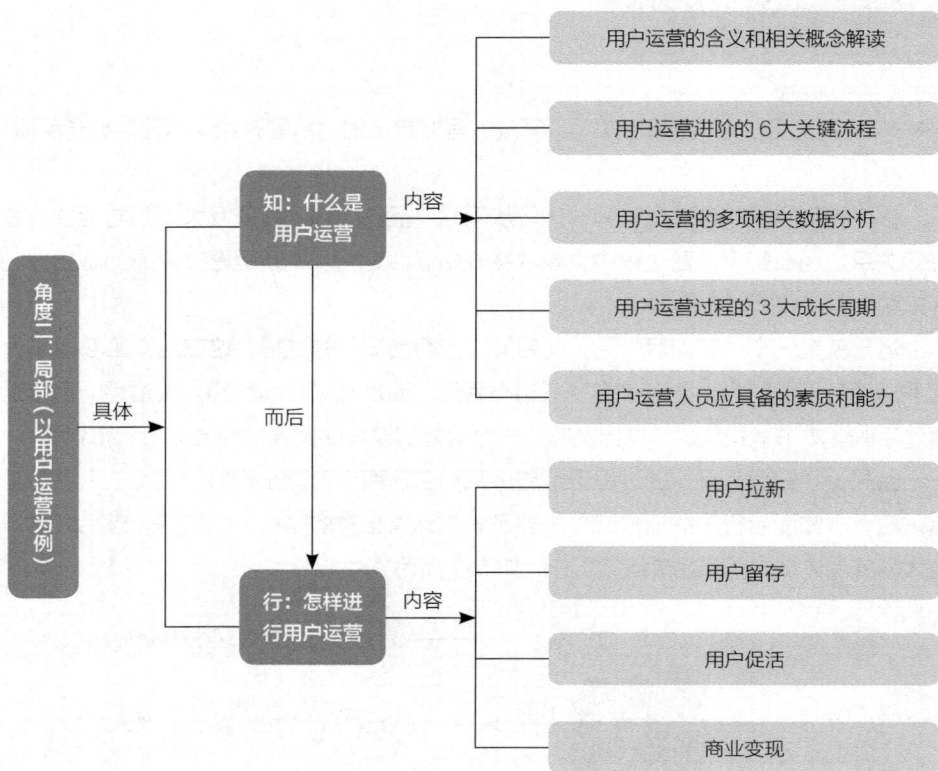

图2　角度二：局部

其次，本书基于"知而后行"的逻辑来安排内容，并在"行而后知"的实践操作和经验总结上来完成全书的撰写。在运营理论之外，加入了众多运营感悟和技巧。在指导运营众多公众号的基础上，把各种理论和实际操作、运营效果结合起来，再借鉴其他平台账号运营的优势和经验，就形成了本书的全部内容。

同时，以用户运营为例，在全面认识用户运营的理论知识的基础上，作者还从用户运营的4大结果——拉新、留存、促活和变现出发，一方面介绍各种运营技巧，另一方面通过举例来介绍这些技巧的实际操作和效果。

在举例的过程中，使用的很多内容都是笔者从指导公众号运营过程中获取的经验，如用户拉新中的投票功能、活动策划等，用户留存中的做好用户引导、消息自动回复等，用户变现中的出版图书、广告创收等。另外，还借鉴了其他平台的用户运营技巧和经验，如知名公众号"罗辑思维"的平台订阅变现方式、付费会员变现方式等。

综上所述，本书主要是在运营指导和其他优秀产品的经验借鉴上提炼、总结出了256个技巧，手把手帮助大家运营，步步为营，层层突破，以便早日熟练掌握运营和营销技巧，赚取更丰厚的利润。

作者相信，读者只要做到在掌握本书的基础理论知识的基础上，"知而后行"，进行运营的实际操作，就能在运营过程中体会更多的运营心得，"行而后知"，一步步成长起来，最终精通运营，写成、写好自己的"从零开始学运营"成长手册。

本书的技巧一共有256个，从容应对每一个互联网产品运营刚需：

（1）专注互联网和新媒体运营：本书主要以内容运营、渠道运营、活动运营和用户运营等为主线，通过256个经典知识点，帮助企业更好地进行运营，打造互联网和新媒体账号，同时借助运营获得的粉丝和流量，让更快变现成为可能。

（2）"理论＋经典案例"相结合：本书在介绍理论知识的同时，穿插了很多经典案例，这样带来的是经验的直接传授，可以在实践的过程中少走一些弯路。从经典案例中学习成功者的技巧和经验，为自身运营打好坚实的基础。

通过这种系统而翔实的讲述，希望能够为读者带来真实的体验，运营好一个能变现的互联网产品，为读者铺就一条走向成功的道路。

目录 | Contents

第3章 数据思维：运用平台指数找准运营热点

第 6 章　更进一步：如何打造爆款软文内容

第 7 章　与时俱进：直播与 H5 的内容修炼

第 8 章　运营支撑：三大关键因素不可忘

第9章　渠道开启：练好运营的基本功

第10章　问鼎流量：得渠道者，得天下

第11章　直观形象：借助视频音频渠道

第12章　活动解码：如何做好运营的"敲门砖"

第13章　活动解读：怎样循序渐进进行运营

第 14 章　以人为本：明白用户的心

第 1 章

快速入门：
开启从迷茫到清晰的运营之旅

学前提示

在实际工作中，运营是一个很宽泛的概念，而且对一般公司来说，其相关岗位的工作职责也没有明显和统一的界限，这就使得人们非常迷茫——究竟什么才是运营？本章将从其基本分支、具体岗位职责和不同产品的运营重心 3 个方面清晰地展现运营的风采。

要点展示

- ≫ 学习预热，本书的 4 大要点
- ≫ 什么是运营？运营精髓解读
- ≫ 什么地方做运营？4 大运营分支
- ≫ 什么人做运营？运营岗位职责
- ≫ 怎样做运营？不同类型产品的运营重心

1.1　学习预热，本书的 4 大要点

对于作者来说，一本书不仅是对自身经验的总结，同时也是写给读者看的。因此，在正式进入主题内容的写作之前，应该自己明白同时也让读者明白本书的 4 个基本问题，即"写给谁看的"（即读者）、"写了什么"（即内容）、"有哪些亮点"（即特色）和"内容以什么样的方式布局"（即思路）。下面将针对这 4 个问题一一加以解答。

001　读者定位：入围最适合人群，是否有你？

一个作者的思想、创意只有记录在一定的载体上，并依法出版，才能成为供读者阅读的著作。既然是供读者阅读的书，那么具体的读者应该有哪些，并能给他们提供什么样的价值，也是一个成功的作者应该考虑的问题。对于本书来说，主要适合以下几类人学习使用：

（1）各行各业中专门从事宣传、引流、营销、推广的传统互联网和新媒体平台的运营人员。本书提供了诸多平台运营的干货技巧、实战经验等方面的实用性内容，能够指导读者更好地完成运营任务。

（2）中小企业的管理者和领导者。本书解答了关于运营的人员职责、流程、作用和各大运营分支的问题，能帮助读者更清楚地认识运营、了解运营，进而从宏观上把握运营的操作和方向，为自身的发展添砖加瓦。

（3）新兴创业的个体（包括名人明星）、政府、媒体等人群。本书提供了众多平台运营的基本操作、全套的运营技巧指导、丰富的案例解说等，能帮助读者全面理解并进行运营，以达到提升形象和影响力、扩大宣传范围的目的。

002　内容定位：5 大内容分篇精讲，你看不看？

书的内容是价值的载体，你写了什么样的内容，那就意味着你带给读者的是哪方面的价值，因此，作者在内容安排上也应该慎重考虑。本书共安排了 200 多个知识点，以 5 大内容来架构全书，具体如图 1-1 所示。

从图 1-1 可知，在内容安排上，5 大部分涉及了运营过程中碰到的各个方面的问题，特别是内容运营和用户运营这两大部分内容，更是令众多运营人员头疼的问题，然而这两大问题又是运营人员最关心和最迫切需要找到答案的问题，因此在内容安排上有所侧重。

基础入门	→ 运营概念、岗位职责、产品运营重心、运营场景搭建、运营流程、运营数据等
内容运营	→ 内容运营含义、原因、目的、流程、运营人员、内容元素、爆款软文、直播和 H5 等
渠道运营	→ 渠道运营含义、目的、具体工作、阶段划分、人员、搜索入口渠道、腾讯渠道、电商渠道等
活动运营	→ 活动运营含义、目的、类型、优势、样式、人员、时间以及活动的策划、创意、开发、进行和总结等
用户运营	→ 用户运营相关概念、流程、周期划分、人员以及用户的拉新、留存、促活和变现等

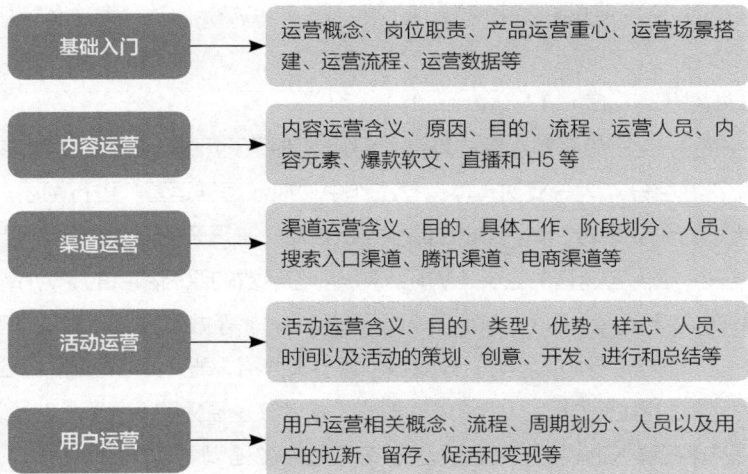

图 1-1　本书的主要内容

003　特色定位：3 大亮点清单展示，如何出彩?

本书的特色是先介绍运营的基础知识，然后分 4 大分支来撰写具体运营，内容全面，逻辑清晰，围绕读者最想知道的问题和内容展开叙述。那么，在具体的特色上，本书又安排了哪些让读者眼前一亮的亮点呢?

（1）内容全面。和其他书相比，本书在角度的考虑和内容的安排上明显更为全面，涉及了运营的方方面面。开篇就从整体上介绍了运营的相关内容，然后分别对 4 大运营分支——内容、渠道、活动和用户——加以论述，可以为不同运营岗位上的人员在运营过程中遇到的形形色色的运营问题提供准确的答案。

（2）纯粹干货。不说其他，就以 4 大分支来说，在讲述怎么进行运营时，作者从众多的实战经验总结中，分别挑选了其中最精华、最主要的内容来进行讲述，力求让读者迅速地找到和发掘运营的要点，更快地掌握运营技巧，尽量让运营人员少走弯路，节省成本，且能更快地让读者完成从新手到高手的转换和成长升级。

（3）逻辑清晰。本书就是一本为不同层次的运营者打造的百科全书。新手可以通过运营的基础常识来逐步了解运营，然后在干货技巧的指导下和具体案例的展示下一步步进行摸索，从不懂到懂，从不熟悉到熟悉，逐渐完成运营层级的提升，成为运营高手;已经有运营经验的人员也可以通过书中的精华内容和成功案例来进一步提升自己的运营能力，从而在运营之路上走得更远。

004　写作思路：运用 5W2H，集结重点问题

本书内容较多，干货技巧非常丰富，为了让读者更清楚地了解本书的写作脉络，

笔者采用了 5W2H 的思路来安排内容，即"是什么"（What）、"为什么"（Why）、"何时"（When）、"何地"（Where）、"由谁完成"（Who）、"怎么样"（How）和"多少 / 做到什么程度"（How much）。

从总体来看，全书首先对运营的基础入门知识进行了介绍，让读者清晰地了解"运营是什么"，然后分 4 大分支对具体运营工作中"应该怎样运营"进行阐述。

从 4 大运营分支来看，其内容也都是围绕 5W2H 来展开的。如内容运营，首先就安排了一章来介绍内容运营的含义（What）、内容运营的原因和目的（Why）和运营流程等，并对内容运营人员（Who）和时间（When）等做了介绍。而关于其中最重要的内容——"怎样进行内容运营"分成多个章节来介绍，既有具备标题、内容、图片、版式等多种元素的运营干货，又有具体的形式（如软文、直播和 H5 等）的运营技巧。

不仅是内容运营如此，在其他运营分支的内容也是以 5W2H 的思路来进行描写的。这就使得全书的内容由浅入深、由基础知识到干货技巧，为读者安排了一份全流程的运营参考资料。

1.2　什么是运营？运营精髓解读

大多数运营人员要做的工作主要包括三大方面，这也是运营的主要定义，其具体内容如图 1-2 所示。

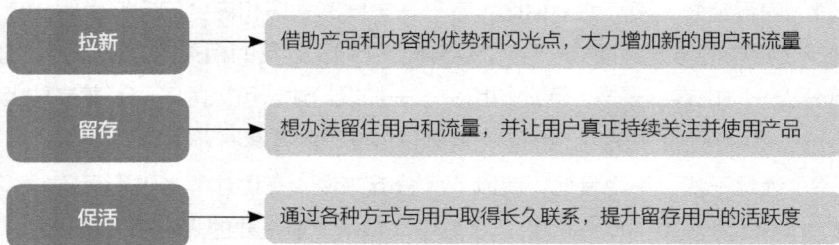

拉新	借助产品和内容的优势和闪光点，大力增加新的用户和流量
留存	想办法留住用户和流量，并让用户真正持续关注并使用产品
促活	通过各种方式与用户取得长久联系，提升留存用户的活跃度

图 1-2　运营的主要内容

运营既是围绕用户展开的，同时也离不开产品，运营的主要目的就是推广产品，让用户使用产品，对产品产生依赖感。

> 💡 专家提醒
>
> 　　成功的运营与产品密切相关，产品重在创造，而运营则重在整理、推广。产品制作出来以后如果没有运营帮助宣传，就无法实现其本身的价值，更别提获取收益了。因此，较为明智的做法就是对产品的打造和运营进行合理的分工协作，如此方能两全其美，相得益彰。

当然，运营也要重视用户，因为最终目的是让用户使用产品，运营的作用相当于桥梁，用于在产品和用户之间搭建沟通之路。因此，运营既要考虑到用户的需求，又要对市场及产品等信息进行全面的考量。那么，用户和运营者究竟会考虑到产品的哪些方面呢？读者可参看图 1-3 所示的内容。

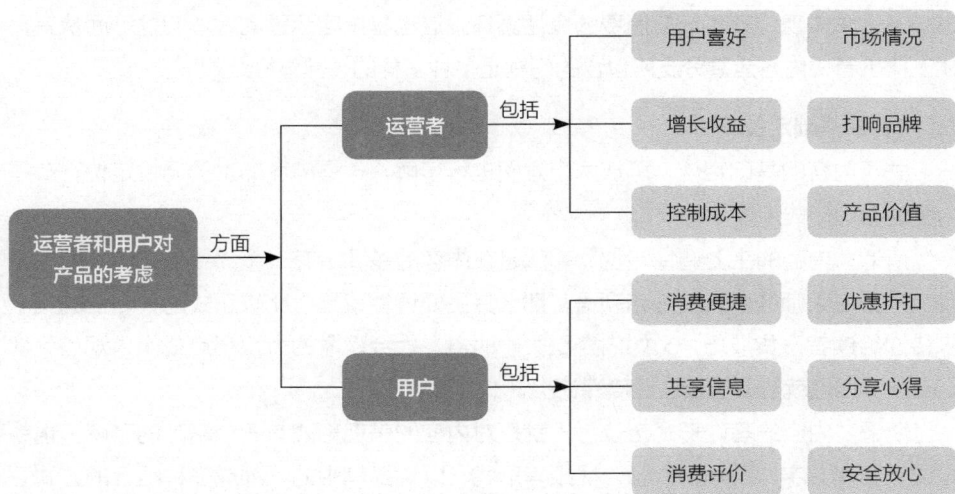

图 1-3　运营者和用户对产品的考虑

总的来说，运营就是让产品散发出其真正的魅力，提升用户对产品的认知，让研发团队重新认识产品，把产品推向另一个新的高度。运营是产品的延伸和拓展，运营就好像是老师，而用户则是学生，产品是知识，运营将产品"传授"给用户，取其精华，去其糟粕，给用户提供指导和方向，让用户在使用产品的过程中，不断发现产品的魅力和价值。

1.3　什么地方做运营？ 4 大运营分支

关于"什么地方做运营？"的问题，可从不同的角度来进行解答，既可以从流程方面来考虑，也可以从类别方面加以阐述。

例如，从类别方面来看，在互联网行业内，关于运营的分类是多种多样的，既有从平台类型予以区别的微信平台运营、新媒体平台运营等，又有从行业内容进行区别的电商运营、游戏运营等。诸如此类都属于运营的范畴。

为了便于对运营进行分类和管理，本书将根据其职能的不同，具体划分为以下 4 大分支。

005　内容运营：生产＋消费的循环

内容运营，主要是基于互联网行业产品的内容，具体包括从策划到输出的各个环节。

从职能方面来看，内容运营这一分支所有的问题都是围绕内容展开的，并在运行方向上力求实现内容生产与消费的良性循环，这也是内容运营的根本问题。而从其具体工作来看，内容运营分支所包含的问题是多种多样的，具体介绍如下：

1. 内容的基础定位

关于内容的基础定位，可从两个方面进行了解，一是内容的主要调性定位，二是内容的基础形式定位。

所谓"内容的主要调性定位"，就是在内容的基调上有一个大致的方向，如内容是某一领域大师的个人经验和领悟，那么其主要调性就是以比较正式的、专业的文字来传递给读者干货技巧；又如内容是关于时事、社会现象的大众观点或个人观点，那么其主要调性就应着重放在深度评论上。

所谓"内容的基础形式定位"，就是对内容的表现形式有一个清晰的了解，也就是说，围绕文字、图片、音频、视频等形式，以选择其中的一种或多种组合的方式，将要运营的内容表现出来，如单一文字式的内容，文字和图片混合的内容，文字、图片和音频综合的内容等。

2. 内容的呈现和提升

在对内容进行了基础的定位运营后，接下来就是怎样具体去组织和呈现内容以及怎样在质量上进行提升了。从这一方面来看，内容运营也可从多个方面来展开工作。

基于内容的基本组成，如标题、文字内容、图片和版式等，在掌握一定的方法和要点的情况下怎样去组织和呈现内容，并积极运用方法去提升内容的质量，使其被更多受众接受和关注。

从内容的具体案例来看，运用比较广泛和普遍的软文、新时代下发展起来的直播和 H5 内容等，都是内容运营可选择的方向。

3. 内容运营的实现

在内容运营范畴内，除了要在内容自身上下功夫外，还需要有其他方面的支撑，如内容方面的数据分析、运营时间和人员的选择等。

说到数据，其实在整个内容运营过程和其核心问题的解决过程中，都是有数据存在的，都与数据有着紧密的关联。而要想在内容运营方面保证进展顺利，就需要在内容数量、内容阅读量、内容互动数和内容传播数 4 个方面对数据进行选择或提升，以保证产品内容向着更好的方向发展。

006　渠道运营：任务 + 要素 + 构成

无论是线上还是线下，渠道运营都是非常重要的运营模块。其目的在于产品的宣传、营销和推广，而所有在达到这一目的过程中能被利用的资源、流量和平台都属于渠道运营的范围。

从职能方面来看，渠道运营的核心问题是搭建起一个可以实现良性循环的体系。这个体系是围绕渠道而展开的，它是各种手段作用于各个平台和入口的外在体现。具体来说，渠道运营的工作包括三个方面，如图 1-4 所示。

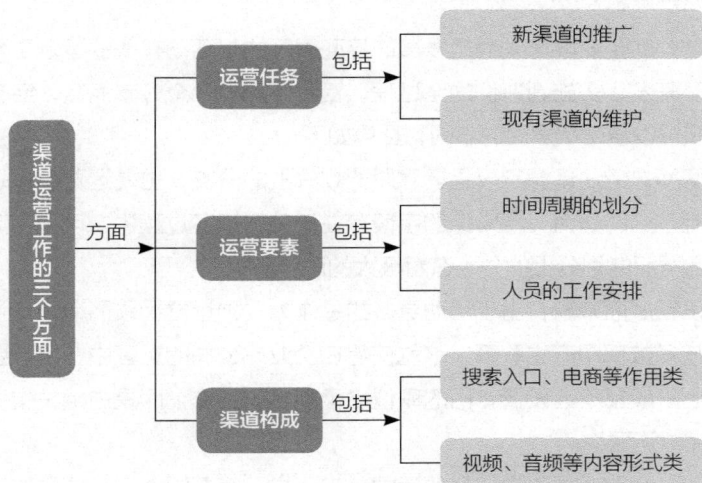

图 1-4　渠道运营工作的三个方面

1. 运营任务

对一个运营者而言，围绕渠道而开展的工作主要有两个任务，一是发掘新的渠道，以便利用渠道加快推广；二是对现有渠道进行维护以保证其功能的正常运用。因此，在渠道运营之初，要明确地了解该段时间的任务究竟是推广还是维护，以便后续工作的展开。

2. 运营要素

本书提及的渠道运营要素包括时间区划和人员两个方面。也就是说，一方面，渠道作为运营的一个分支，是需要有专门的人员来支撑完成的，且这些渠道运营的人员需要具备与之相当的水平和能力；另一方面，事物是存在阶段性的发展周期的，运营也是如此。因此，在不同的阶段上，渠道运营的方法和途径选择也应有所不同。

3. 渠道构成

在互联网体系中，渠道运营所能选择的各组成要素也呈现出多样化的特征，具体表现如下：

- 联通互联网各要素之间的渠道的多样化。
- 互联网各要素所能选择的渠道的多样化。

一般说来，在渠道运营中，运营者选择渠道主要从两个方面着手：从作用来看，主要有搜索入口、腾讯系列渠道、电商渠道和新媒体渠道等；从内容形式来看，也是存在多类渠道的，如音频、视频等。

007 活动运营：目的 + 形式 + 流程

活动运营，即企业或个人为了发展产品而展开的与活动有关的运营工作，包括从策划、创意、开发、实施到评估的全过程。相对于其他几个分支而言，活动运营明显存在理解和职位设置两个层面的不同，具体如下：

在理解层面，活动运营不仅是运营职能划分上的分支，也是运营手段划分上的分支，这也表明了活动作为一种常见的手段存在于整个运营过程中。可见，活动运营与其他仅作为运营职能划分上的分支有着极大的区别。

从职位设置层面来看，由于活动更多的是作为一种运营手段而存在，且其职能的完成一般会与多数部门产生联系，这就使得在企业或公司的运营中，虽然会涉及各种活动，但企业一般都不会设置专门的职位来承担相应工作，而是由相关主管部门的领导或助理来完成运营。

尽管如此，活动运营还是与其他运营分支一样，有着明确的运营目的、多样化的运营形式和特定的运营流程，具体内容如下：

1. 活动目的和形式

企业之所以策划和举行活动，是因为活动有着很强的宣传和推广作用。达到运营目的的活动形式是多样的，如互联网上的各种打折活动就是其中一种，如图 1-5 所示。这就给企业和公司的发展提供了另一种可能的实现途径。

2. 活动的运营流程

在活动的运营过程中，从最初活动目标的确立到最后的活动评估，运营者需要注意多个方面的问题，才能在明确的目标指引下，让活动执行落地。其中，最后的活动评估其实并不是一个阶段性的工作，而是在阶段性的时间段里完成的、基于全流程的活动的各项数据持续追踪的结果的展示。

一般说来，活动运营的基本流程包括 5 个环节，首先是活动前期的活动目标策划、活动的创意设计，其次是具体的活动开发、活动进行，最后还需要完成活动评估的工作，这才能算是一个完整的活动运营流程。

（1）

（2）

图 1-5　折扣形式的活动运营推出的不同的宣传页面

008　用户运营：流量 + 忠诚度 + 付费

用户运营，即围绕用户这一中心，为实现用户流量的增长、用户黏性的提升和让用户付费等目标而进行的一系列的运营工作。从职能方面来看，用户运营的核心问题集中在 5 个方面的良性循环中，如图 1-6 所示。

之所以说是"良性循环环节"，其原因就在于用户是需要不断更新和增长的。这也就使得运营人员的用户工作是周而复始的，是需要不断就上述 5 个方面展开持续性工作的。

其实，除了上述提及的 5 个方面外，运营者在进行用户运营这一分支的工作时还应该把握 3 个方面的问题——根据数据进行用户分析、运营时间区划以及运营人员应努力的方向。

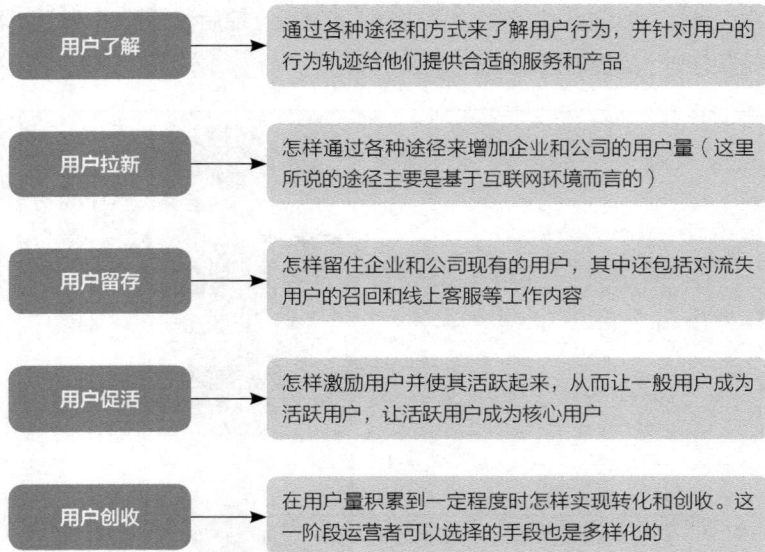

图 1-6　用户运营的 5 个方面的良性循环环节

1.4　什么人做运营？运营岗位职责

上文已经提到，运营的分类是多种多样的，这使得在不同分类中交叉重叠存在的一些运营岗位的职责也是不太明确的。在此，我们将对一些比较常见的运营岗位的职责进行简单介绍，以便能让读者明白不同运营内容的职责归属。

009　新媒体账号运营：内容＋用户＋公关

首先应了解新媒体的概念。之所以称为"新"，就在于它是与传统媒体有所区别的，是一种新的媒体形态。从严格意义上来说，它更应该被称为"数字化新媒体"，包括网络媒体、手机媒体和数字电视等。

更具体地说，微博、微信公众号、头条号等社会化媒体、自媒体平台都属于新媒体的范畴。随着传统互联网和移动互联网的迅速发展，自媒体平台层出不穷，其中比较典型的自媒体平台如图 1-7 所示。

企业和个人在不同的新媒体平台上注册了账号，相关岗位的运营人员就应围绕着自身的账号展开运营工作。因此，在这里姑且将其称为"新媒体账号运营"。那么，新媒体账号运营究竟有什么样的工作职责呢？这一点可从 3 个方面来进行分析：

- 内容方面：进行内容维护和活动策划，是内容方面运营的重心所在，也是新媒体账号运营的重心之一。

- 用户方面：推动用户关注人数的增长，并对账号"粉丝"进行维护，这一方面同样是新媒体账号运营这一岗位的重要职责所在。
- 公关方面：为了更好地推动内容与用户两个方面的运营发展，新媒体账号运营岗位还应该在公关方面下功夫，积极与外部进行合作。

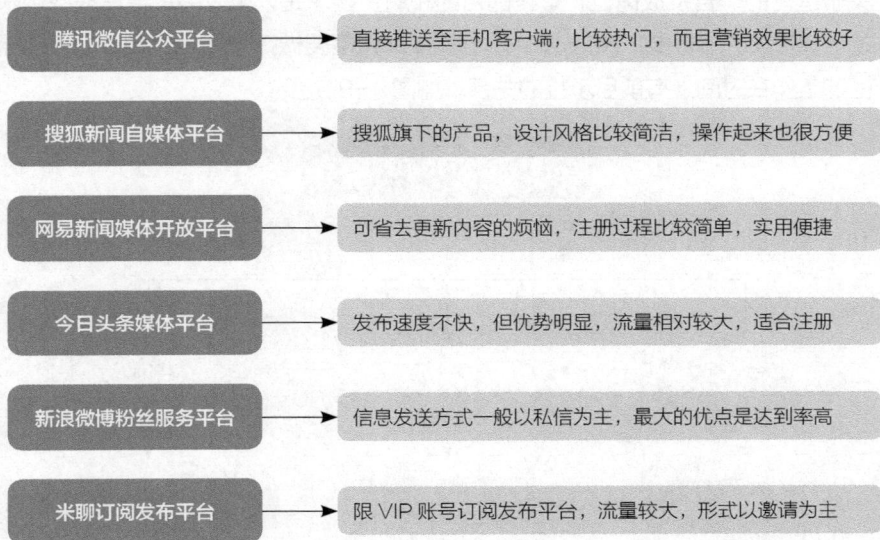

腾讯微信公众平台	➤	直接推送至手机客户端，比较热门，而且营销效果比较好
搜狐新闻自媒体平台	➤	搜狐旗下的产品，设计风格比较简洁，操作起来也很方便
网易新闻媒体开放平台	➤	可省去更新内容的烦恼，注册过程比较简单，实用便捷
今日头条媒体平台	➤	发布速度不快，但优势明显，流量相对较大，适合注册
新浪微博粉丝服务平台	➤	信息发送方式一般以私信为主，最大的优点是达到率高
米聊订阅发布平台	➤	限 VIP 账号订阅发布平台，流量较大，形式以邀请为主

图 1-7　典型的自媒体平台

010　广告投放：寻找"少费用多流量"的方法

生活中广告无处不在，我们每时每刻接触的信息之中都有广告的影子，街边上接到的传单、网页上弹出的广告等。图 1-8 为网易网页中的悬浮苏宁易购广告。

那么，这些广告是通过什么样的方式和流程才出现在网页中的呢？这就涉及一个广告投放的问题。广告投放是运营工作的一个重要方面。

广告投放，即在网络平台上，企业或个人为了实现宣传和营销目标，有针对性地把广告主和广告内容投放给特定的用户和区域。

一般说来，广告投放是以付费的方式来完成的，同时，广告内容形式上具有多样性和综

图 1-8　网易网页的悬浮广告投放

合性的特点——如文字、图片和短视频等，其中，包含图片或短视频且有一定的文字说明的广告更具有感染力和说服力。

既然有广告投放的工作，自然就有相应的运营人员。这方面的运营人员又该完成哪些工作？广告投放的目的和意义又是什么？

关于运营的广告投放岗位，最终的目的和职责要求是以更少的广告投放费用获取更多的流量和用户。从这一点出发，广告投放岗位需要做 3 个方面的工作，而且这 3 个方面的工作在时间上有前后承接的关系，如图 1-9 所示。

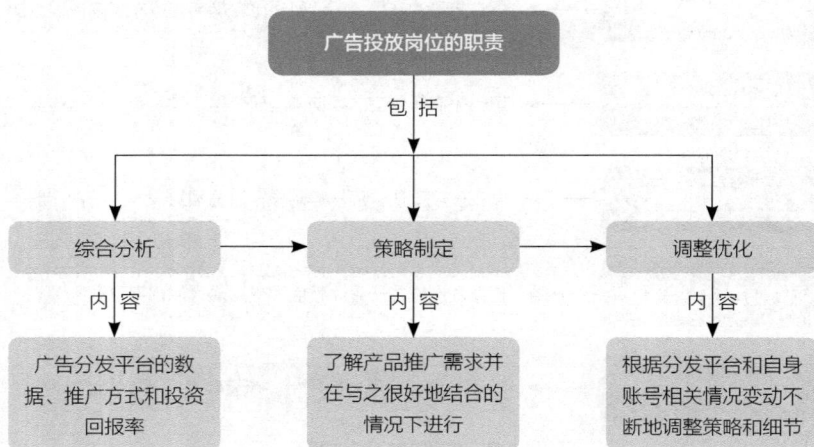

图 1-9　广告投放岗位的职责介绍

011　应用商店推广：如何才能获得更多下载

要想做好新时代的运营，不可不兼顾各个方面，如微信公众号、微信小程序。在微信平台以外，还有 APP 这个庞大的推广渠道，因此，应用商店推广岗位也是需要了解的。

在此，应用商店推广主要还是着重于推广方案制定和实行的前期工作。一般来说，它包括两个阶段的内容，即企业 APP 发布与发布之前的阶段和企业 APP 发布之后的维护与熟悉阶段，具体介绍如图 1-10 所示。

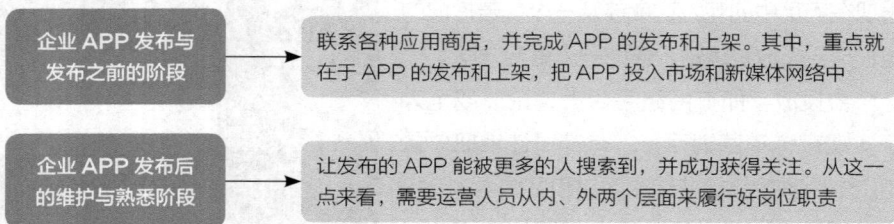

图 1-10　应用商店推广的两个阶段内容

图 1-10 中提到的对内和对外的岗位职责主要内容解说如下：

- 对内：该岗位人员应该不断探索和改进，在发展 APP 综合实力的同时优化 APP 的关键词搜索排名。
- 对外：一方面与应用商店负责人搞好关系，另一方面了解和熟悉各应用商店推广渠道的各种信息。

在此，对外层面的工作是不可忽视的，应该引起运营者的重视，毕竟只有搞好关系、做好各方面的准备，将来的广告投放才能事半功倍。

012 编辑：发展产品内容输出的全能性人才

"编辑"这一概念从传统的出版学角度来说，是指对出版物进行制作的一系列工作和承担这些工作的人。而随着传统互联网和移动互联网的发展，它所涉及的工作范围和人有了明显扩大，所有与内容（包括各种形式的内容）直接相关和间接相关的工作、工作人员都被视为"编辑"。

相对于其他运营岗位，编辑是大家比较熟悉的，特别是在招聘网站上，与运营相关的编辑职位还是比较常见的，而且在职责上有着明确定位。图 1-11 所示为 58 同城上与运营相关的编辑职位招聘中提及的职位要求。

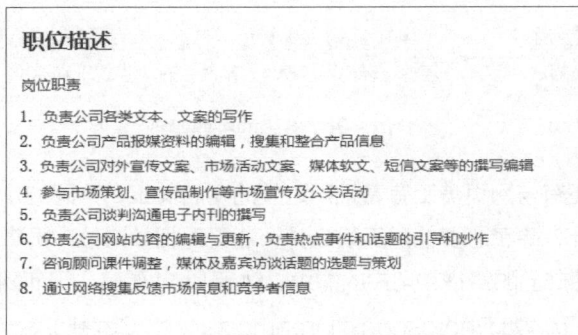

职位描述

岗位职责

1. 负责公司各类文本、文案的写作
2. 负责公司产品报媒资料的编辑，搜集和整合产品信息
3. 负责公司对外宣传文案、市场活动文案、媒体软文、短信文案等的撰写编辑
4. 参与市场策划、宣传品制作等市场宣传及公关活动
5. 负责公司谈判沟通电子内刊的撰写
6. 负责公司网站内容的编辑与更新，负责热点事件和话题的引导和炒作
7. 咨询顾问课件调整，媒体及嘉宾访谈话题的选题与策划
8. 通过网络搜集反馈市场信息和竞争者信息

图 1-11   招聘网站上与运营相关的编辑岗位职责

从图 1-11 可以看出，运营体系中的编辑岗位职责主要集中在平台的各种内容生产的全流程上，如策划、筛选、审核、推荐、编排、修改、加工、推广等。当然，这里的编辑主要是针对平台内容的生产和推广而言的。而关于平台和平台内容的各方面的设计和美化工作，大多归于编辑范畴内的"美工"这一岗位了。

美工编辑，是一个需要精通一个或多个设计软件的技术性工种，需要对平面、色彩、基调和创意等进行布局。图 1-12 招聘网站上美工编辑职位招聘中提及的职位要求。

职位描述

岗位要求

1. 有相关平面设计工作经验，以及较高的版式设计能力

2. 专业技能：Photoshop、CorelDRAW、Dreamweaver；熟悉店铺上架流程

岗位职责

1. 店铺内容建设的布局和结构等方面的整体规划和文字编辑工作

2. 店铺的页面创意设计；对新开发的产品进行排版、优化店内宝贝描述、美化产品图片及商品的上下架

3. 配合策划推广活动，对店铺首页及附加页面进行网页美化设计

4. 协助完成拍照、优化、页面更新工作

图 1-12　招聘网站上美工编辑岗位职责

从美工编辑的工作内容来看，它主要包括 3 种类型，即平面美工、网页美工和三维美工等，具体介绍如图 1-13 所示。

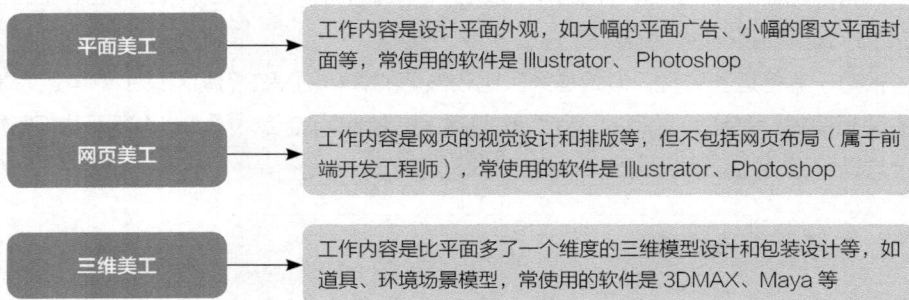

平面美工	工作内容是设计平面外观，如大幅的平面广告、小幅的图文平面封面等，常使用的软件是 Illustrator、Photoshop
网页美工	工作内容是网页的视觉设计和排版等，但不包括网页布局（属于前端开发工程师），常使用的软件是 Illustrator、Photoshop
三维美工	工作内容是比平面多了一个维度的三维模型设计和包装设计等，如道具、环境场景模型，常使用的软件是 3DMAX、Maya 等

图 1-13　美工编辑的主要类别

除此之外，还有与网页美工有着相同之处的网店美工，不同的是，网店美工是网店的网页视觉设计，除了必要的网页设计外，还需要相关岗位人员掌握两个方面的内容和技能，即熟悉产品的特征和用户的需求、熟悉 html 代码，因而网店美工经常使用的软件也就更多了，如 Photoshop、Dreamweaver、CorelDRAW、Illustrator 等都有可能用到。

读者要注意的是，有时美工编辑的工作内容还会涉及前面所说的生产和推广平台内容的编辑工作，特别是在一些网站和平台上，当其内容大都是以图片来展示时，此时美工编辑可能会担当起内容编辑的职责。

013　线上商铺管理：利用链接玩转商品营销

在电商平台跨界发展的情况下，其他平台都出现了与之相关的各种链接，从而使得运营体系的线上商铺管理不仅包括电商平台的店铺管理，还包括其他平台的商铺管

理，如微店、微商城等。图 1-14 所示为微信公众号"罗辑思维"的微商城。

其实，说来说去，即使线上商铺管理的范围发生了什么变化，该岗位的职责和工作内容都是没有太大改变的，还是围绕着 6 个模块在运转，如表 1-1 所示。

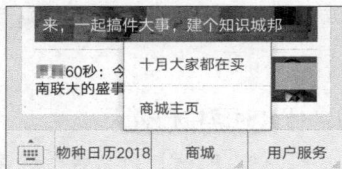

图 1-14 "罗辑思维"的微商城

表 1-1 线上商铺管理岗位职责

模　　块	具　体　职　责
商品品类管理	（1）主要推荐的是什么商品 （2）重点打造的有哪些爆款
商品上架与下架	（1）商品什么时候上架和下架 （2）哪些商品上架或下架
商品包装设计	（1）商品的基础包装 （2）商品图片文案的设计
商品的具体推广	（1）商品推广方案的制定 （2）商品推广方案的实施
营销活动申请	（1）促销活动："双十一"、520 等 （2）专题活动：聚划算、拍卖等
商铺在线客服	（1）商品问题解答 （2）商品售后服务

1.5　怎样做运营？不同类型产品的运营重心

通过前面的介绍，相信大家对运营已经有了一定的了解，因此，在此问大家一个问题：你知道什么是运营的类型产品吗？举例来说，常见的有平台类、内容类、电商类、社交类、游戏类和工具类等，下面进行具体、详细的介绍。

014　节奏为重的平台类

现在的运营者不时地提及平台，那么，平台究竟是什么呢？它就是运营者需要的舞台，也是他们展示其能力、水平的舞台。从广义上来说，所有的网站都可称之为平台。对运营者来说，在所有的平台运营中，节奏是一个需要考虑的重点问题。

可能不少人会觉得奇怪：平台运营也有节奏吗？在我们的普遍认知里，关于"节奏"，我们一般理解的是声音层面的有规律的变化和表现手段，如果再扩展一下，在生活层面也有用快、慢区分的节奏。

回到正题上来，那么，平台类产品的运营层面究竟有没有节奏存在呢？如果有，又是一种怎样的节奏呢？下面将为大家解答这一问题。其实，平台类产品的运营也是有节奏存在的，只是这种节奏完全不同于声音层面的节奏，其重点在于 3 个方面，具体分析如下：

1. 什么时候拉什么人

"什么时候拉什么人"要掌握的节奏就是：平台类产品是有一个成长、发展的过程的，因此，其吸引到的粉丝也是有区别的，因而就有了平台的种子用户、初始用户等，如开始时的种子用户大多选择同行业朋友、合作伙伴和社会名人等。

2. 哪个阶段拉多少人

"哪个阶段拉多少人"要掌握的节奏与"什么时候拉什么人"有着一定关联性。因为，一般说来，从用户体验的角度考虑，随着平台类产品的不断发展，其粉丝数量也是逐渐增加的，只是不同阶段粉丝的增量有不同的限制。

就如上面提到的初期的种子用户以及初始用户，其数量就应控制在一定范围内。因为只有这样，才能在不断的平台发展摸索中带给粉丝很好的体验。而当平台发展成熟之后，才是粉丝增长的快速发展期，此时要尽可能地引导粉丝进入平台。

举一个简单的例子，一个以提供生活服务为目的的平台，在尝试摸索阶段粉丝就不能太多。因为一旦出现某一方面的问题，带给粉丝的都将是不好的体验，此时粉丝越少，解决的难度也就越小，而且能被吸引到平台的都是潜在目标客户，假如这些潜在目标客户一下子就被拉入了平台粉丝中，那么，一旦出现问题，就有可能丧失这些潜在目标客户，想要再把他们引流到平台就会非常难了。

3. 哪个阶段重点做什么

"哪个阶段重点做什么"要掌握的节奏是：平台类产品运营发展到一个关键的临界点，其主要任务也就发生了变化。例如，在粉丝方面，当平台的运营有了重大突破并在市场上发展壮大以后，就有必要针对逐渐增多且数量巨大的粉丝进行细分，以便更好地运营好平台。

015 内外兼修的内容类

内容类产品，一般指的是注重于内容创造的产品，特别是对内容的原创和质量有着较高要求的产品，比较典型的有简书、今日头条等。例如，今日头条就曾对推送的内容制定了 5 个方面的评判标准，即健康度、关注度、传播度、垂直度和原创度。图 1-15 所示为今日头条的内容评判标准——头条号指数（现已下线）提升要点。

而如今比较受关注的"内容创业"，就与运营中的内容类产品有着相通性。那么，在此提出的内容类产品运营的"内外兼修"是一种怎样的情况呢？

所谓"内"，也就是对内的"好内容"，它一般包括内容的策划和编辑等生产环节，在这一方面，运营者要"修"的是怎样打造具有多方面特点的内容。其中，"多方面特点"具体是指 3 个方面，如图 1-16 所示。

健康度：
- 配图美观合理，提升用户阅读体验
- 如果你发布的是视频内容，建议你上传声音清晰、画质优良的视频
- 内容吸引力强，引导用户完成阅读
- 不做标题夸张，避免引起用户反感，招致举报或被机器识别打压
- 不发布、传播旧闻

关注度：
- 优质的内容，本身可以激起读者的转发或讨论热情，吸引读者关注你的头条号，成为你的头条号粉丝，这是提升"关注度"的根本！粉丝越多，关注度就越高
- 让粉丝对你的内容产生信赖，粉丝阅读你的文章、观看你发布的视频或对你的内容进行评论，都可以提高关注度
- 提高粉丝的忠诚度，对粉丝的优质评论进行有意义的回复

传播度：
- 保持稳定的更新，聚沙成塔，就会得到比较高的累计阅读量 / 累计播放量
- 内容越优质，吸引越多的人看到，「传播度」也会越好

垂直度：
- 非原创内容坚持日更1篇，原创内容坚持周更2-3篇，视频内容坚持周更1篇，坚持更新会对维持垂直度有重要作用（原创/非原创由系统认定，非帐号原创标签）
- 作者可在多个领域（如，美食、旅游、体育等）发内容，但系统会根据读者的阅读行为数据（阅读量、播放量、评论量、点赞数、分享数等），选出其最受欢迎的内容，从而判断出作者的擅长领域（一个或多个，通常为一个）
- 搞长领域之外的内容，帐号垂直度评分将降低
- 有时对于一些「交叉」领域的话题，读者的反馈可能与作者的初衷有差异，例如一篇内容同时写到了「旅游」和「美食」两种话题，根据不同读者群的反馈，既可能被系统认为是「旅游」领域的话题，也可能被认为是「美食」领域的话题，当这种情况发生时，可能会对「垂直度」产生作者意料之外的作用。不过请不用担心，毕竟，读者的认同才是最重要的

原创度：
- 尽量保证内容为原创，减少摘抄、编辑、整理
- 在头条号首发。如果内容先在其他平台发表，机器在进行全网比对时，也能判断出这是同一作者的一稿多投，但原创度评分会有所降低
- 尽量手动发表，减少使用「微信同步」功能。因为微信公众平台接口经常临时调整，可能导致内容不能及时同步，甚至在原创者发布之前被其他头条号「转载」，从而对原创度产生负面影响

图 1-15　今日头条的内容评判标准——头条号指数提升要点

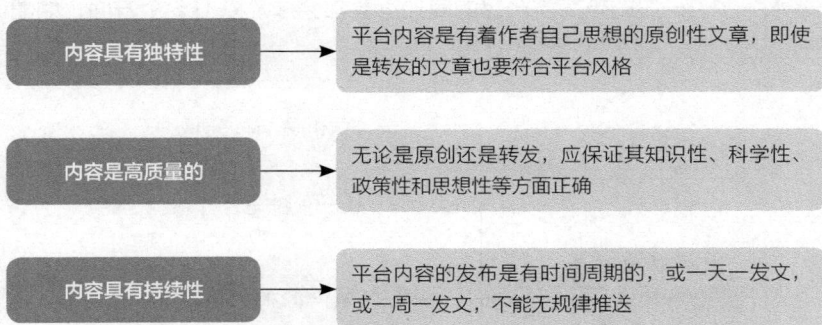

图 1-16　内容类产品"内修"的多方面特点介绍

所谓"外"，也就是内容的对外性，换句话说，就是怎样包装内容。其着重点在于怎样打造一个好的标题、受欢迎的专题把内容包装好，从而让"内外兼修"的内容更容易吸引粉丝关注和消费。

016 "四面突击"的电商类

电商类产品，即以信息网络技术为手段，从事商品交换的产品。大家比较熟悉的、排名靠前的十大电商产品如图 1-17 所示。

最好的购物网站，十大购物网站排名，购物网站大全，网上购物哪个网站好 <2017>
① 天猫Tmall（阿里巴巴集团旗下，原名淘宝商城,中国线上购物的地标性网站,国内B2C购物行业领导型……）
② 京东JD（著名综合性B2C购物平台,以电商为核心,拓展金融及技术支撑的新型业务体系的互联网公……）
③ 苏宁易购SUNING（苏宁云商旗下领先的B2C网上购物平台,国内较大的数码家电类购物与咨询的B2C网）
④ 唯品会（专注特卖的B2C网购平台,领先的名牌时尚折扣网,极具价值的电子商务企业,融入了SNS……）
⑤ 淘宝网（阿里巴巴旗下购物平台,国内领先的个人交易网上平台,世界范围的电子商务交易平……）
⑥ 国美在线GOME（大型B2C跨品类综合性网上商城,由国美电器网上商城和库巴网两大电商平台整合而成独立品牌/独立……）
⑦ 1号店（国内首家以自营模式试水生鲜领域的综合电商平台,大型网上超市,纽海信息技术(上海)……）
⑧ 当当dangdang（国内领先的B2C网上商城,中国较大的中文图书网上商城,网上图书零售市场的的……）
⑨ Amazon亚马逊（创立于1995年,全球商品种类最多的网上零售商,财富500强公司,全球最大的电子商务……）
⑩ 聚美优品（国内较大的化妆品限时特卖商城,首创化妆品团购模式,打造简单/有趣/值得信赖……）

图 1-17 十大电商产品

观察比较仔细和善于思考的运营者会发现，无论什么样的电商类运营产品，都离不开商品、流量、促销和用户这 4 大元素。下面就为大家简单介绍一下，相信大家一看完，就会发现什么是在运营中做过的和已做好的，什么是没有做的或还需要进一步加强的：

1. 商品运营

商品是电商类产品最重要的组成元素，没有了商品，电商类产品的运营也就成了"无源之水"了。一般的电商类产品的商品运营都会涉及以下 5 个方面，如图 1-18 所示。

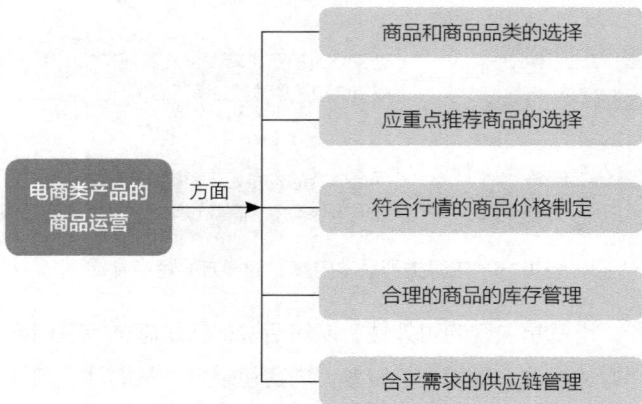

电商类产品的商品运营 —方面→
- 商品和商品品类的选择
- 应重点推荐商品的选择
- 符合行情的商品价格制定
- 合理的商品的库存管理
- 合乎需求的供应链管理

图 1-18 电商类产品的商品运营

2. 流量运营

在流量方面，运营者的工作重心就是借助海量数据，熟悉其他相似的运营产品所使用的推广渠道和工具，为推广和引流策略的执行做准备。

3. 促销运营

在如今促销时时有、处处有的大环境中，无论是商家还是消费者，对促销都非常熟悉。而电商类产品的运营就是把这些时时有、处处有的促销活动如何策划和实施出来，最终呈现在消费者面前。

4. 用户运营

说到用户，其运营无非就是"引流"和"维护"了。对于那些已经发展成大规模、大流量的电商类产品而言，更重要的工作还是"维护"。

在用户维护方面，使用的方法是没有局限的，只要好用就行。即使你使用的某一技巧，它经常出现在用户面前，被大家所熟知，只要对用户有"利"，也同样是有效的，如小礼物、代金券等。

017　关系维系的社交类

社交类产品，即为了帮助人们建立社会性网络的社交应用。大家比较熟悉的、排名靠前的十大社交产品如图 1-19 所示。

中国十大网络社交平台-社交媒体平台-移动社交平台，最受欢迎的网络社交应用(2017)		
① 微信	（ 　　　，时下最热门的聊天通讯软件,腾讯移动互联网应用领域的看家产品,主打熟人圈的社交媒体,其朋友圈/微信…… ）
② QQ	（ 　　　，中国大陆即时通讯市场的王者,红色围巾的小企鹅为其典型标志,手机用户基本装有的交友软件,深圳市腾讯…… ）
③ 微博	（ 　　　，曾用名新浪微博,国内较大的娱乐休闲生活服务信息分享和交流平台,媒体监控和跟踪突发消息的重要来源,北…… ）
④ QQ空间	（ 　　　，QQ用户的网上家园,展现个人特色的多媒体空间博客,活跃度高/互动性强的生活记录平台,人们常用的大型 ）
⑤ 百度贴吧	（ 　　　百度旗下独立品牌,全球较大中文社区,基于关键词的主题交流社区,北京百度网讯科技有限… ）
⑥ MOMO陌陌	（ 　　　，基于地理位置的开放式移动视频社交应用广泛交友的好工具,可以通过视频/文字/语音/图片来展示自己,北… ）
⑦ 知乎	（ 　　　中文互联网高质量内容社区,国内知名网络问答社区,以高质量多样性著称,高成长社交媒… ）
⑧ 豆瓣douban	（ 　　　文艺青年聚集的社交平台,集知识性和互动性为一体的文化社交媒体,以影评书评和快速更新的影音资讯而… ）
⑨ 人人网renren	（ 　　　前身为校内网,成立于2005年,中国领先的实名制SNS社交网络,北京千橡网景科技发展有… ）
⑩ 美拍	（ 　　　高人气的短视频社区,普通视频一秒变身唯美韩剧/清新MV/怀旧电影等,知名移动互联网公司,厦门美图网科… ）

图 1-19　十大社交产品

社交类产品的运营重心就在于怎样维系与用户的关系。在具体行为中，需要运营者把运营与产品本身等同起来，需要运营者完全投入产品中，而不再仅仅把它看作运营的工具。只有这样，才能更真诚地打动用户，更好地维系好双方之间的关系。

关系维系的社交类产品运营，需要从两个方面更好地做好运营工作，具体如图1-20 所示。

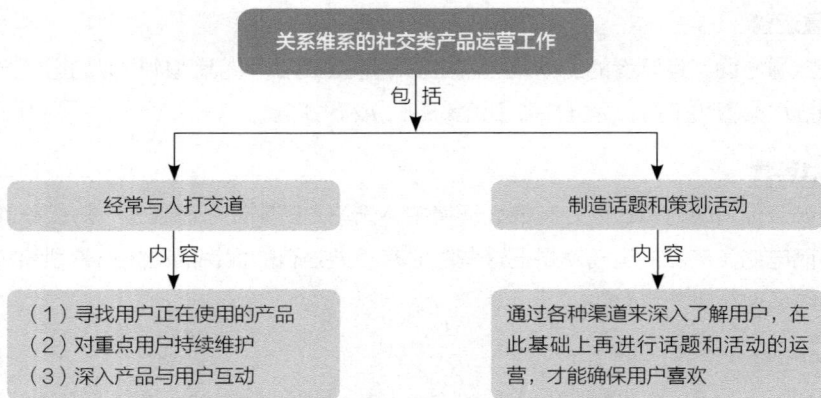

图 1-20 关系维系的社交类产品运营工作

在社交类产品方面，腾讯的 QQ、微博和微信都是人们日常接触的产品。针对这些社交产品，运营者不仅可以通过关注或添加好友以及创建用户群、发布动态来进行关系维护，还可以通过微信的"附近的人"、QQ 的"附近"和"附近的群"等方式来吸引更多的用户关注并维系关系。

例如，在腾讯 QQ 上，运营者可以在"动态"菜单中单击"附近的群"按钮，进入相应页面单击"搜索"按钮进行搜索。在这里以搜索摄影群为例，搜索与运营内容相关的或感兴趣的群并选择，就可以申请加入了，如图 1-21 所示。

图 1-21 QQ 平台的"附近的群"申请加入

运营者在成功加入了申请的群后，就可以积极地进行关系维护了。但需要注意的是，运营者不要急着在群里打广告，而是先要让群内成员熟悉你，在取得他们的信任之后再适当地宣传自己的产品，这才是正确的运营之道。此时可自身建群和"积极混群"，双管齐下，再辅以其他的好友互动和活动策划，那么，在关系维系的社交类产品运营方面，才可以说是终于摸到了运营的门槛。

018　推广创收的游戏类

游戏，既是一种娱乐活动，也指活动过程本身。作为一种娱乐活动的游戏，其分类方式是多种多样的。例如，按照游戏内容主要可分为美少女游戏、战争游戏、恐怖游戏、悬疑游戏等，按照游戏终端可分为手机游戏、页面游戏和客户端游戏等。大家熟悉的十大游戏媒体如图 1-22 所示。

图 1-22　十大游戏媒体

关于游戏，生活中人们常常关注的是"有多少人参与了游戏"和"卖出了多少装备"这两个问题，而游戏类产品的运营重心也就包含在这两个问题中，具体如图 1-23 所示。

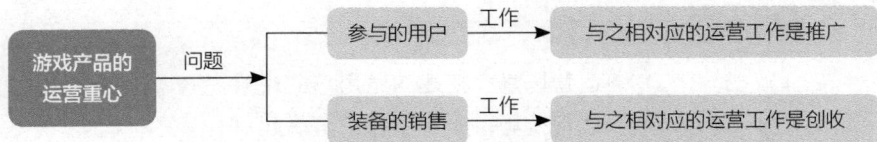

图 1-23　游戏产品的运营重心

说到推广，游戏产品与其他产品一样，无非是从渠道、数据等方面来实现，具体说来，推广工作的运营主要集中在以下 3 点：

- 进行游戏产品与各种渠道的对接。
- 查询各种渠道来源的用户转化率。
- 分析推广过程中的各项数据。

而说到创收，就有必要说到创收的来源，也就是付费的人。因此，想要增加游戏产品的收益，就必须围绕付费的人开展运营工作。最好是组织专门的团队，积极运用各种策略和技巧促进这些有可能付费的人付费。

第2章

运营灼见：
搭建从起点到高地的运营桥梁

　　万丈高楼平地起，其实，运营的高楼也是如此。它是通过一个个部分、一个个阶段的运营目标的积累而逐渐搭建起来的。本章将教你如何搭建运营起点与高地之间畅通的桥梁。

要点展示

>> 运营场景：搭建沟通用户的桥梁
>> 运营技巧：学会了才会有高起点
>> 运营流程：掌握了才能高效完成

2.1 运营场景：搭建沟通用户的桥梁

运营场景必须具备一些常见的因素。对我们来说，比较熟知的也就是 4 个方面的内容：用户定位、位置选择、操作链条和测试落地。下面逐一进行分析和介绍。

001 用户定位：找到最需要的人群

在运营中，产品的品类是有大小之分的。无论是大的品类，还是小的品类，都有着特定的用户群和一定的用户数量。从这一点出发，就需要对用户进行细分和定位。

就拿现在人们生活中离不开的手机来说，从大的层面来说，它不过是电子产品、通信工具。与生活中其他产品相比，只是因为其具有功能多样和使用便捷等优势在生活中十分普及，因而它的用户定位是广大的对手机有需求的人。

如果对手机做深一层的细分，单从品牌来看，就有苹果、三星、华为、vivo、OPPO 等，它们各有不同的优势和特点，为不同的用户所喜欢。这也反映了用户定位的要求。

若是对手机再做更深一层的细分，就要从品牌内部来看了。一个手机品牌，其手机产品有型号、价位、颜色之分，如图 2-1 所示，而这些型号不同、价位不同、颜色不同的手机是有相应的购买人群的。

图 2-1　不同型号、颜色的 OPPO 手机

可见，用户定位与产品之间，存在着牢不可破的关系，任何产品都有一定的细分用户群。其中，用户定位就是把用户与产品关联起来的运营内容，也是搭建运营场景

的重要的组成部分。

例如，一本摄影书，它的细分用户群就是那些对摄影感兴趣的人。假如该书是专门描写手机摄影的，那么，其用户可能又有所变化。此时不仅要考虑有哪些用户需要这方面的书，而且在内容创作的时候，也应该从用户出发，考虑不同类型手机用户对摄影知识的需求。

因此，用户定位不仅是销售环节应该要考虑的事，也是内容创作环节和其他环节应该考虑的事。简而言之，就是要时刻记得点明用户的应用场景和运营者应该注意的运营场景，搭建起一座运营者与用户沟通的桥梁。

002　位置选择：提供最佳的切入角度

在用户定位有了明确目标的情况下，接下来就是介绍应该选择一个怎样的运营切入点和设置切入位置，也就是怎样进行位置选择的问题，具体分析如下：

1．选择运营切入点

此处的"选择运营切入点"问题，指的是在平台账号已经有了一个大体的方向的情况下，针对不同类型的内容和产品，应该怎样找准一个用户需求点，才能让用户快速关注。

举一个简单的例子，假如你运营的是一个淘宝服饰店，如果从季节方面出发，就拿冬季来说，大多数用户的需求点是什么呢？一般人会不假思索地说："不就是保暖吗？"当然，"保暖"是大众的核心需求点，也是此时所有淘宝服饰店都会尽情宣传的。而我们要做的是，要在核心需求点上，找准一个更加细分而明确的切入点，如对那些"要风度不要温度"的人而言，"款式"和"上身效果"是他们进行选择的重点依据。此时，如果你能提供一个款式好又绝对保暖的需求点，那么，必然会受到用户欢迎。

而平台账号运营也是如此，只要你能深挖用户需求点，选准平台与用户对接的位置，那么运营也就能事半功倍了。

2．设置切入位置

用户与平台之间，还有一个入口设置的问题。此时，运营者应该关注的是，怎样才能让用户快速、准确地找到他们需要的信息或产品。

如大家都熟悉的百度，它的功能就是引导用户搜索，因此百度平台的首页位置，设置的就是一个搜索框，如图 2-2 所示，这样足够醒目了吧，能让用户一眼就能看到。其他的浏览器也无一例外，其搜索框的设置都是放在比较明显的位置，如 360 搜索，其搜索框就设置在上方的正中位置，排除了其他因素的视觉干扰。

图 2-2　百度平台的切入设置

在此，不得不提到关注公众号之后的页面设置。一般情况下，用户要查看某一公众号的信息，第一反应就是单击"关注"按钮或"进入公众号"，而不是单击"查看历史信息"按钮。此时，就出现了两种不同的公众号切入设置，一种是单击"进入公众号"后就直接进入图文信息页面的，如图 2-3 所示。但也有些公众号，单击进入之后所看到的却不是图文信息页面，如图 2-4 所示。

图 2-3　切入页面类型一

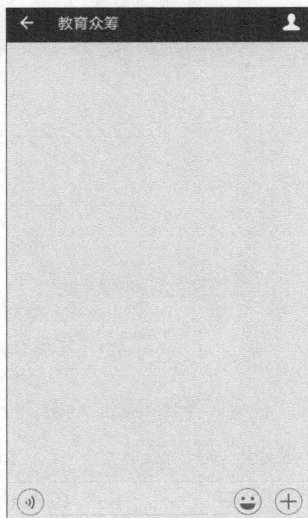

图 2-4　切入页面类型二

在上面两种切入页面类型中，明显前一种能让读者更快地找到需要的信息，而这也是大部分公众号推送文章的目的和价值所在，因而，在切入位置设置上，运营者更趋向于选择图 2-3 所示页面的切入模式。

003　操作链条：简单才能降低跳出率

上文已经基于操作简单的层面，对运营场景切入的位置选择进行了描述，下面接着讲述整个运营过程中的操作链条——究竟要怎样才能更简单化，以便降低用户的跳出率。

在此，我们把整个运营过程中设置的用户应用场景看作是一个闭环（其实从某种意义上来说，它就是一个闭环），那么每一步操作都是一节节的链条，而组成闭环的链条的数量与推广的效果有着非常紧密的联系，具体如图 2-5 所示。

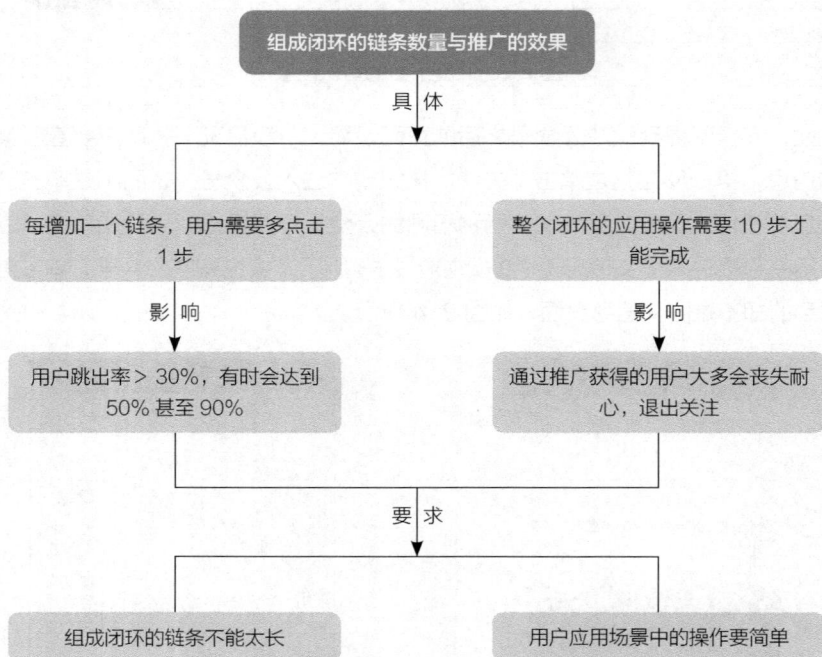

```
┌──────────────────────────────────┐
│    组成闭环的链条数量与推广的效果     │
└──────────────────────────────────┘
              具 体
    ┌───────────────────┴───────────────────┐
┌───────────────────┐           ┌───────────────────┐
│ 每增加一个链条，用户  │           │ 整个闭环的应用操作需要 │
│ 需要多点击 1 步      │           │ 10 步才能完成       │
└───────────────────┘           └───────────────────┘
       影 响                            影 响
┌───────────────────┐           ┌───────────────────┐
│ 用户跳出率 > 30%，  │           │ 通过推广获得的用户大 │
│ 有时会达到 50% 甚至  │           │ 多会丧失耐心，退出关注 │
│ 90%                │           └───────────────────┘
└───────────────────┘
              要 求
    ┌───────────────────┴───────────────────┐
┌───────────────────┐           ┌───────────────────┐
│ 组成闭环的链条不能太长 │           │ 用户应用场景中的操作要简单 │
└───────────────────┘           └───────────────────┘
```

图 2-5 　组成闭环的链条数量与推广的效果解读

可见，在各平台的操作设置上，不能太复杂，而应该利用最简单的设置让用户找到他们需要的内容。在这一点上，如果妥善利用平台账号的栏目和菜单设置，将为用户应用带来极大的便利，同时也有利于搭建更好的运营闭环场景。

如微信公众号"会声会影 1 号"，在自定义菜单设置上就非常明确，如图 2-6 所示，让人一眼就能明白其内容，且操作简单——只要简单的一步或两步就能完成。

| ⌨ | 干货分享 | 好书推荐 | 教程模板 |

图 2-6 　"会声会影 1 号"的自定义菜单设置

而在推广的过程中，操作链条更是要求简单，才能很好地达到目标。举例来说，你要推广一堂微课，那么怎样才是最简单的呢？下面提供 3 种简便的方法：

一是提供网址链接，一步完成操作，如图 2-7 所示。

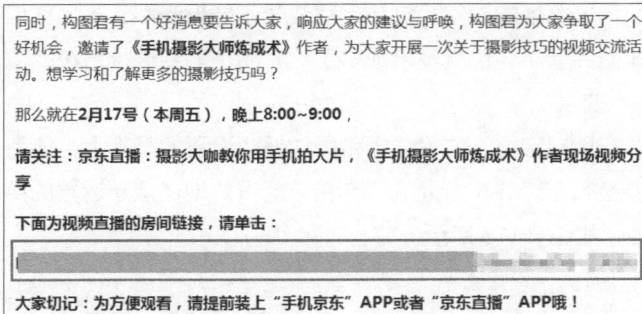

> 同时,构图君有一个好消息要告诉大家,响应大家的建议与呼唤,构图君为大家争取了一个好机会,邀请了《手机摄影大师炼成术》作者,为大家开展一次关于摄影技巧的视频交流活动。想学习和了解更多的摄影技巧吗?
>
> 那么就在**2月17号(本周五),晚上8:00~9:00,**
>
> **请关注:京东直播:摄影大咖教你用手机拍大片,《手机摄影大师炼成术》作者现场视频分享**
>
> 下面为视频直播的房间链接,请单击:
>
> **大家切记:为方便观看,请提前装上"手机京东"APP或者"京东直播"APP哦!**

图 2-7   利用网址链接

可能有人注意到,图 2-7 中最下面还有一行字,提示观看时还需要安装相应的APP。假如用户没有安装,那么信息中提供的网址将无法链接成功。而要想成功链接并进入,其操作也将变得不那么简单。下面介绍两种更简单的方法。

二是以群组信息的形式发送,一键单击进入,如图 2-8 所示。

三是在"订阅号"页面,单击相应公众号,在图文信息中单击微课推广二维码,如图 2-9 所示,也可迅速完成操作。

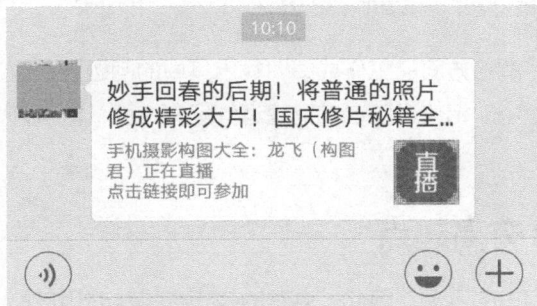

图 2-8   利用发送群组信息一键单击进入

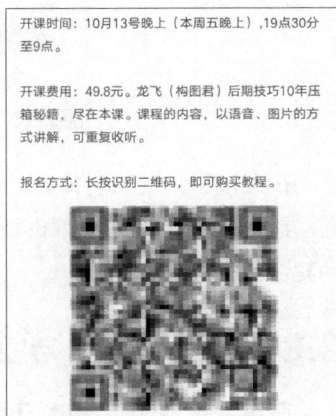

图 2-9   利用二维码识别完成操作

004   测试落地:完善中更好契合用户

之所以要实现运营过程中设置的应用场景的落地,是因为运营的目标是吸引用户的注意,并完成转化。也就是说,运营与一般的宣传不同,它不仅需要把信息内容传播和推广出去,完成推广的半环,还需要迅速把用户吸引到平台上来,完成另一半环——从潜在用户到用户、消费者的转化。

　　而这一应用场景落地的设置，其转化率效果不能想当然。不是你自己认为的"场景设置和相关策略完善了，也就表示成功了"，而是需要进行系统的测试才能准确地评测其转化和落地效果。

　　因此，在进行用户定位、位置选择和操作链条设置的基础上，还有一个非常重要的环节，那就是检测上述 3 个方面的工作是否能很好地搭建起运营的用户应用场景，让场景设置落地，如图 2-10 所示。

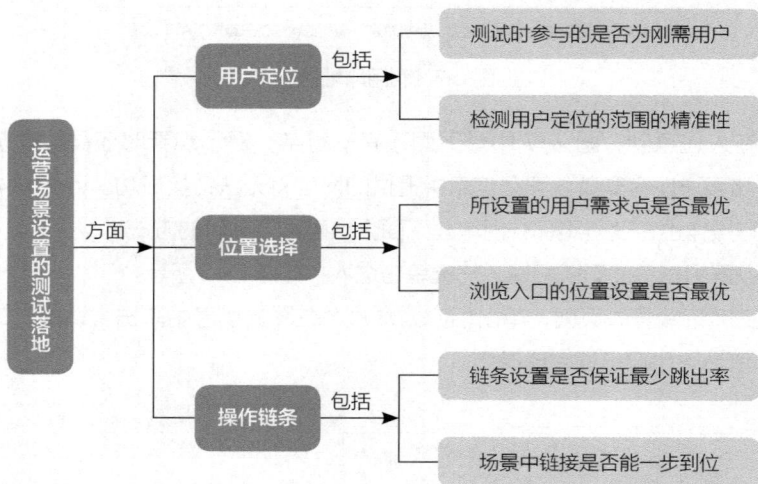

图 2-10　运营场景设置的测试落地问题分析

　　在经过了测试的情况下，再仔细了解各方面的工作成绩，找出其中的问题进行改善。这样，在不断地测试和完善的过程中，相信运营者在搭建运营场景方面，能很好地契合用户的需求了。

2.2　运营技巧：学会了才有高起点

　　所谓运营，归根结底，还是围绕用户的运营。因此，运营的技巧也是针对用户而展开的，于是本节从用户出发，简单介绍一下相关技巧。至于具体的运营技巧，将在后面的用户运营章节中进行详细介绍。

005　用户增量技巧：选准渠道来源是王道

　　关于用户，首先要了解的就是怎样增加平台账号的用户，这无非就是人们常说的拉新、引流和转化的问题。而在运营过程中，只要找准了具体渠道和途径，如图 2-11 所示，在不断的实践和学习中，技巧自然也就多了。

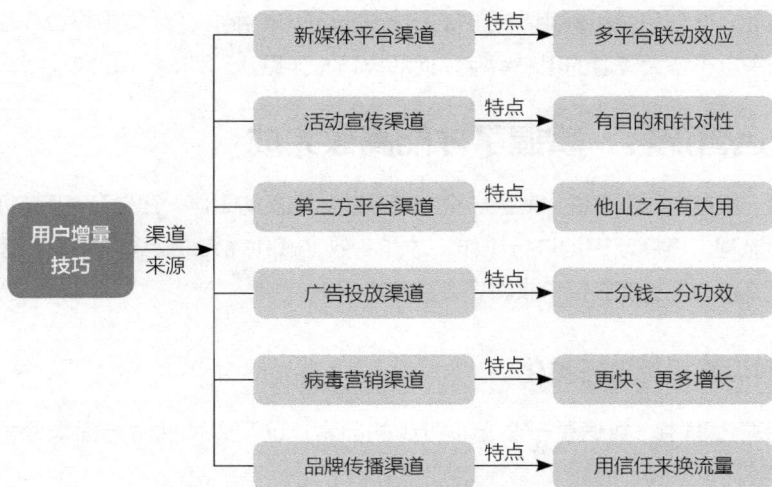

图 2-11　用户增量技巧的渠道来源举例

　　此处只是针对用户增量的技巧进行简单介绍，在后文中将会介绍更多、更具体的来自于各大渠道的用户拉新、引流和转化技巧（详见 15.1）。

006　用户维护技巧：更好地留住和促活用户

　　说完了用户增量，接下来就不能不提及用户维护了。关于用户维护，同样也是可以通过多种途径来进行的。运营者可以选择最合适、最有效、最便捷的途径，运用合适的技巧来留住用户、促活用户，从而更好地履行具体运营职能。

　　下面将举例介绍 5 种用户维护的应用途径，以便为各个技巧找到它的最佳安放点，如图 2-12 所示。

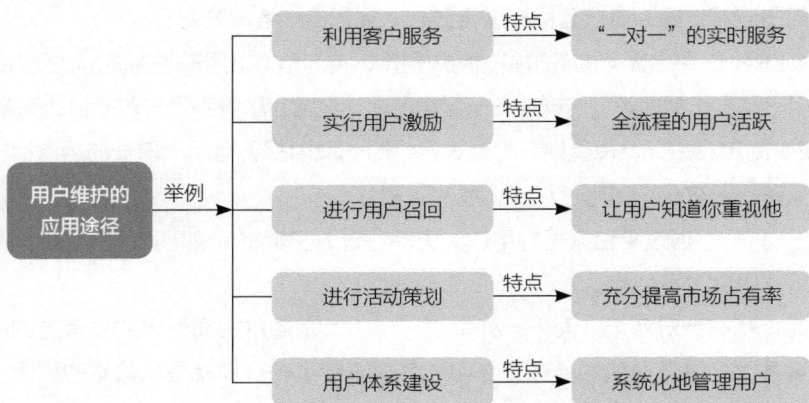

图 2-12　用户维护的应用途径举例

同样地，此处只是针对用户维护的技巧进行简单介绍，在后文中将会介绍更多、更具体的来自于各大渠道的用户留存、促活技巧（详见 15.2 节、16.1 节）。

2.3　运营流程：掌握了才能高效完成

运营，从其本质上来说，就是一个个链条前后连接的工作，它是有一定的流程的。只有按照流程，循序渐进地进行操作，才能高效、顺利地完成运营。那么，运营到底是由哪些流程构成的呢？接下来将具体进行介绍：

007　对运营目标进行量化

在运营过程中，数据是一个必不可少的因素，这可以从两个方面来分析，如图 2-13 所示。

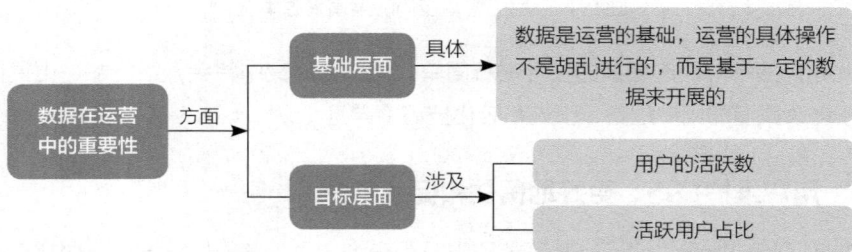

图 2-13　数据在运营中的重要性

由图 2-13 可以看出，对运营目标进行量化，是运营流程中重要且必要的一环。而对运营目标进行量化，无非是在用户活跃数和活跃用户占比这两大数据方面，进行细分的量化。

在用户运营方面，对运营目标进行量化，我们应该考虑的有：

（1）明确：平台账号的各阶段的用户规模，特别是初始用户的规模，以及用户规模与活跃用户的占比情况等，这样能在一定程度上让运营者了解到用户对平台的满意度。

（2）制定：每天、每星期、每月等各个时间段内都要有用户增长的运营目标值，以便对运营状况有一个对比性和整体性的了解。

（3）分析：通过平台账号的用户流失率分析，了解平台的劣势所在，加以改进，为后期运营提供宝贵经验。

在此，就不针对各个方面一一列举了，相信大家通过上面列出的要考虑的问题，已经对运营目标进行量化的具体工作和内容很清楚了——那就是从数量的层面，对运营的各个方面用数据加以衡量和考察，从无目标到有目标，从放任到有针对性，从抽象到具体，都是对运营目标进行量化之后的体现。

008　拟定计划和目标分配

在这个环节，我们首先要做的是，在运营目标量化的情况下制定出具体的计划和策略。当然，在拟定计划和策略时，需要考虑的绝不仅仅是目标量化的数据方面的问题，它还包括其他一些方面的内容，如图 2-14 所示。

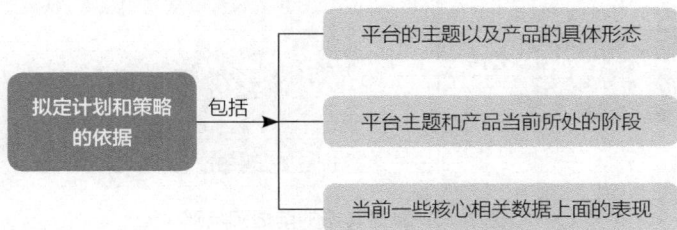

图 2-14　拟定计划和策略的依据介绍

拟定了计划，也就表示运营的大纲已经有了，接下来就是怎样根据这一运营大纲一步步完成设定的目标。

而大纲一般都是由一个个部分组成的，因此，运营计划的实施，也需要将计划目标拆分成一个个部分，进行运营分配。因此，在计划拟定之后和计划实施之前，运营者还需要做以下工作，如图 2-15 所示。

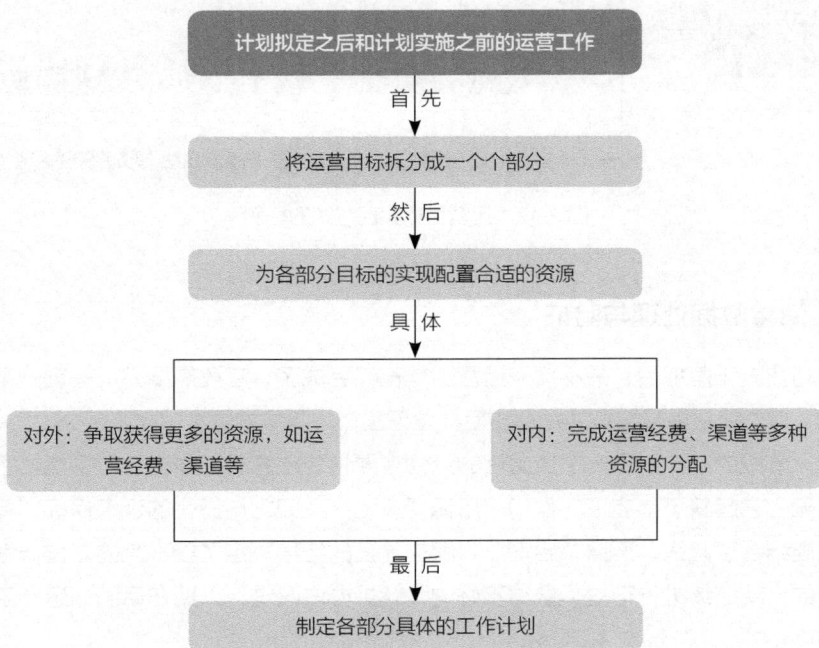

图 2-15　计划拟定之后和计划实施之前的运营工作

009 计划实施与目标实现

再回过头细想一下，此前完成了的运营流程，实际上已经完成了计划实施的准备工作，奠定了计划实施的前提和基础，具体如图 2-16 所示。

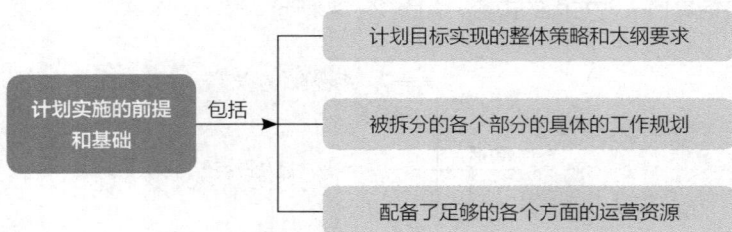

图 2-16 计划实施的前提和基础

有了准备就要实施起来，也就是说，在各项准备都齐全的条件下，接下来就是怎样让规划好了的计划落地，并顺利实现。而运营目标是通过各种运营途径实现的，如图 2-17 所示。

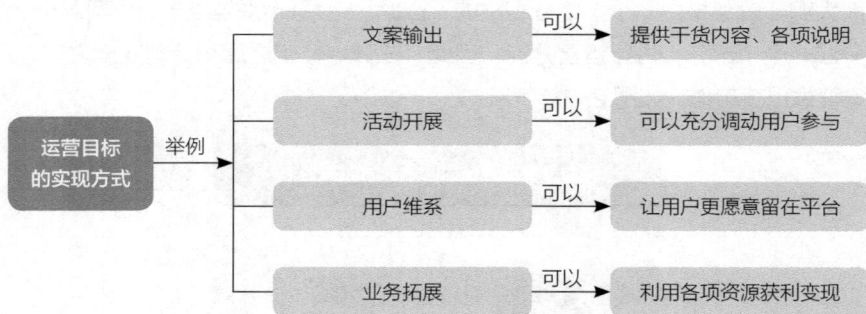

图 2-17 运营目标实现方式的举例

010 海量数据处理与验证

计划实施和落地后，并不代表运营工作已经完成了，它还需要完成关键的运营后期工作，首先就是海量数据的处理与目标验证工作，具体如图 2-18 所示。

这一阶段的工作，是一个负责任的运营者要格外注意的工作内容，不能把它看作可有可无，它起着承上启下的作用。所谓"承上"，即它与量化的运营目标、具体的计划实施结合了起来。所谓"启下"，即其验证的结果决定了接下来的工作计划——做得好的，就继续进行下去；做得不好的，就想办法改进，以期在后面的运营工作中取得成果。

再次把运营与数据结合起来

从 而

对量化的运营目标进行验证

然 后

需要检验运营工作的成效

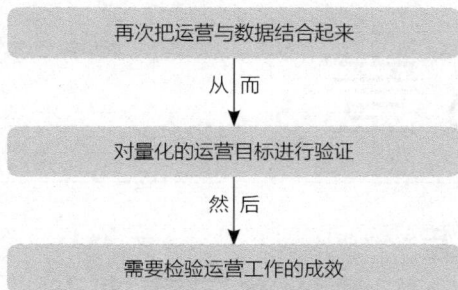

图 2-18　运营后期的数据处理与目标验证工作

011　运营修正与迭代创新

运营后期的工作除了对海量数据进行处理和验证成果外，还有一个运营修正与迭代创新的问题。这主要可从两个方面进行具体讲述，如图 2-19 所示。

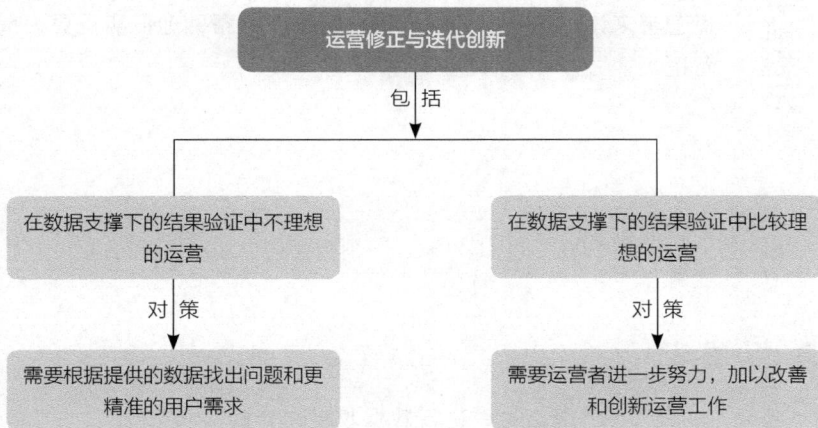

运营修正与迭代创新

包 括

在数据支撑下的结果验证中不理想的运营

对 策

需要根据提供的数据找出问题和更精准的用户需求

在数据支撑下的结果验证中比较理想的运营

对 策

需要运营者进一步努力，加以改善和创新运营工作

图 2-19　运营后期的运营修正与迭代创新分析

就运营修正来说，在此以引导流量为例进行介绍。一般来说，引导流量有各种各样的渠道，每一个渠道的效果都是不一样的。运营者要做的是根据数据找出最好的几种引流渠道，在后期的运营工作中加以采用，用以修正前期比较繁杂的、无次序的运营。另外，即使是同一种引流渠道，不同的内容所产生的引流效果也是不一样的，此时要修正的运营部分就是完成内容的优化。

而迭代创新，其中的"迭代"就是一个通过不断的结果反馈来创新的工作，其中每一次运营的结果都是下一次运营的初始值。就在这种迭代与创新的过程中，最终的运营目标也就越来越近了。这是对那些已经取得了理想结果的运营工作而言的，它们已经在本阶段获得了成功，自然就有能力继续下一阶段目标的运营工作了。

第 3 章

数据思维：
运用平台指数找准运营热点

学前提示

　　微信、微博和其他新媒体平台等已经成为时下的重要营销平台，而从这些平台后台开发的一系列数据分析系统可以看出，对于运营者来说，这一系列的数据分析系统能帮助他们实现更为精准的营销。

要点展示

　　≫　怎么做？进行数据收集和分析

　　≫　什么地方？通过指数寻找运营热点

　　≫　学什么？从 100 强中学习运营技巧

3.1　怎么做？进行数据收集和分析

数据能够给我们最好的答案，想要分析数据，就必须学会数据分析的流程。从笔者的运营经验出发，数据分析的流程包括收集数据、整理数据、将数据转变成图形、分析数据和得出结论这五点。

在此，我们首先来了解如何收集数据，这是所有从事运营的人员需要思考的一个问题。也许，从常见和全面系统的角度而言，我们想到的就是微信后台的一系列数据，然而仅仅通过后台渠道来收集数据是不够全面的，因此运营者必须知道一点，那就是除了微信后台之外，还有许多其他的收集数据的方法。下面将为大家介绍几种常用的数据来源平台：

001　微信后台收集：知己才是前提

微信后台是每个运营者都必须重点关注的地方，在前面就提到过，微信后台的统计功能模块下，有 6 大分析项目，分别是用户分析、图文分析、菜单分析、消息分析、接口分析和网页分析。

在这些项目中，每一个指标下都会有趋势图。这些趋势图是通过折线的形式表现出来的，不需要运营者自己再去做图形。运营者通过这些折线图，能够一目了然地进行数据分析。图 3-1 所示为用户分析项目中"新增人数"的趋势图。

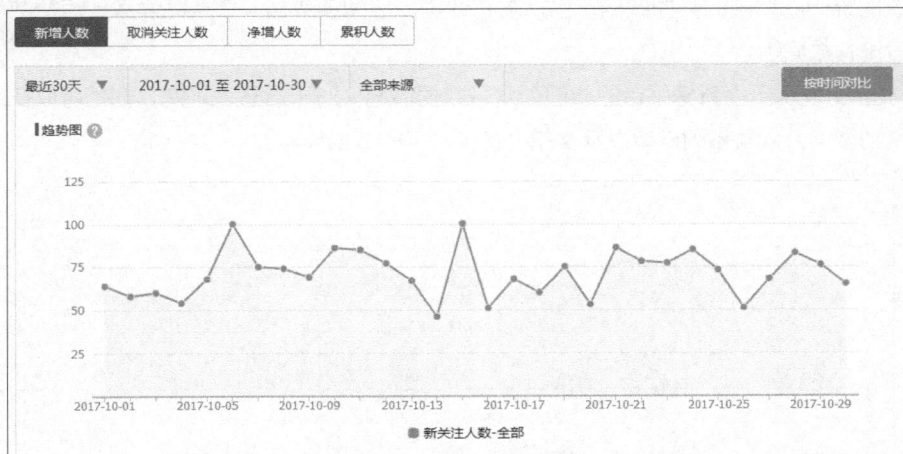

图 3-1　用户分析项目中"新增人数"的趋势图

除了查看趋势图数据之外，运营者还可以直接获得原始数据，然后根据自己的需要对原始数据进行后期加工处理。具体的操作方式是：在下面的数据表格中，单击"下载表格"按钮，如图 3-2 所示，然后就能将数据导出到 Excel 表格中。

时间 ⇕	新关注人数 ⇕	取消关注人数 ⇕	净增关注人数 ⇕	累积关注人数 ⇕
2017-10-30	65	17	48	24449
2017-10-29	76	21	55	24401
2017-10-28	83	18	65	24346
2017-10-27	68	18	50	24281
2017-10-26	51	17	34	24231
2017-10-25	73	21	52	24197
2017-10-24	85	31	54	24145
2017-10-23	77	16	61	24091
2017-10-22	78	11	67	24030
2017-10-21	86	15	71	23963

图 3-2　单击"下载表格"按钮

002　新榜平台收集：移动端全平台数据

有一个为新媒体、微信等平台内容进行价值评估的平台，运营者一定不能放过，这个第三方机构平台就是新榜。目前，新榜平台上有超过 1000 万个微信公众号，对超过 35 万个有影响力的优秀账号实行每日固定监测，从而发布影响力排行榜。

通过新榜平台，运营者可以查询公众号、微博账号、头条号等的排名情况，还可以查询统计周期内的其他数据，包括发布数据、总阅读数据、头条阅读数、点赞数和当日排名数据等。

图 3-3 所示为新榜平台的微信公众号数据情况。对于运营者来说，他们可以在此收集到微信公众号系列榜单以及榜单上各公众号的数据样本。

#	公众号	发布数	总阅读数	头条	平均	最高	总点赞数	新榜指数	加入我的收藏
①	人民日报 rmrbwx	6/15	150万+	60万+	10万+	10万+	13万+	1044.8	♡
②	新华社 xinhuashefabu1	9/14	134万+	89万+	96209	10万+	30583	1033.7	♡
③	央视新闻 cctvnewscenter	7/15	122万+	68万+	81942	10万+	30163	1026.0	♡
4	占豪 ✓ zhanhao668	1/8	80万+	10万+	10万+	10万+	63798	999.0	♡
5	人民网 people_rmw	5/11	82万+	48万+	75352	10万+	5466	994.5	♡
6	冯站长之家 fgzadmin	1/8	52万+	10万+	66058	10万+	67861	972.8	♡
7	中国搜索 chinaso_com	3/10	54万+	23万+	54713	10万+	8027	967.4	♡
8	参考消息 ckxxwx	4/8	52万+	35万+	65021	10万+	5093	965.9	♡

图 3-3　新榜平台的微信公众号数据情况

另外，新榜平台还在榜单的基础上为众多企业、机构提供了方便、实用的多种数据产品和服务，如被广泛应用的"号内搜""分钟级监测"就在其中。

号内搜，这一新榜平台数据产品是针对公众号开发的。如今，读者想要知道哪方面的信息，总是习惯上网搜一搜，但这种搜索大多还是集中在百度、360搜索等传统的互联网平台上，而新榜"号内搜"为广大用户提供了在公众号内进行信息搜索的服务。

而对运营者而言，升级后的"号内搜"所能提供的数据资源包括用户的所有搜索行为，能帮助运营者更好地了解用户和细细描绘用户画像。图3-4所示为新榜"号内搜"后台的数据服务功能简介。

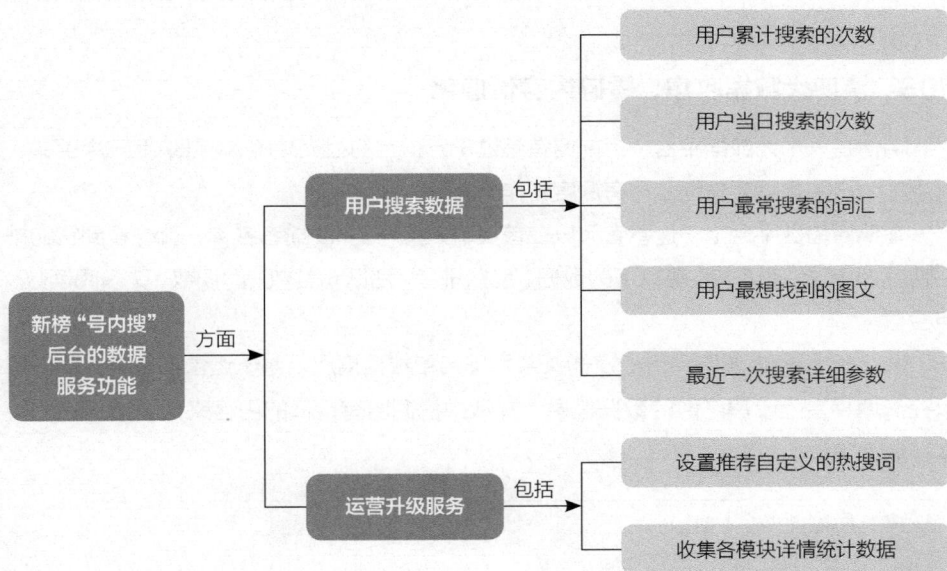

图3-4　新榜"号内搜"后台的数据服务功能

分钟级监测，全称为"微信公众号分钟级传播监测"，与号内搜一样，它也是为公众号服务的数据产品。它能分钟级连续监测到链接到公众号的阅读数和点赞数，并在分钟级的数据监测上完成对特殊的数据增长的准确判断。图3-5所示为新榜平台"分钟级监测"数据产品的功能。

正是因为新榜平台的"分钟级监测"有着如此强大的功能，所以需要人们在运营公众号的过程中多加注意——要规范自身的运营行为，不能为了快速增加流量或实现其他运营目标而扰乱正常运营秩序，如刷阅读量就是其中一例。

在"分钟级监测"产品下，所有的异常行为能很快地被识别出来，而且在新榜平台开通了公众号数据存疑举报邮箱的情况下，还有可能被取消在新榜平台的数据展示，可谓得不偿失。

数据增长的优势点	→	可以准确判断和找到公众号内容传播效果的最佳时间点，从而设置最佳推送时间
通过定时发布监测	→	可以高效识别广告是否准时发布和原文链接是否正确，以及判断它们的效果走势
阅读、点赞成长曲线	→	可以判断公众号的多周期传播效果，以及更好地预测内容推送的最终的实际效果

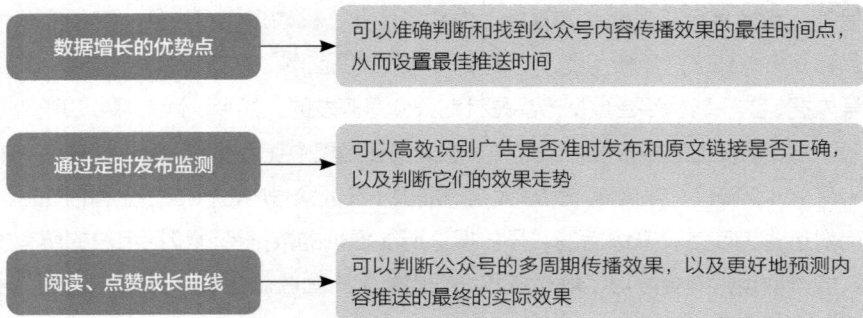

图 3-5　新榜平台"分钟级监测"数据产品的功能

003　清博大数据收集：零碎内容价值化

清博是一个大数据平台，目前拥有超过千万粉丝的社交矩阵，与 BAT 三大巨头、网易、今日头条等互联网公司有深度合作。

在清博指数平台上，运营者可以在首页输入账号的 ID 或者名称，就能看到它的排名情况。同时，还可以收集以下的数据，包括排名、活跃粉丝数、阅读数、头条阅读数、点赞数等。

图 3-6 所示为清博平台的媒体头条号排名和数据情况。对于运营者来说，他们可以在清博平台上收集零散的数据信息，并从中挖掘出有价值的内容来指引接下来的头条号运营工作。

媒体头条号 20171016_20171022 总榜

| 媒体 | 热文 | 自媒体 | 热文 | 视频 | 热文 | 周榜 | 2017-10-16~2017-10-22 ▼ |

排名	头条号	发文量	总阅读数	平均阅读	总评论量	平均评论量	TGI ⑦
1	光明网 m5806115967	3301	4612W+	13973	54891	17	1428.51
2	新华网 m4377795668	5139	2974W+	5788	18251	4	1404.60
3	环球网 m5954781019	1938	4260W+	21986	38919	20	1401.84
4	澎湃新闻 m51045089537	759	3272W+	43114	54987	72	1397.64
5	海外网 m3244931401	250	3994W+	159776	33687	135	1382.55
6	人民网 m50502346173	4628	1867W+	4035	15864	3	1375.21

图 3-6　清博平台的媒体头条号排名和数据情况

而运营者在搜索和搜集数据时，要想获得更优质的结果，那么搜索平台的数据呈现和数据的包容性是不得不考虑的，而清博大数据恰好在这两个关键点上有着巨大优势，具体分析如图 3-7 所示。

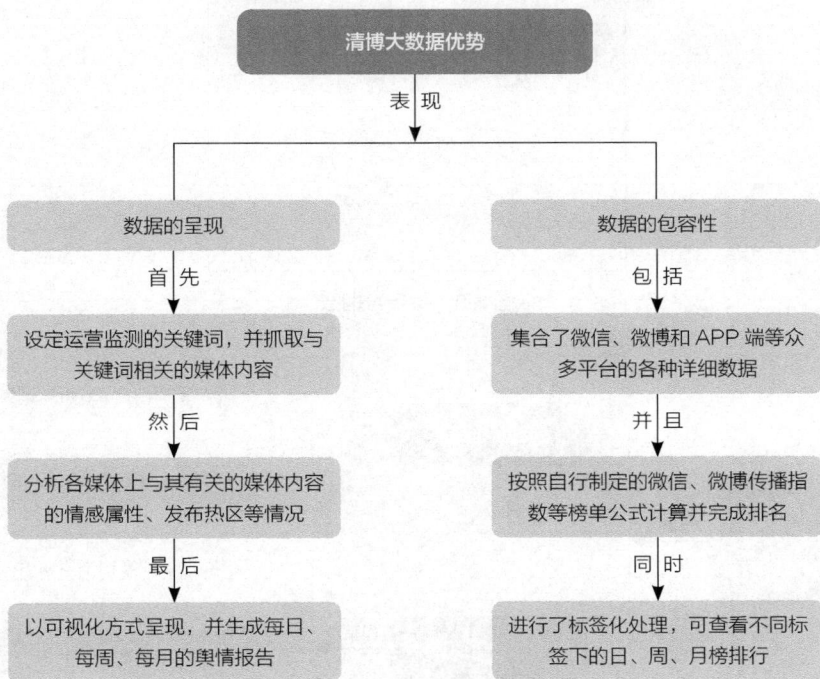

```
                    ┌─────────────────────┐
                    │   清博大数据优势      │
                    └─────────────────────┘
                              │ 表 现
              ┌───────────────┴───────────────┐
    ┌─────────────────┐              ┌─────────────────┐
    │   数据的呈现     │              │   数据的包容性    │
    └─────────────────┘              └─────────────────┘
            │ 首 先                          │ 包 括
    ┌─────────────────┐              ┌─────────────────┐
    │ 设定运营监测的关键词，并抓取与 │      │ 集合了微信、微博和 APP 端等众 │
    │ 关键词相关的媒体内容          │      │ 多平台的各种详细数据          │
    └─────────────────┘              └─────────────────┘
            │ 然 后                          │ 并 且
    ┌─────────────────┐              ┌─────────────────┐
    │ 分析各媒体上与其有关的媒体内容 │      │ 按照自行制定的微信、微博传播指 │
    │ 的情感属性、发布热区等情况     │      │ 数等榜单公式计算并完成排名     │
    └─────────────────┘              └─────────────────┘
            │ 最 后                          │ 同 时
    ┌─────────────────┐              ┌─────────────────┐
    │ 以可视化方式呈现，并生成每日、 │      │ 进行了标签化处理，可查看不同标 │
    │ 每周、每月的舆情报告          │      │ 签下的日、周、月榜排行        │
    └─────────────────┘              └─────────────────┘
```

图 3-7　清博大数据在数据呈现和包容性上的优势介绍

004　今日头条后台收集：整体详情一把抓

除了微信公众平台新榜和清博等常用的数据平台外，运营者一般还会采用在平台发布文章然后在后台查看和整理统计数据的方式，如今日头条、一点资讯等。在此以今日头条为例，具体介绍这类平台的数据收集。

在今日头条平台上，运营者收集到的数据可以划分为两个大的部分：一是运营账号整体的数据情况，也就是头条号指数；二是各个模块的数据情况，也就是内容、粉丝的数据统计。

首先，在头条号指数方面，全面反映了该账号的整体运营情况，代表了所推送的内容的价值评分，如图 3-8 所示，包括了健康度、关注度、传播度、垂直度、原创度等 5 个维度。这 5 个维度在第 1 章 15 小节中有具体展示，在此就不再赘述。

其次，在内容、粉丝数据统计方面，运营者可以收集到的数据更是能从细节处反映和指导运营工作，具体的数据内容如图 3-9 所示。

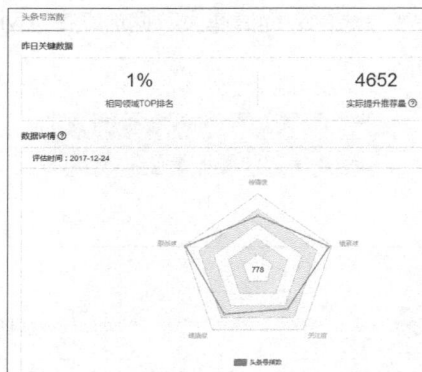

图 3-8　头条号指数

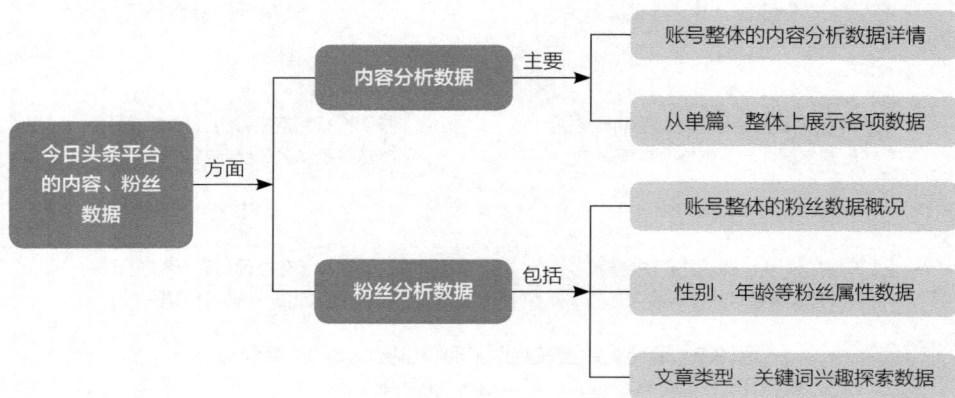

图 3-9　今日头条平台的内容、粉丝数据

005　整理数据：得出更多有价值的数据

要整理数据，我们首先就要将后台的数据导出来，然后才能对数据进行一定的整理，整理的方法有很多，此处重点讲述以下 3 种：

- 剔除多余的、无用的数据或元素，以免对后面的数据分析造成某种干扰，如图 3-10 所示。
- 对数据进行简单的计算，以发现更多的信息点，为后面的数据分析打下基础。数据的计算包括求和、平均数计算等，数据计算的方式在"公式"选项卡中，如图 3-11 所示。
- 对于一些需要特别注意的数据，为了不在后面的分析中将其遗忘，可以将其标注出来，例如改变数据颜色、字体、为单元格填充颜色等，改变数字颜色只要单击“字体颜色”按钮，就能选择想要的颜色，如果要进行其他标注，可以选中数据，然后更改数据所在单元格的格式，如图 3-12 所示。

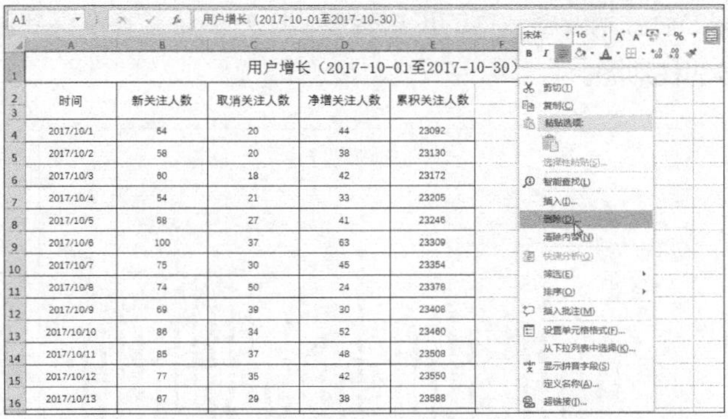

时间	新关注人数	取消关注人数	净增关注人数	累积关注人数
2017/10/1	64	20	44	23092
2017/10/2	58	20	38	23130
2017/10/3	60	18	42	23172
2017/10/4	54	21	33	23205
2017/10/5	68	27	41	23246
2017/10/6	100	37	63	23309
2017/10/7	75	30	45	23354
2017/10/8	74	50	24	23378
2017/10/9	69	39	30	23408
2017/10/10	86	34	52	23460
2017/10/11	85	37	48	23508
2017/10/12	77	35	42	23550
2017/10/13	67	29	38	23588

图 3-10　删除不需要的元素

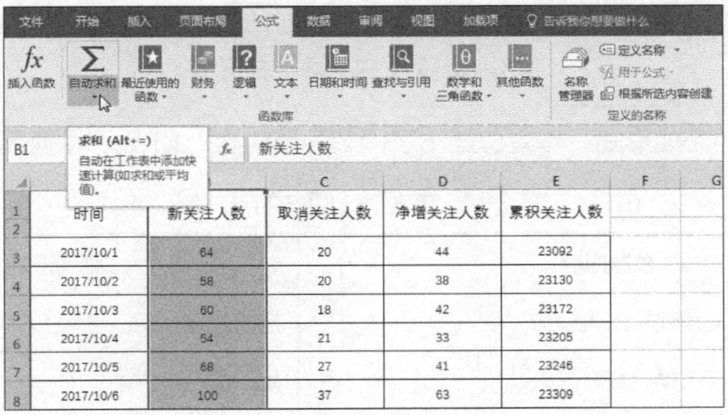

时间	新关注人数	取消关注人数	净增关注人数	累积关注人数
2017/10/1	64	20	44	23092
2017/10/2	58	20	38	23130
2017/10/3	60	18	42	23172
2017/10/4	54	21	33	23205
2017/10/5	68	27	41	23246
2017/10/6	100	37	63	23309

图 3-11　数据计算

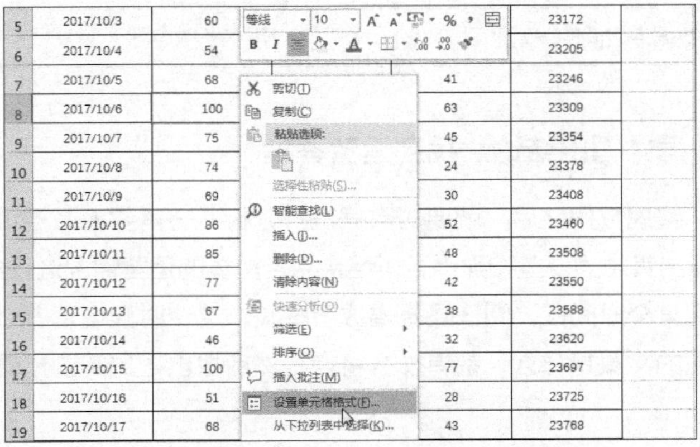

2017/10/3	60		23172
2017/10/4	54		23205
2017/10/5	68	41	23246
2017/10/6	100	63	23309
2017/10/7	75	45	23354
2017/10/8	74	24	23378
2017/10/9	69	30	23408
2017/10/10	86	52	23460
2017/10/11	85	48	23508
2017/10/12	77	42	23550
2017/10/13	67	38	23588
2017/10/14	46	32	23620
2017/10/15	100	77	23697
2017/10/16	51	28	23725
2017/10/17	68	43	23768

图 3-12　更改数据所在单元格格式

006 转化为图表：更精美的可视化呈现

数据其实可以有很多种表现形式，纯数据的表格形式往往不易让人看到重点，所以在整理好数据之后，就要将数据的形式转变，以方便运营者观察数据。图 3-13 所示为新关注人数的柱形图。

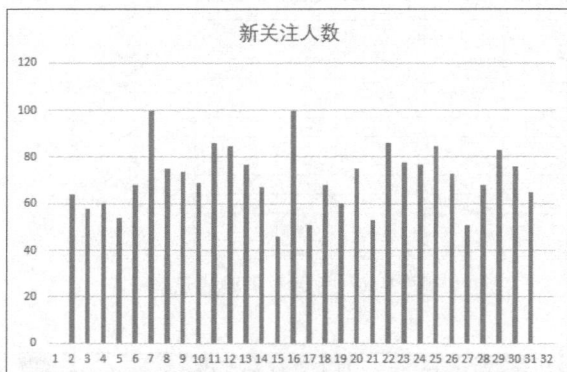

图 3-13　新关注人数的柱形图

对于数据的表现形式，作者总结出了以下几点内容，如表 3-1 所示。

表 3-1　数据表现形式的总结

数据内容	表现形式
分析数据随时间连续变化的大趋势	用折线图
分析数据占比及与数据总和之间关系	用饼图
对各项数据的情况进行对比分析	用条形图
分析数据量随时间变化的增减及总值	用面积图
充分表现若干个数据点之间的关系	用 XY 散点图

007 分析数据并得出结论：找到运营答案

收集数据、整理数据之后，就要对数据进行分析——需要将数据进行对比、分析趋势变化并且找出其中的一些特殊点，再结合平台具体的运营情况进行分析。

例如，看到某个时间段，阅读量暴增或者骤减，这个时候运营者就必须去了解这些时间段内推送的文章是什么，都有什么特点，然后找出导致阅读量暴增或者骤减的原因。

又如，平台的新增用户在某个时间段突然持续性地暴增，那么很有可能平台账号在这个时间里发布活动了，从而导致用户持续性增加。当然，也有可能是其他原因导致平台用户持续增长。运营者需要根据这些数据，将深层次的原因找出来，为以后的平台运营打下基础、积累经验。

分析完数据后，就要得出结论了。结论通常是用来解释造成这些数据的原因，运营者通常要纵观全局，才能发掘出最深层次的原因。

例如，对于某个开全国连锁店的商家来说，通过企业微信公众平台后台发现，某个省的用户分布比其他省都要高出很多，此时就需要用到数据分析并得出结论了，具体如图3-14所示。

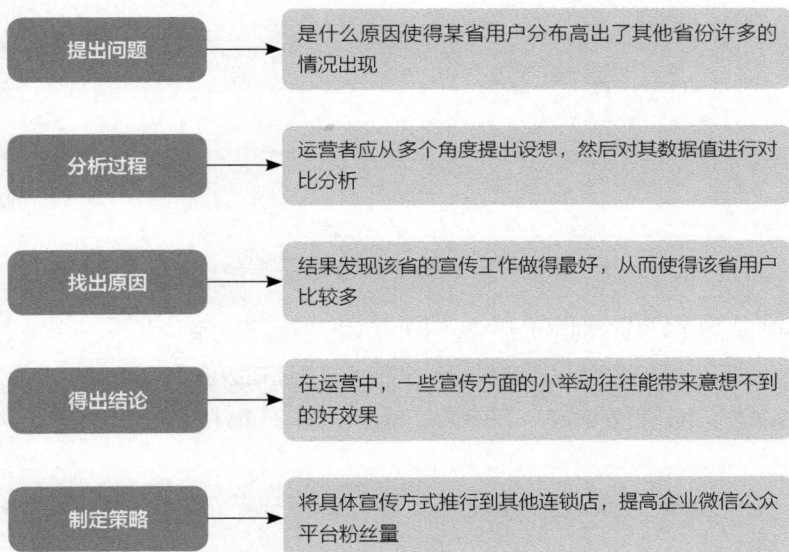

图3-14　从提出问题到解决问题的数据分析流程举例

3.2　什么地方？通过指数寻找运营热点

想要做好运营，就必须了解一些寻找热点、打开营销途径的方式。只有平台本身聚集了话题和热点，才能获得用户的关注。而想要获得这些热点，就必须了解一些热点话题的来源方式：

008　百度指数：清楚分析热点趋势

百度指数是互联网时代最重要的数据分享平台之一，它是基于百度用户行为数据建立起来的平台。通过该平台，运营者可以了解到某个热点的火热程度，从而能够将竞争产品、受众指向、传播效果等数据和信息，以科学的图谱方式呈现在人们面前。

如果你想要了解某个热点的火热程度，只要在百度指数查询栏里输入热点关键词即可。图 3-15 所示为热门电影《战狼 2》的指数趋势图。

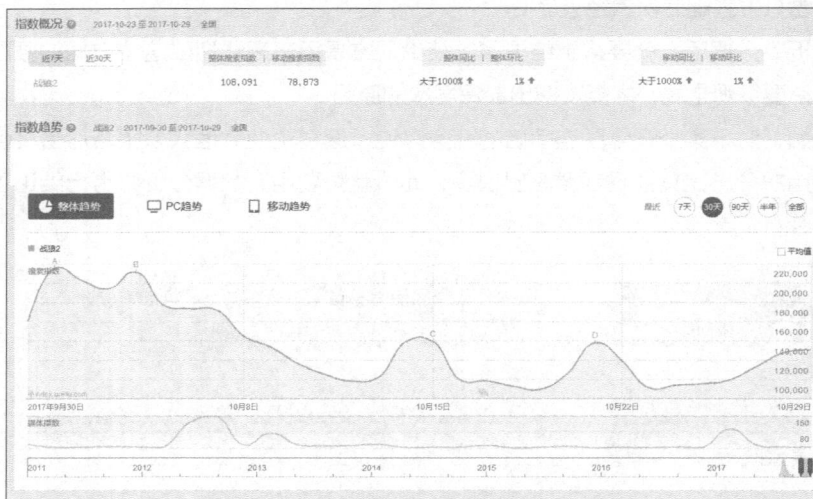

图 3-15　《战狼 2》的指数趋势图

如果你遇到了好几个同类的热点，不知道哪个热点更为受人关注，可以在热点关键词后面添加对比词，然后可以查看哪一个热点的关注指数更佳。

总的来说，通过百度指数，用户可以了解到如图 3-16 所示的热点信息。

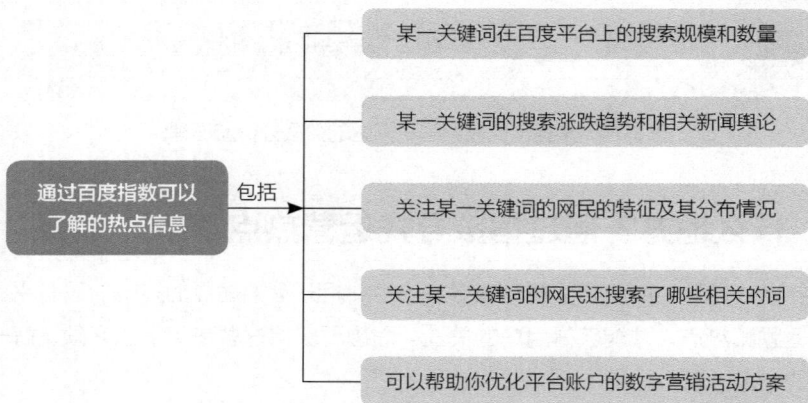

图 3-16　通过百度指数可以了解的热点信息

009　微博热门话题：知道什么引关注

热门话题，其所产生的影响都是有一定的时间区间的，同时也是有一定的影响范围的。具备这两个条件，社会上发生的公众最关心、最直接、最现实的热点问题就可以称之为热门话题。对于运营者来说，把热门话题引入运营中，往往能起到引起他人共鸣和促进交流的作用。那么，这种热门话题去哪里寻找呢？毋庸置疑，微博就是一个能快速寻找热门话题的平台。

微博上的微话题，向人们展示了 1 小时内或者 24 小时内关注度较高的热门事件，在 PC 端，①单击微博顶部的"发现"按钮，进入热门微博推荐界面；②单击左侧的"更多"|"话题"按钮，就能看到相关的热门话题，如图 3-17 所示。

图 3-17　搜索微博热门话题

在微博热门话题榜中，不仅可以选择不同时间区间（ 1小时　24小时 ）的话题排行榜，还可以查看微博热门话题的不同类型的话题排行。图 3-18 所示为微博热门话题分类。

图 3-18　微博热门话题分类

运营者可以根据自己平台运营的方向，找到自己关注的领域的微话题，然后将这个微话题嵌入到自己推送的消息中，就能提高用户的关注度和点击阅读率。

010 淘宝热卖产品：知道什么最好卖

对于电商类或者以销售产品为主的平台账号来说，运营者关注市场行情是很有必要的。运营者要了解商品行情，想知道什么最好卖，可以通过淘宝排行榜来查看——淘宝排行榜是对淘宝近百万店铺前 500 名排名以及对商品性价比排行的一种导航。图3-19 所示为淘宝排行榜的页面。

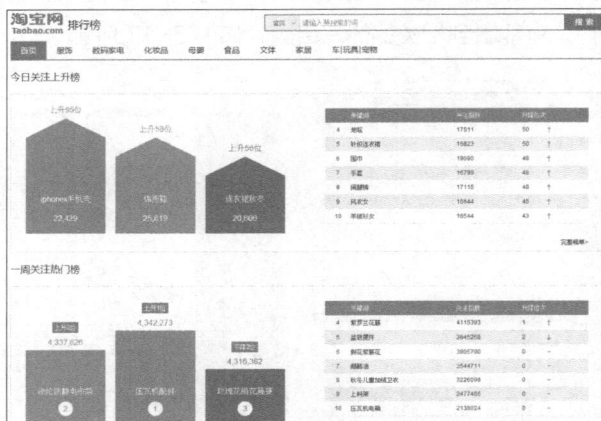

图 3-19　淘宝排行榜

在淘宝排行榜上，可以查看两个榜单，一个是"今日关注上升榜"，还有一个是"一周关注热门榜"。如果运营者想要了解更多的信息，可以单击"完整榜单"按钮，进入更加详细的榜单页面。图 3-20 所示为"今日关注上升榜"的榜单页面。

图 3-20　"今日关注上升榜"的榜单页面

运营者还可以根据自身实际情况选择细分行业商品种类，例如选择"食品"中的"巧克力"类商品，就能看到"巧克力"类产品的"销售上升榜"，如图 3-21 所示。

图 3-21　"巧克力"类产品的"销售上升榜"

除了销售上升榜之外，还有销售热门排行、搜索上升榜、搜索热门排行、品牌上升榜和品牌热门排行等。

011　百度搜索风云榜：知道网民兴趣和需求

百度搜索风云榜是基于数亿网民搜索行为数据，以关键词为统计对象建立关键词排行榜的平台。该平台覆盖 10 余个行业类别、100 多个榜单，能够直观地反映出互联网网民的兴趣和需求。图 3-22 所示为百度搜索风云榜的首页。

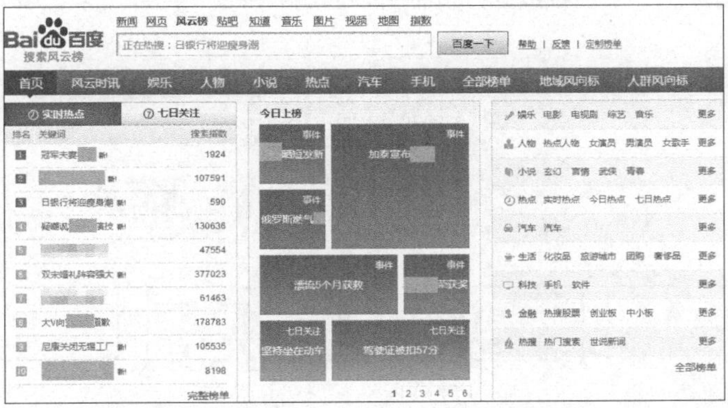

图 3-22　百度搜索风云榜的首页

在该页面上，从"实时热点""七日关注"和"今日上榜"等板块中都可查找搜索热点。当然，运营者还可以查找不同分类的热点。在此以"实时热点"为例，介绍百度搜索风云榜的热点详情。

大家可以看到，在"实时热点"榜单中，可以看到"排名""关键词"和"搜索指数"3 个类目。榜单中的每个热点按照排行罗列在这 3 个类目下，分别显示了热点的各项基本数据。图 3-23 所示为"排名""关键词"和"搜索指数"的具体含义。

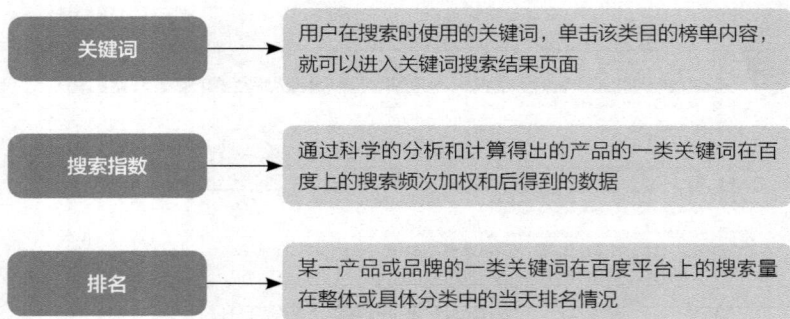

关键词 →	用户在搜索时使用的关键词，单击该类目的榜单内容，就可以进入关键词搜索结果页面
搜索指数 →	通过科学的分析和计算得出的产品的一类关键词在百度上的搜索频次加权和后得到的数据
排名 →	某一产品或品牌的一类关键词在百度平台上的搜索量在整体或具体分类中的当天排名情况

图 3-23　"排名""关键词"和"搜索指数"的含义解读

在"实时热点"榜单中，热点相关数据的来源都是准确而权威的，这些数据真实地展示了互联网网民的搜索关注情况。因此，运营者可以在百度搜索风云榜上查看网民关注的兴趣点，然后结合自己的运营内容，将热点与自己的内容结合起来，推送给用户，这样更容易吸引用户点击阅读。

012　爱奇艺指数：通过指数寻找运营热点

爱奇艺指数是一个视频数据分析平台，通过该平台，用户可以了解如图 3-24 所示的信息。

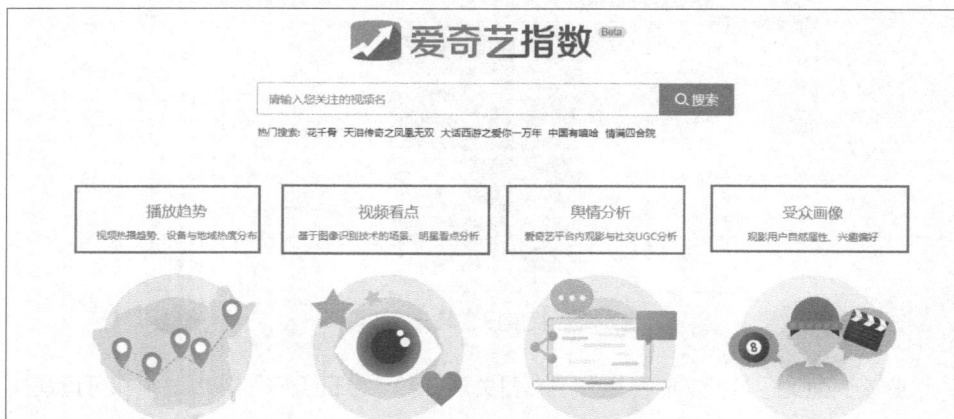

图 3-24　通过爱奇艺指数了解到的信息

对于视频类的平台账号来说，就需要经常利用这样的视频指数平台来分析热门视频的一些播放趋势、用户的观看行为、观看用户的特征特点等。你只需在搜索栏中输入关注的视频名称即可查看视频的指数情况。下面分别举例介绍一些视频的爱奇艺指数情况，如图 3-25 所示。

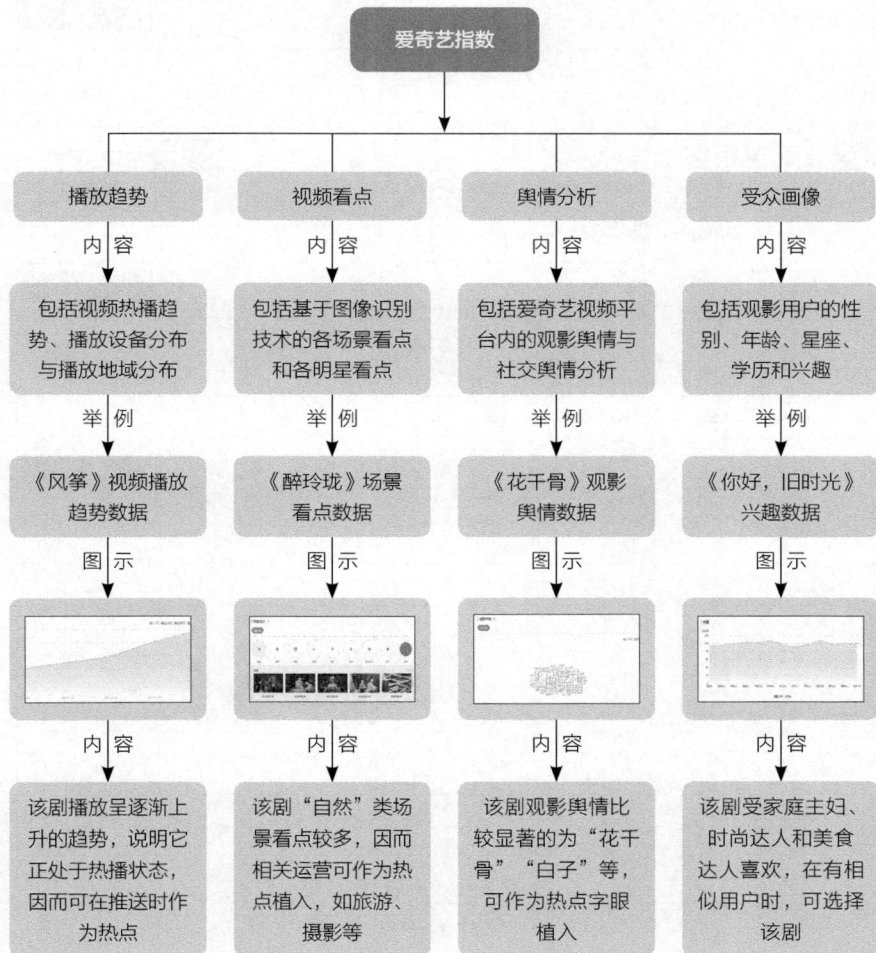

图 3-25　举例介绍一些视频的爱奇艺指数情况

图 3-25 中介绍的都是通过对单个电视剧的数据情况的展示来寻找热点。其实，运营者还可以进行多视频对比，从而选择最优的视频热点和热点视频作为运营热点。其操作方法为在搜索栏中输入视频名称时，以分号分隔即可。还可以①单击"添加对比"按钮，在页面的文本框中②输入用于对比的视频名称，③单击"对比"按钮就可进行视频数据的对比，如图 3-26 所示。

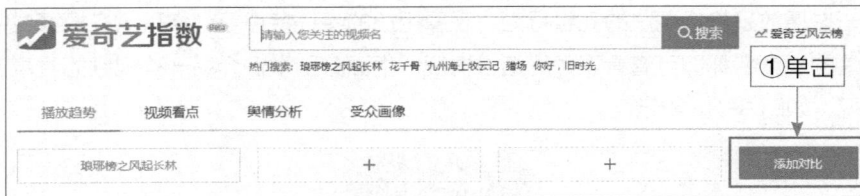

（1）

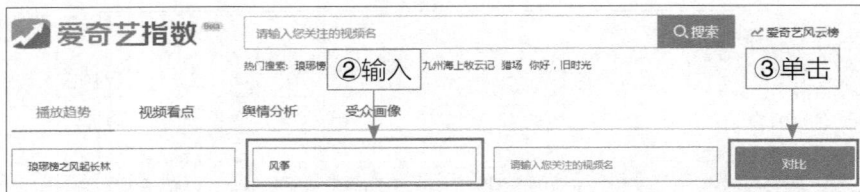

（2）

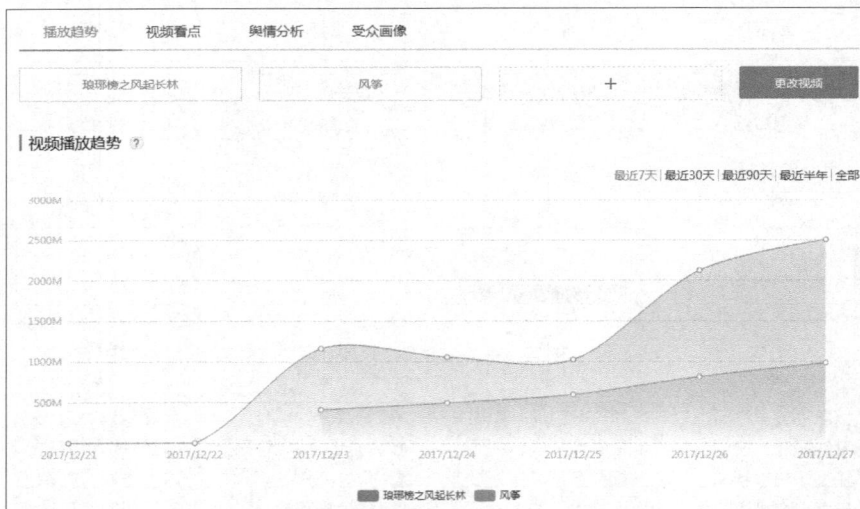

（3）

图 3-26　爱奇艺指数的数据对比设置

3.3　学什么？从 100 强中学习运营技巧

自从微信公众平台、今日头条等新媒体平台的商机被越来越多的人看到之后，其运营就变得越来越火了。很多商家想要通过注册各种平台账号来获得更多的粉丝，尤其是业内那些顶尖大号——他们的粉丝数已经过百万，文章阅读量突破十万，转发数更是不用说。

图 3-27 所示为新榜的微信公众号文化类月榜榜单。

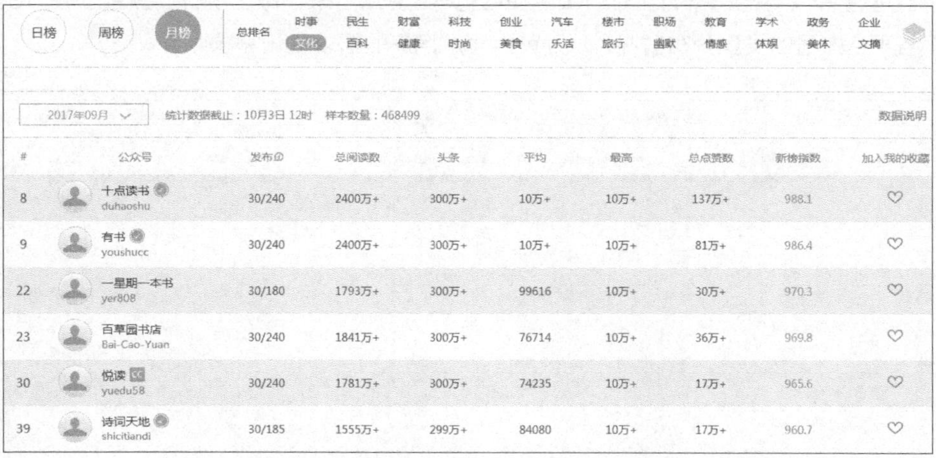

#	公众号	发布	总阅读数	头条	平均	最高	总点赞数	新榜指数	加入我的收藏
8	十点读书 duhaoshu	30/240	2400万+	300万+	10万+	10万+	137万+	988.1	♡
9	有书 youshucc	30/240	2400万+	300万+	10万+	10万+	81万+	986.4	♡
22	一星期一本书 yer808	30/180	1793万+	300万+	99616	10万+	30万+	970.3	♡
23	百草园书店 Bai-Cao-Yuan	30/240	1841万+	300万+	76714	10万+	36万+	969.8	♡
30	悦读 yuedu58	30/240	1781万+	300万+	74235	10万+	17万+	965.6	♡
39	诗词天地 shicitiandi	30/185	1555万+	299万+	84080	10万+	17万+	960.7	♡

图 3-27 新榜的微信公众号文化类月榜榜单

在榜单上，不仅可以看到文化类的微信公众号的排名情况，同时还能看到这些微信公众号的发布数、总阅读数、头条总阅读数、平均阅读数、最高阅读数和总点赞数，而且，这些数据都是以万、百万、千万来计算的，其中平均阅读数少的达到了七八万，高的已经突破十万了。可以说，运营得好的 100 强微信公众号，完全不用担心平台上的推广信息没有人看，他们甚至不用刻意去宣传，就能得到以万、十万计数的阅读量。

那么，这些 100 强的微信公众号都有哪些特点和规律，他们能够为后来者带来哪些启发呢？

013 寻找运营榜样：锁定 100 强

对于运营者来说，一定要学会运用相关的排行榜平台——可以通过分析排行榜上的不同类型的媒体账号，从而分析出用户对不同类型账号的需求度和需求点。图 3-28 为新榜平台上的微信公众号分类。

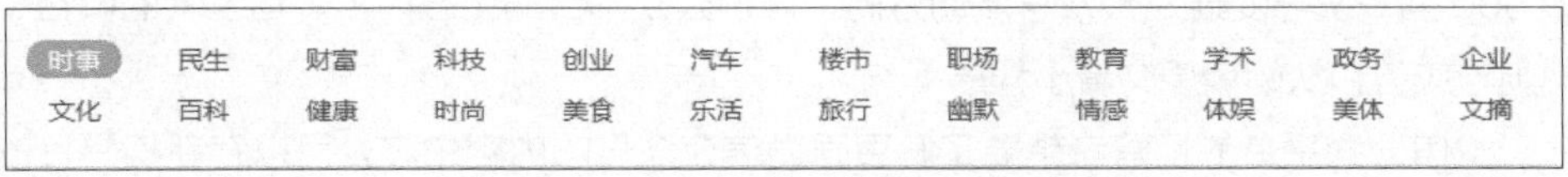

图 3-28 新榜平台上的微信公众号分类

运营者想要查看什么类型的账号，只要选择自己想要查看的类型即可。同时，还可以通过新榜统计出 100 强大号的类型分布情况。

51

新榜平台上有一个各平台总排行榜单，图3-29所示为微信公众号月榜总排行榜单。运营者只要把总排行上的100强的分类类型找出来，做出统计，就能了解100强各平台账号的类型分布情况，从而就能了解用户的需求度和需求点了。

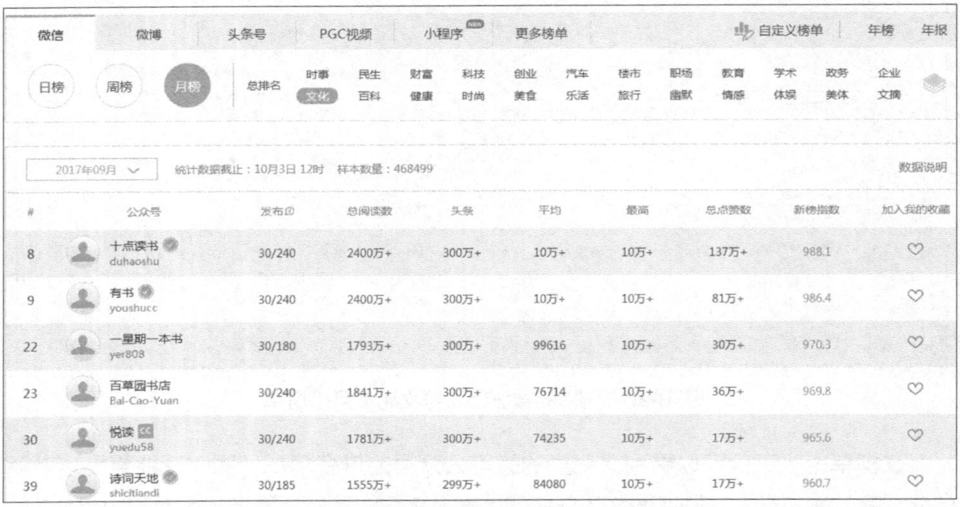

图3-29 新榜的微信公众号月榜总排行榜单

例如，在100强中，时事类的微信公众号的占比最大，其次是文化类、情感类，再次是财富类、体娱类、汽车类、政务类、乐活类、民生类、百科类、健康类、时尚类等，因此，可以得知，用户对于时事类、文化类和情感类等公众号的推送消息更为偏爱。

014 学习运营经验：关注500强

众所周知，新榜以发布中国微信500强榜单为己任，逐渐成为业界权威标准。每一年，新榜都会发布有关500强的年报，呈现出上一年中传播能力最强、影响力最大的500个微信公众号，进行一年来的生态回顾和展望。

例如在《2016年度中国微信500强报告》中，主要涵盖了六方面的内容知识点，即500强概况与变迁、公众号流动方向、微信公众平台的生态内容、运营者的收益、规则与应答和从阅读原文看小程序。

微信公众平台的运营者想要了解百强微信公众号的内容生态，可以在新榜平台的《2016年度中国微信500强报告》中查看账号全年内容生态的内容，这部分内容总结出了500强账号在2016年的内容生态，如图3-30所示。

1. 微信公众平台全年热点

追逐热点是微信内容运营常用使用的技巧，通过对全样本全年共计397.3万篇原创内容标题进行词频统计和筛选后，我们发现大大小小共计134个热点。

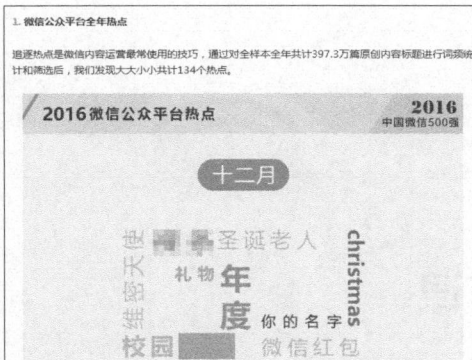

（1）

2. 点赞十万

2016年4月微信关闭相关接口，此后再无10万以上的确切阅读数。由此，基于阅读数的点赞数则成为估量图文真实阅读规模的重要参考。

2016年间，新榜数据库内共发现45篇图文点赞过十万以上。根据千分之五的点赞比进行保守估计，这些图文的传播量均已进入千万级别。值得注意的是，这些公众号并非都是大号，存在22个公众号新榜指数在800以下。

这些千万级别的传播内容如下所示：

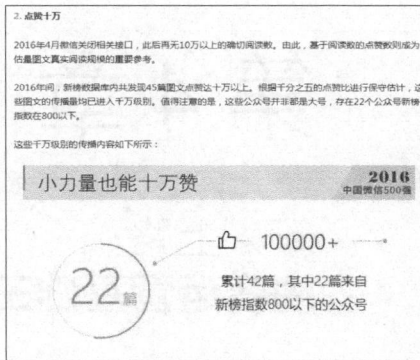

（2）

3. 海量重复使用的标题

将2016年发布的1亿多篇内容进行标题完全匹配统计后可发现，微信公众平台中存在部分被长期循环利用的标题与内容。

2016年中，样本库内最常见的标题是《您有1条未读消息》，共有20704篇图文采用了这个标题。在今年重复使用次数前五的图文标题中，《您有一条未读消息》、《本人征婚、条件如下》与《别惦记那点工资了，这是5年内最赚钱的平民职业，做这个比上班赚钱》都在2015年中就已出现在日常样本库当中。

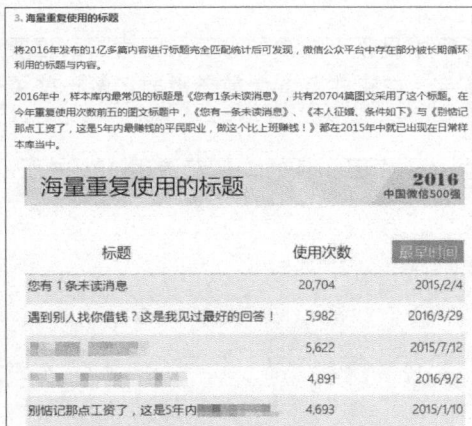

（3）

4. 被转载多次的原创内容

2015年1月，微信公众平台开通原创标识。

2016年间，新榜日常样本库内具有原创标识的公众号数量增加近三倍；从2015年的6.8%涨至2016年的25.6%，也即新榜日常样本库内332万公众号中的1/4的公众号都获取了原创标签。

（4）

图 3-30　500 强账号在 2016 年的内容生态

第 4 章

新人上路：
内容运营基础三节课

学前提示

内容运营在整个运营体系中是不可缺少的。正是因为它的重要性，所以，作为一个运营新手，在正式运营之前还需要了解一些关于内容运营的基础知识。

本章就从内容运营的含义、原因和目的、运营流程 3 个方面，让你认识内容运营。

要点展示

>>> 不可不知的内容运营含义
>>> 不得不说的内容运营原因和目的
>>> 不能不懂的内容运营流程

4.1 不可不知的内容运营含义

什么是内容运营？顾名思义，它就是关于内容的运营。如果要进行更深一层的理解，那么对运营者来说，就会有不同的答案。在此，笔者从运营实践出发，讲一点自己对内容运营含义的看法：

001 三连环的内容运营：收集 + 编辑 + 发布

内容运营，是关于内容的运营，在这一过程中，主要包括 3 个方面的工作，如图 4-1 所示。

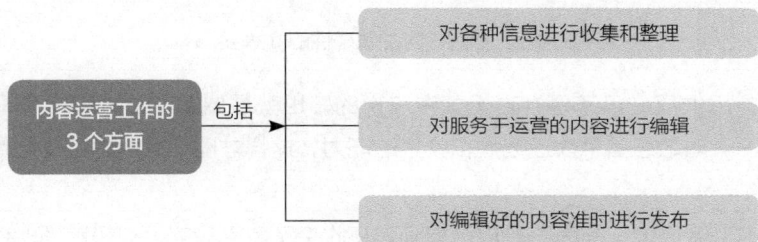

图 4-1 内容运营工作的 3 个方面

另外，在运营中，图 4-1 中 3 个方面的工作是前后相连的。也就是说，信息收集和整理是内容编辑的基础，而内容编辑又是内容发布得以实现的前提，而且，只有把前面的工作做好，后续工作的效果才有可能得到保障。

因此，内容运营就是一个运营者完成的、由具有连环性质的 3 个方面的工作组成的运营过程。

而关于内容运营的 3 个方面的具体工作内容，将在本章最后一部分（4.3）中进行具体描述。

002 三要点的敏感性创造：对己 + 对事 + 对人

上文是从运营过程角度来说的，那么对运营者来说，内容运营要想做得好，运营者需要对内容的敏感性能快速把握并迅速做出反应。

所谓"把握内容的敏感性"，从全局的角度考虑，它对运营者提了 3 点要求，具体内容如图 4-2 所示。

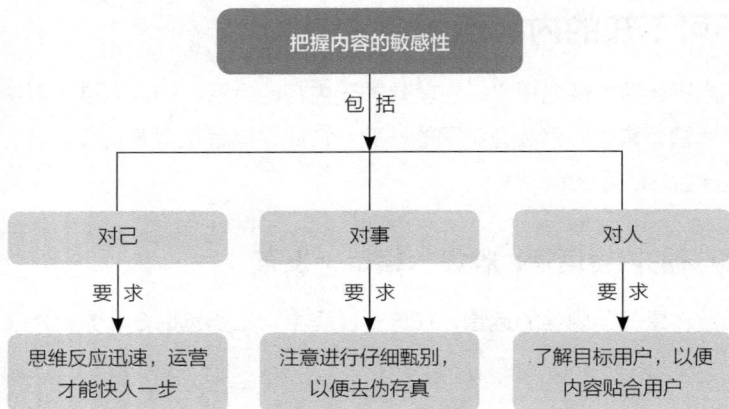

图 4-2　把握内容的敏感性的 3 大要点

其中，思维反应迅速是针对运营者来说的，也就是要求运营者在面对海量信息时，要有一个对敏感信息快速把握和收集的能力，这样才能在运营内容的起点时快人一步。

可能有读者会说：前面不是已经提到信息收集了吗？是的。只是前面的信息收集更多的是指平时的信息收集和积累，或者是针对某一专题的信息收集和整理。而这里重点在于对于热点、时事信息，运营者也要从运营的角度加以运用。而反应快速不仅是前提条件，也是把握内容敏感性的要点所在。

当然，反应迅速还只是一个方面，在反应迅速的同时还有一个对自己的要求需要注意，那就是信息运用时对运营者心思的缜密性要求。这一要求反映在对信息的态度上，就是要注意进行甄别了。

在互联网时代，全球信息的传播是非常快且多的。在这些信息中，有真亦有假，这就要看运营者对信息的判断和甄别了。只有进行了甄别、验证了真假的敏感性内容，才有运营的必要。

至于对人，这是针对目标用户的。以真实的数据为依据，针对目标用户中的不同年龄层次、不同性别、不同职位等方面，去把握内容的敏感性，然后契合目标用户的认知和接受度进行内容的运营，才是敏感性内容运营的正确方式，否则就是危险的、不利的。

4.2　不得不说的内容运营原因和目的

了解了什么是内容运营，接下来就为读者解答为什么要进行内容运营，也就是内容运营的原因和目的是什么，如图 4-3 所示。

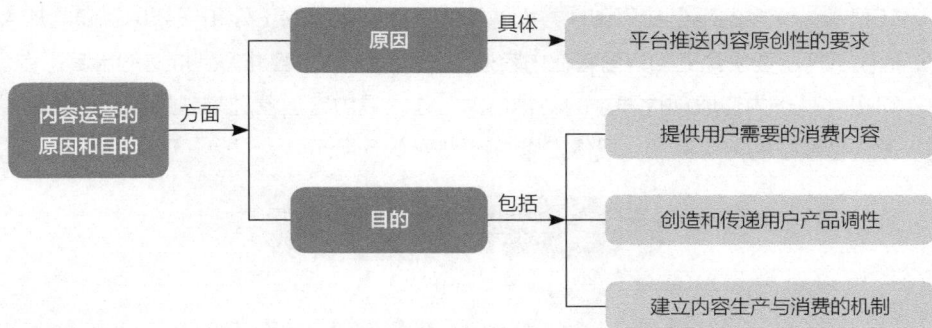

图 4-3　内容运营的原因和目的

003　原因：平台推送内容原创性的要求

随着传统互联网和移动互联网的发展，各种平台相继出现，而在构成这些平台的因素中，内容运营是至关重要的。如果想要获得好的运营和推广效果，那么，内容的原创性的重要性就尤为突出了。

特别是对新媒体而言，许多平台都对内容的原创性提出了要求。如今日头条平台的头条号指数中就有一个重要的维度——原创度，后台的"管理"板块中，也有"原创保护"功能模块存在。

尤其是显示在文章中的"原创"标识，这在今日头条、微信公众号等多个平台上都有它的踪迹，如图 4-4 所示。

图 4-4　今日头条与微信公众号的"原创"标识

正是因为众多的平台在原创性方面的重视，内容运营的工作和任务也就随之加大了，这就不得不要求企业和运营者在内容运营方面做好从内容准备到推送的全套工作。

可见，基于内容原创性要求的内容运营工作，是内容运营越来越规范化的基础。基于原创性要求的内容运营，具体工作内容如图 4-5 所示。

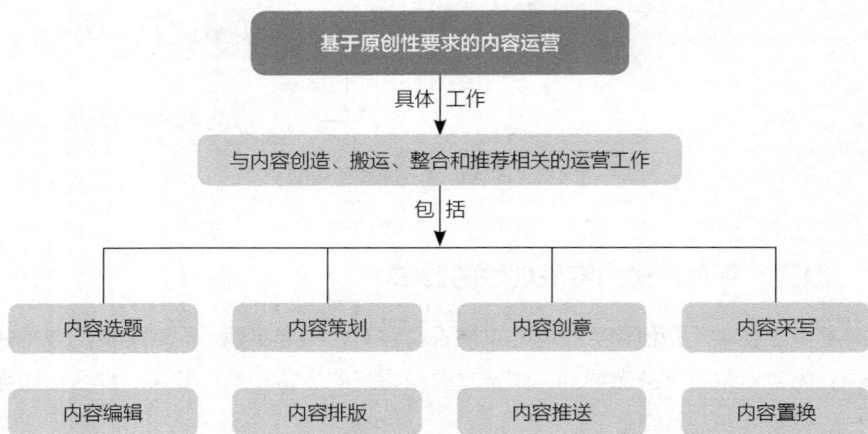

图 4-5　基于原创性要求的内容运营解读

004　目的 1：提供用户需要的消费内容

用户之所以要关注某一平台账号及其推送的文章，是因为这些内容是他们所需要的。而企业和商家等方面的运营者就是基于这一目的而开展的内容运营——为用户提供他们需要的和想看的消费内容。

例如，从内容的形式来说，有图文内容、视频内容和音频内容等。对于那些技巧性、知识性等方面的短篇文章，受众可能会选择关注图文类的内容，这样就能有更多的时间用于思考和学习。图 4-6 所示为"会声会影 1 号"微信公众号推出的有步骤、有操作标识、有效果图片展示等的图文内容。

当然，对于一些操作类的消费内容，受众可能会选择更直观的视频内容，这样可以更快地掌握和学会。

又如，从内容的主题来说，用户更愿意选择自己需要的内容，这里指的"需要的"，可能是用户感兴趣的，也可能是用户觉得有利用价值的等。只要是这样的内容，都有可能成为用户选择你的理由。用户关注了，流量也就来了，运营和推广也就有了更好的条件。

可见，提供用户需要的消费内容，是内容运营的目的，也是运营整体目标得以实现的途径。

图 4-6　微信公众号推送的图文内容

005　目的 2：创造和传递用户产品调性

人要有个性，产品要有调性，这些都是不可争议的事实。而想要以文字、图片等内容形式进行编辑，并传达给其他人知晓，就需要采用一定的技巧了。而这些技巧和内容形式的运用，对于产品来说，就是关于产品调性的内容运营的问题。

在内容运营中，传递产品调性也是它的主要目的之一。关于传递产品调性的内容运营，具体含义如图 4-7 所示。

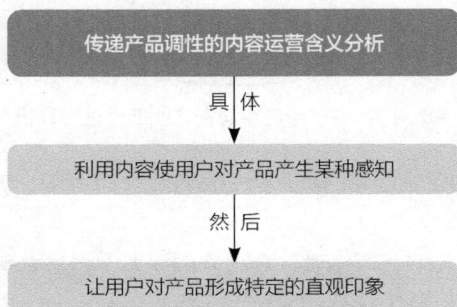

图 4-7　传递产品调性的内容运营含义分析

当然，让用户对产品形成特定的直观印象还只是内容运营的最初目标，从更深的层次也就是内容运营的实质来说，内容运营的重点在于提高产品的内容价值，让产品的调性符合目标用户画像，并最终实现运营和推广的目标。

说到这里，可能有些运营者会问：假如没有确切的、符合运营的、引人注意的产品调性，那么应该怎么做呢？回答是：那就去创造！

诚然，在最初的产品推广中，企业和商家有可能在产品调性上没有系统明确地提出，或是在与目标用户画像的协调上没有很好地一致。此时，内容运营的目的就出现了，那就是通过内容运营的手段，去创造一个产品调性，然后就是上面提及的传递产品调性了。

可见，对运营者来说，用户对产品的感知以及对产品调性的感知，都可通过内容运营这一途径来实现。这就决定了内容运营的目的之一就是创造和传递用户产品调性。

006　目的3：建立内容生产与消费的机制

从整个内容运营过程来说，不仅有内容的生产，还有内容的消费。如果只有内容的消费而无生产，那就成了"无源之水""无本之木"了；而如果只有内容的生产而无消费，那么这些束之高阁的内容也就没有了任何存在的意义。

可见，在内容运营中，必须把内容生产与消费结合起来，而完成它们二者之间的机制的建设，也自然而然就成为内容运营的目的之一。

更重要的是，在内容生产和内容消费之间，建立起运营状态良好的循环机制，也是运营所必需的，如图4-8所示。

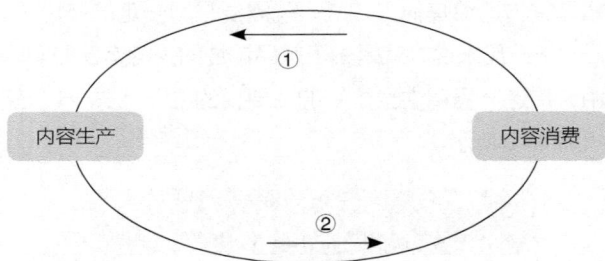

图4-8　内容生产与内容消费之间的良性循环机制

在图4-8所示的内容生产与消费之间的良性循环机制中，关于它们之间的关系解读，具体内容如下：

①"内容生产→内容消费"半环：从生产到消费，对运营者来说，正是一个让内容为用户所认可和接受并得以扩散的过程。在这一过程中可以增加用户黏性，并实现平台引流。

②"内容消费→内容生产"半环：从消费到生产，对运营者来说，是一个从上一半环的内容消费结果出发而进行运营内容优化的过程。在这一半环中，运营者可以根据平台上的各种数据分析、用户反馈等，积极创造更受用户喜爱、更能满足用户需求的内容。

可见，内容生产与消费之间，存在着一个不断良性循环的运营机制：利用内容引流→优化内容→利用内容引流……而这恰好也正是内容运营的目的所在。

4.3 不能不懂的内容运营流程

说了内容运营的含义、原因和目的，相信大家对它已经有了一定的了解。而内容运营，从其本质出发，它是运营过程中的一个组成部分，因此必然有它特定的工作内容它究竟是怎样进行内容运营的，经历了哪些流程。在此，重点讲解一下内容运营的4大流程：

007 内容采集：聚集可用的可信信息

人们总是羡慕别人"文思泉涌"，然后感叹自己无法做到。其实，从某一程度上来说，不是你无法做到，而是你没有努力。因为任何成就都是一点点积累起来的，内容的写作也是如此，它需要在平常的工作、生活中把一些有用的信息积累起来，才能在进行内容编辑的时候有话可写，有内容可创作。

可见，在内容运营过程中，前期的信息收集是不可缺少的，且必须有着长期的沉淀和积累。进入职场的人都知道，尽管在大学里学习时，会觉得大部分都懂了，但要把所学的知识真正应用到工作上来，还需要经历一个特定的过程且运用一定的技巧。

打一个简单的比方，食谱上写着做菜时需要放入多少盐，这并非一个简单的问题——要放入多少克盐，难道要在做菜时去特意称一下吗？对于经常下厨的人来说，有多少菜、什么样的菜要放多少盐，都有一个非常准确的把握，而这都是在不断的实践中积累和摸索出来的。

另外，拿大多数人都喜欢的摄影来说，假如你只是抱着有关摄影的书去阅读，那么你永远也学不好摄影；而如果你只是依葫芦画瓢地去尝试摄影，而不是经常实践，那么你也只是学了摄影，而不能说"学会了摄影"或"学好了摄影"。摄影过程中角度、光线、参数等，要想快速、精准地把握，就必须在实践中一点点摸索、习惯。

而内容运营的内容采集也是如此，通过不断地运营实践，懂得了什么内容有用、什么内容应该怎样用等，然后基于此标准去进行信息采集，才能达到事半功倍的效果。

这种带着目的性和特定标准的信息采集，才是信息采集的正确方式。图 4-9 所示为内容采集要考虑的问题和衡量的标准。

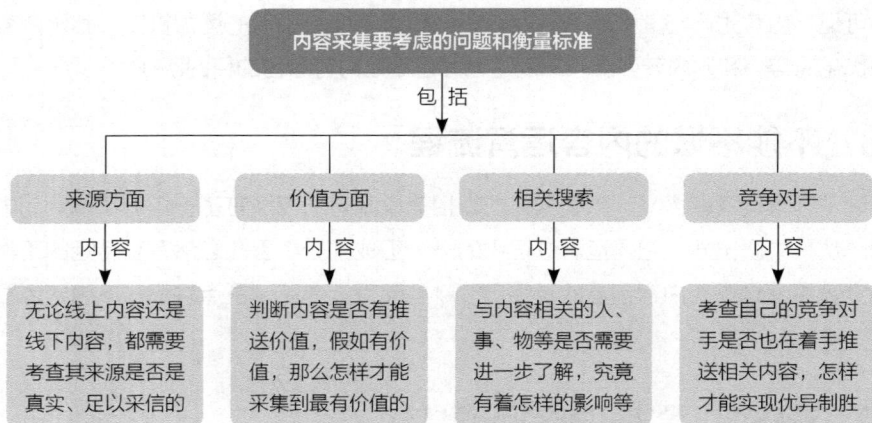

图 4-9　内容采集要考虑的问题和衡量标准

008　编辑创造：发挥出最大的价值

自从互联网兴起和发展以来，相对于纸质书籍内容，一些人对网页上的内容信任度明显不足。而当你浏览网页时，也总是会看到一些没有价值和可读性的内容，此时不禁感叹，要想真正读一些有价值的内容，还是阅读纸质书籍更好。

而要想逐渐改变这一认知，就不能不从自己做起，从内容运营者出发，做好内容运营的编辑创造流程工作，创造和编辑更好的、更有价值的内容。那么，在进行了信息采集的情况下，应该从哪些方面着手，才能让运营中的内容优化呢？具体分析如图4-10 所示。

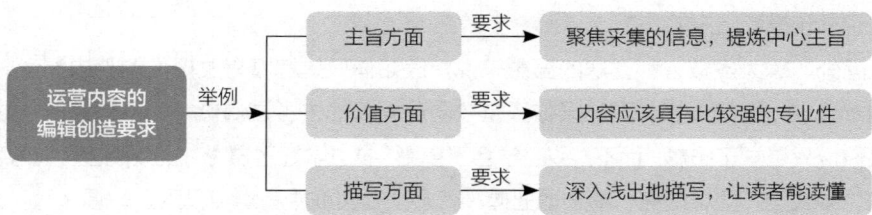

图 4-10　运营内容的编辑创造要求分析

完成了内容的编辑创造，此时距离内容发布还有一项工作，那就是在平台后台的排版。这也是属于运营者编辑范畴内的工作。

在运营过程中，图片和文字的结合是常有的事，如何对其进行合理的排版也成为令运营人员头疼的一大问题。要想让用户接触到明白易懂且充满美感的文案，就要在排版上下苦功夫。仅凭一己之力就想轻松搞定图文排版自然是不容易的，因此这时候方便的软件工具就派上用场了，如大家比较熟悉的秀米、i排版编辑器就是运营者首选的排版软件。

> ⊙ **专家提醒**
>
> 　　当然，如果想要制作质量精良的内容，也是要付出相应的代价的，例如付费模板和付费样式肯定比普通的模板和样式要更为美观大方，自然地，也能吸引更多的目光和人气。

009　发布传播：传递价值给需要的人

　　完成了内容的采集和编辑创造，接下来的内容运营工作就是发布传播了。这是把内容的成果推送出去并送达给目标用户的过程。在这一流程阶段，主要涉及的是 3 个方面的问题，即要传播给谁、什么时候进行传播以及传播的目标是什么，下面进行具体介绍：

1. 传播给谁

　　"传播给谁"的问题，说到底，就是目标用户的问题。其实，这一问题在内容的编辑创造阶段中就有所考虑，如内容的主旨和专业价值就对它做出了一定的限制。在此，则需要对这一问题有一个更明确的定位。

　　运营者对"传播给谁"的问题，需要考虑传播的平台和渠道，以此完成对"传播给谁"问题的解答，并顺利通过有效途径实现传播。

2. 什么时候传播

　　"什么时候传播"的问题，也就是内容运营者应该根据数据分析的结果和实际情况选择内容发布的最佳时间节点。

　　大家都知道，人们每天都在浏览网页内容，然而不同时间段人们浏览的行为是不同的，而网页显示的搜索结果也是不同的。这就需要运营者把握好内容发布传播的时间，具体内容如图 4-11 所示。

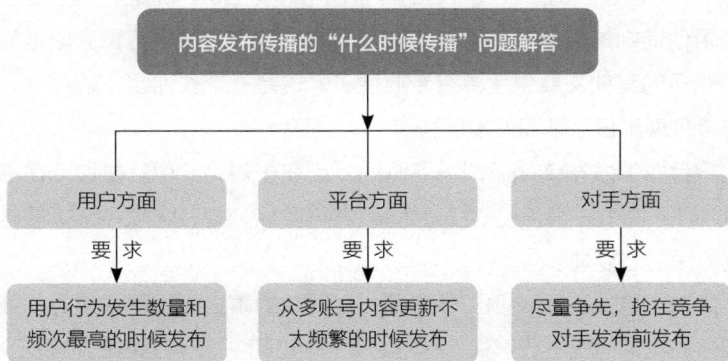

图 4-11　内容发布传播的"什么时候传播"问题解答

3. 传播的目标是什么

定一个目标，给自己确定一个实现的标准，是做好一件事的必要前提，否则，任性而做，纯粹是没有目的的重复工作，也就无法达到运营的目标了。因此，内容发布传播的目标应该非常明确，主要应该在 3 个方面有所规定，如图 4-12 所示。

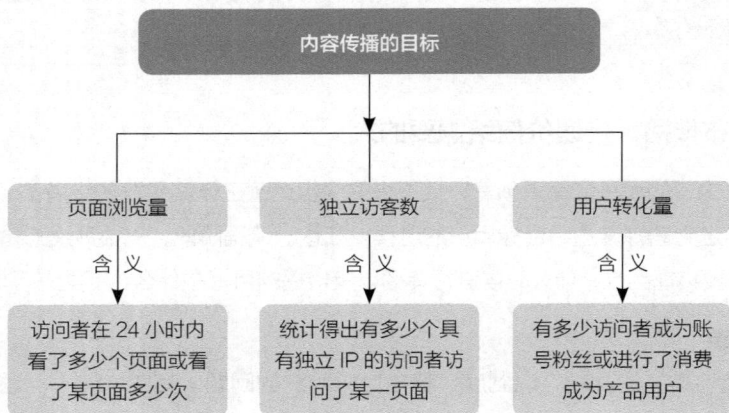

图 4-12　内容传播的目标分析

010　结果评测：在对比和选择中择优

在结果评测阶段中，其中的"结果"指的是整个内容运营的结果，它不仅包括内容发布传播而反映在用户、图文浏览量等方面的结果，它还包括运营者在内容运营过程中不断进行优化而出现的结果。

前者的结果还是很好理解的，也是很好评测的——通过平台后台的各种数据统计就可清晰地判断出来，从而决定接下来的工作方向和重点。

关于后者，其结果的评测就比较抽象化了。如内容采集、内容编辑创造方面的结果评测，有时还不能通过一篇文章或一时的内容运营体现出来，而是一个渐进的过程。

就如编辑创造中的重点——内容的专业性，不是说一篇内容具有较强的专业性，那么该平台账号的其他文章也就具有专业性了。这是一个长期坚持的过程，而且这种专业性还应该表现出日益精深的发展特点。

而在内容运营的发布传播阶段，评测的要点在于对比。也就是说，在不断的发布实践中，针对不同的目标用户、发布时间和发布目标，要在比较中选择最佳，才能体现结果评测阶段的必要性。

可见，内容运营的结果评测，并不是一件简单的事，而是需要耐心、细心，不断坚持，不断根据实际情况进行选择，这样才算是做好了一个运营者的本职工作。

第 5 章

运营核心:
内容元素的精雕细琢

学前提示

　　如果将标题、内容、图片、版式四者定义为一篇文章的精华,相信大家都是认可的。标题在很大程度上决定了文章的打开率,正文蕴含文章的价值,图片代表了文章的颜值,版式决定了文章的体例——每一样都不容运营者忽视。

要点展示

>>> 标题要求:第一时间抓住读者眼球

>>> 内容要点:让运营更上层楼的妙招

>>> 图片要素:5 大方面支撑颜值担当

>>> 版式要美:提升阅读体验的关键

5.1 标题要求：第一时间抓住读者眼球

　　文章标题的价值在于让读者在阅读正文前，就已经对内容产生了阅读的兴趣。因此，能够写出在第一时间抓住读者眼球的标题，才是运营者们真正需要做到的，那么，优秀的文章标题有哪些要求呢？

001　要与主题紧密联系

　　标题是一篇文案的"窗户"，读者要是能从这一扇窗户之中看到文章内容的一个大致提炼，就说明这个标题是合格的。换句话说，文案标题要体现出文案内容的主题。

　　如果读者受到某一文案标题的吸引，但让人失望的是，进入文章内容之后却发现标题和内容主题联系得不紧密，或是完全没有联系，那么无论是对有直接关系的读者的信任度，还是对读者有间接影响的文章的阅读量，都是不利的。

　　这也就要求作者在撰写标题时，一定要注意所写的标题与文章内容的主题是紧密关联的，而不能"挂羊头卖狗肉"。图 5-1 是标题与主题紧密联系的案例。

图 5-1　标题与主题紧密联系

　　从图 5-1 可知，标题中的"秋色""园林""拍摄"都是关键字眼，很明白地说明了文章的主题。而正文的解说又恰好证明了这一点，从找出问题到解决问题，都是关于"怎么拍好秋天的园林"的。在"解决问题"的层面上，从拍摄到后期，循序渐进地解答，相信能帮助一部分摄影爱好者提升技能，也让那些因为受标题吸引而关注文章的摄友不会因为标题和内容联系不紧密而失望。

002　在模式上要多样化

大家都知道，平台上发布的文章的标题字数是有限制的，然而，在内容的表达上又需要突出主题和文章中心，这就需要从这两个对立的方面来实现完美的统一，从而清楚、简洁地表现文章内容。从这一点出发，标题的表现模式是应该有所选择的，具体说来，常见的主要有以下几种：

1．利用问题引导

在拟写标题时，利用问题进行引导，一是可以更好地吸引读者的注意，二是能让读者带着疑问去阅读。就读者而言，利用问题引导的标题既可以引导读者继续阅读，还能清楚、明白地告诉读者文章的中心内容。

利用问题引导的标题模式，以提高读者对事件本身的关注度，多用于以生活技巧、惊奇事件等为中心的文章。

2．直接陈述事件

利用这种标题模式，有一个非常关键的前提条件——标题所陈述的事件或故事本身有足够的吸引力，它们或是感人的故事，或是重大突发事件，这样才能调动读者内心如感动、愤怒等方面的情绪，同时产生阅读的兴趣。图 5-2 中的文章标题，将事件完整、直接地呈现给读者，自然会引起读者的关注。

3．积极调动联想

读者在阅读一篇文章时，常常会因为其中的某一个点而触发各种联想，从而产生点击阅读的欲望，这样的标题模式无疑是成功的，如图 5-3 所示。

图 5-2　直接陈述事件的标题模式

图 5-3　积极调动联想的标题模式

4. 引用数据说明

在大多数人眼中，具体数字的应用，带给我们的第一印象就是严谨和科学，因此，在拟写标题时若能把这一点考虑进去，适当地引用数据，就能够增加文章的可信度，特别是一些娱乐性较强的文章，在标题上采用夸张的数据呈现，可以在一定程度上更好地吸引读者的关注。

当然，引用数据说明的标题应用并不是任意的，特别是对那些注重科学性和真实性的学术性文章和新闻事件，在数据的引用上一定要慎之又慎，否则就可能会误导读者，或者造成其他一些不利的影响。

5. 明确告知利弊

在浏览一些平台时，经常会看到《XX 做很危险》等类似的标题，读者一般都会忍不住点击查看，可见，这也是一种能够吸引读者关注的标题模式。

这一类型的标题模式，多用于生活类和产品推介类方面的文章，通过在标题中简明扼要地告知利弊，可以很好地提升读者的阅读兴趣。

003　在字数上要有限制

在各种平台不断发展的情况下，标题的字数也有着向越来越多方向发展的趋势。在这样的趋势下，人们不禁要问：这种发展趋势有利吗，这样的标题真的更好吗？

其实，就人们的阅读习惯和平台的运行方式来说，假如文案的标题超过三行，在大多情况下，读者是不会去点击阅读的。

如今，智能手机品类多样，使得一些图文信息在自己手机里看着是一行，但在其他型号的手机里可能就是两行了，这就导致标题中的有些关键信息就有可能被隐藏起来了，不利于读者了解文案的描述重点和对象。

因此，我们在做运营时，就要把这一情况考虑进去，尽量保持文案标题的字数无论在什么类型的手机上显示的都是一行。那么，这样的一行，具体是多少字呢？

可能有细心的读者早就发现了，在手机上的微信订阅号界面中，能显示的纯文字型的标题字数一般为 15 个字。如果超过 15 个字，那么后面的字就都会被隐藏，显示出来的是 "…" 这样的形式。因此，在制作标题内容时，在重点内容和关键词的选择上要有所取舍——把最主要的内容呈现出来即可，切忌以段落形式制作标题。

其实，标题本身就是一篇文章内容精华的提炼，字数过长会显得不够精练，同时也会让读者丧失点开文章阅读的兴趣，因此适当的长度才是最好的。一般来说，文章标题字数控制在正常显示的情况下为宜，也就是 12 个字左右。

💡 **专家提醒**

标题的隐藏显示"…"有时也可以借势向好的方面发展——充分勾起订阅者点开文章阅读的好奇心，不过这就需要文章编辑者在拟写标题的时候注意把握好这个引人好奇的关键点。

004　在差异性上要点明

点明差异性是让文章出奇制胜的关键所在，特别是在各平台账号的快速增加、推送的文章也随之增加的时代环境下，要想脱颖而出，就必须要通过点明差异性实现优异制胜。那么，有人就会问：做到这一要求究竟应该从哪方面着手？具体说来，它主要表现在以下两个方面：

其一，同一平台内的差异性标题。在运营过程中，在保持文章内容定位的统一性的基础上，还要在拟标题时表现出差异性，不能让平台所有文章的标题在词汇、格式等方面都是相似的。这容易让人产生审美疲劳，对读者而言也是缺乏吸引力的。

因此，在运营时必须在标题拟写的差异性上下功夫，力求有着多样化的表现形式。仔细看一下如今运营和推广文章，不难发现，它们在内部运营的差异性上还是非常注重的。

其二，不同平台之间的差异性标题。在竞争激烈的运营环境下，要想"不泯然众人矣"，就有必要拟出具有差异性的文章标题。当读者对标题相似的文章"免疫"时，突然出现一个特点突出、表达方式迥异的标题，必然会受到读者青睐，由此出现点击阅读量提升的结果也就不足为奇了。

图 5-4 为一些微信公众号推送的体现差异性的文章标题，它们或为直接点明解决的拍照难题，或在语言表达上突出重点（如利用叠字就是其中一例）。

图 5-4　不同微信公众号上体现差异性的文章标题撰写

005 在实用性上要具体

作为运营者，写文章的目的主要就在于告诉读者，只要阅读了你的文章，他们就能获得哪些方面的实用性知识，或是能得到哪些具有价值的启示，即文章的实用性。而为了提升文章的点击阅读量，我们在进行标题设置时应该要具体说明内容的实用性，以期最大程度地吸引读者的眼球。

图5-5为一个名为"会声会影1号"的微信公众号推送的两篇文章，读者可以清楚地从标题上得知，这两篇文章一是介绍视频剪辑与合成的，二是介绍制作照片立体感运动效果的，非常具有实用性，写得非常具体。

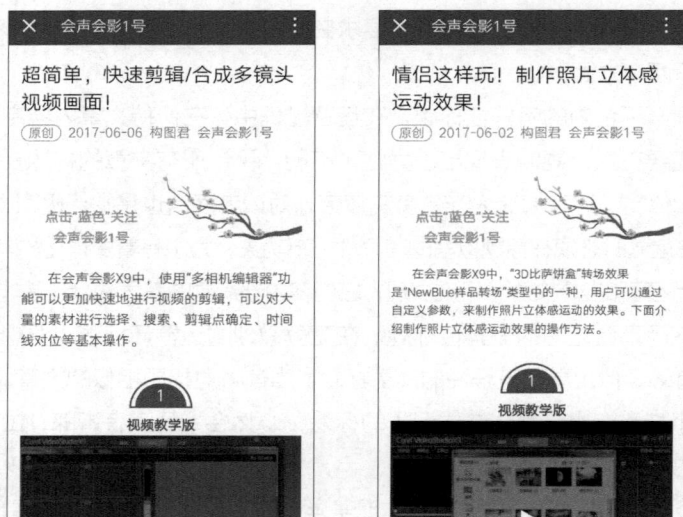

图5-5 "会声会影1号"公众号展现实用性文章标题

那么，是不是所有类型的文章都可以运用这一类标题呢？其实，展现实用性的文章标题的运用是有一定的选择性的，它们或是介绍专业知识，或是说明生活常识。

总的来说，在标题中就对文章内容的价值和作用做一说明，不仅是拟写标题的一个重要要求，也是一种非常有效的设置标题的方法，特别是对那些在生活中遇到类似问题的读者来说，能帮助他们迅速地找到问题的解决方案。

5.2 内容要点：让运营更上层楼的妙招

为平台运营而写的文章，与一般的文学创作还是有区别的，这主要是因为平台运营直接要面对的是互联网这个大背景，而要想通过文章吸众多的粉丝，就需要在这个大背景下，具体地考虑文章写作的要点和技巧：

006 关键词：3 个方面巧妙设置，提高曝光率

文章能运用于营销活动中，其重点就在于其合理地植入了与产品营销有关的关键词，通过通俗易懂的文字让消费者自然而言地接受了文中的广告。可以说，没有关键词投放的文章是没有营销价值的。

很多运营者也都想到了这一点，然而有些成功了，也有些翻了跟头，但是那些做得非常成功的运营平台，无一不是在掌握一定技巧的情况下，通过合理的关键词设置来获得高曝光率的。具体说来，巧妙设置关键词主要涉及 3 个方面的内容，具体如图5-6 所示。

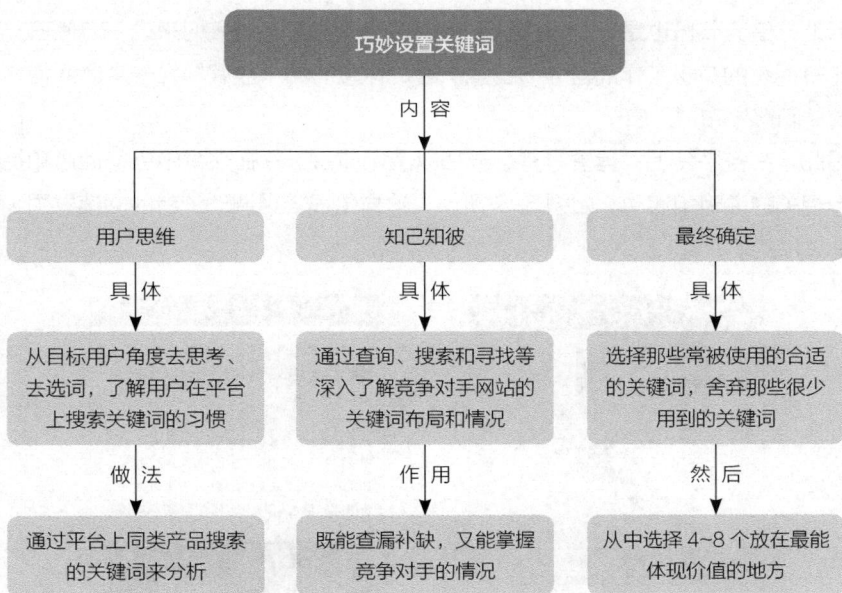

图 5-6　巧妙设置关键词的 3 个方面介绍

007　借势：利用热点与节日，带来巨大搜索量

不知道大家有没有这样的感觉：一有热点出现，或是每逢节日，点开各平台账号的内容，或多或少都会发现它们的身影，它们就是运营者常用而读者常见的借势类的文章。

其中，借势热点的文章，就是那些围绕热门话题、热点新闻、热点事件，以评论、追踪观察、揭秘、观点整理、相关资料等方式写作的文章。这一类文章可以在第一时间从互联网上抓取流量。伴随新闻热点的巨大搜索量，相关评论、相关知识也将在第一时间获得转载、搜索，从而获得不少的人气。

所以，作为运营者，要有灵敏的嗅觉，才能扣住最新热点，成为以热点而获利的幸运儿。一定要抓住时机，不要等热点冷却了一段时间，才发布文章，那样并没有什么用处，不会有几个人愿意去阅读过时了的信息。

那么，热门文章究竟能够带给企业什么样的影响呢？总的来说，包括两个方面的内容，具体如下：

- 容易获取关注：只要企业在热门话题还在被热议的时候发布热门文章，一般都不需要担心没有点击率的情况发生。
- 提高品牌知名度：企业在热门文章中，巧妙地插入自己品牌的名称、logo，都很容易提高企业品牌的知名度。

另外，借势节日也是一个不错的平台内容选择方式。对人们来说，节假日一直是他们比较期盼的：于工作而言，节日意味着"休息"和"放假"；于生活而言，节日意味着"团聚"和"优惠"。

因此，在各平台上，运营者有必要加以运用节日——在文章中进行描述和提及，并进行相关的说明和活动，如图5-7所示，这样是很容易调动读者的阅读氛围，并吸引读者关注的。

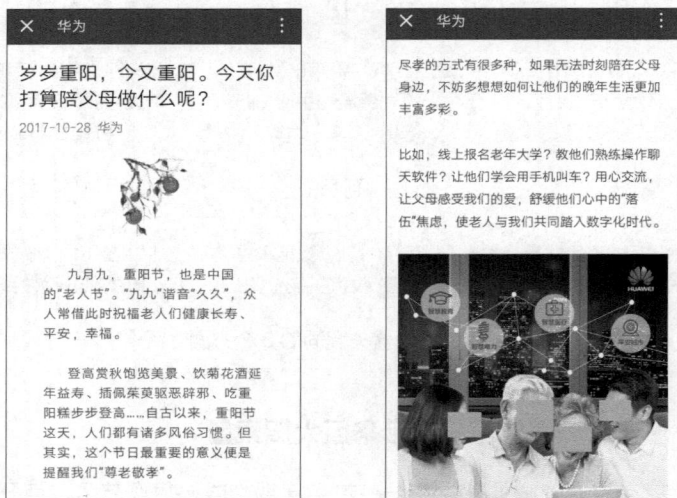

图5-7　文章中的节日运用

008　语言风格：匹配＋接地气＋看得懂的内容

有平台运营经验和文案编辑经验的运营者都知道，一篇成功文章的撰写，有一个很重要的条件，那就是必须根据平台主体所处的行业和平台定位的订阅群体，慎重地选择适合该运营账号的文章语言风格。

语言风格是多种多样的，或严肃，或活泼，或幽默，同样，行业分类也很多。而在运营过程中之所以要把这两者与语言风格结合起来讲，其原因就在于从属于不同行业的平台运营，其所面对的目标用户是有着差异性的。而要想赢得目标用户的喜欢，就有必要选择一种适合他们的语言风格。

关于目标用户，一般可以为他们设置不同的标签，如年龄段、性别、地域、兴趣偏好等，这些都是在选择内容的语言风格时要注意和匹配的。下面为大家举例介绍 3 种行业类型的运营账号的语言风格，如图 5-8 所示。

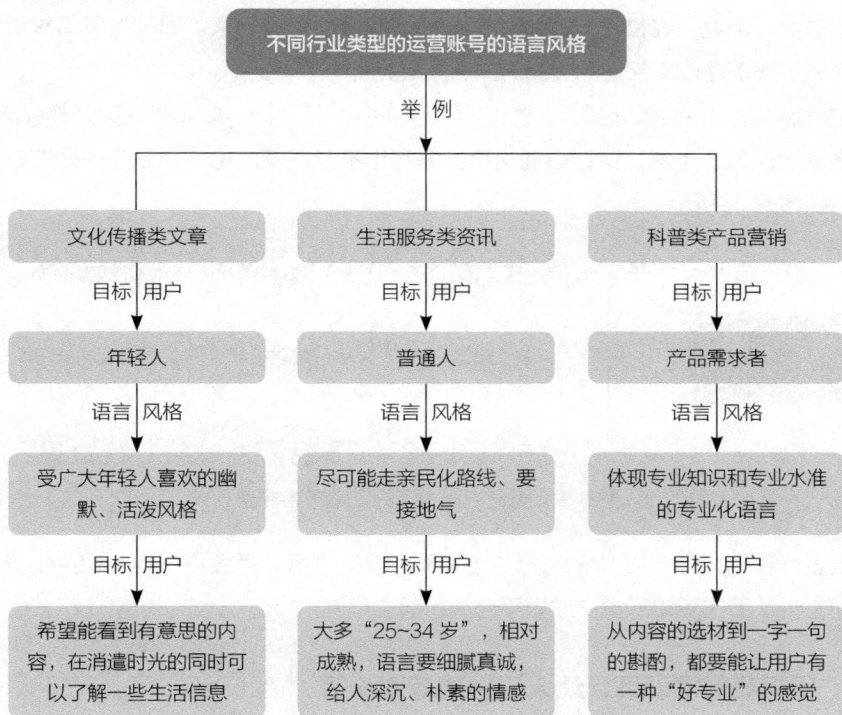

```
┌─────────────────────────────────────┐
│        不同行业类型的运营账号的语言风格         │
└─────────────────────────────────────┘
                    举 例

┌───────────────┐   ┌───────────────┐   ┌───────────────┐
│  文化传播类文章   │   │  生活服务类资讯   │   │  科普类产品营销   │
└───────────────┘   └───────────────┘   └───────────────┘
    目标│用户            目标│用户            目标│用户

┌───────────────┐   ┌───────────────┐   ┌───────────────┐
│    年轻人       │   │    普通人       │   │   产品需求者     │
└───────────────┘   └───────────────┘   └───────────────┘
    语言│风格            语言│风格            语言│风格

┌───────────────┐   ┌───────────────┐   ┌───────────────┐
│ 受广大年轻人喜欢的幽 │   │ 尽可能走亲民化路线、要 │   │ 体现专业知识和专业水准 │
│ 默、活泼风格      │   │ 接地气          │   │ 的专业化语言      │
└───────────────┘   └───────────────┘   └───────────────┘
    目标│用户            目标│用户            目标│用户

┌───────────────┐   ┌───────────────┐   ┌───────────────┐
│ 希望能看到有意思的内 │   │ 大多"25~34岁"，相对 │   │ 从内容的选材到一字一句 │
│ 容，在消遣时光的同时可│   │ 成熟，语言要细腻真诚， │   │ 的斟酌，都要能让用户有 │
│ 以了解一些生活信息  │   │ 给人深沉、朴素的情感  │   │ 一种"好专业"的感觉  │
└───────────────┘   └───────────────┘   └───────────────┘
```

图 5-8　不同行业类型的运营账号的语言风格分析

而匹配和选择合适的语言风格，可能给粉丝带来优质的阅读体验。既然语言风格对内容运营如此重要，那么除了需要与行业及其目标用户特征相符合外，还应该注意一个问题，那就是不管什么内容，只有当读者真正读懂了并与自身某一属性相符的情况下才会喜欢。

因此，在进行内容运营时，要尽量让文章内容接地气、说"人话"，编辑让用户看得懂的内容，否则，就会让用户产生阅读的疲惫感，自然也就没有继续阅读和分享的欲望了。

另外，如今的社会，互联网已经成为绝大多数人工作、生活不可分割的一部分，网络环境下网络语言的运用更容易让人感觉亲切和熟悉，因此，内容运营者不仅要熟悉网络语言，而且要懂得网络语言的用法，并充分运用到自身的内容运营中去。

009 直白陈述福利：不求美感，但需便捷清楚

产品文案的目的是推送企业产品或品牌信息。对产品福利活动而进行信息推送的文案更是实现这一目的的佼佼者。

对于运营者和企业而言，尽可能便捷地把信息清楚地传达给读者，才能形成预期的推送效果，因此，在推送产品福利信息时，应直白地说出来。那种为了追求所谓美感而写成了娱乐性或文艺性的文章的做法，是完全不可取的。

也就是说，在企业产品或品牌推出了相关的福利活动时，应该在文案开篇就详细、直白地陈述出来。当然，这种福利信息的编写也不能泛泛而论，而是应该要注意几个要点，如图5-9所示。

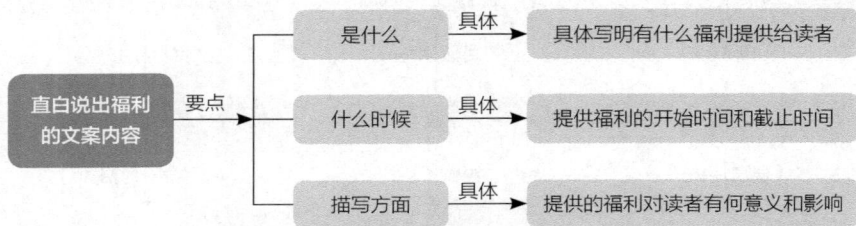

图 5-9 直白说出福利的文案内容要点

读者一看到如图5-9中的直白说出福利的文案内容，就会不由自主地点击查看和阅读下去，从而在不知不觉中成为平台的粉丝。

010 用权威数据说话：让人信服的有效策略

把数据引用到文章正文中，其作用是不容小觑的，特别是在那些需要展示成果的文章中，假如单纯用文字，即使说得天花乱坠，如无确信的佐证，也无法使人信服，而且容易让人产生厌烦心理。此时，如果引用一些经过了验证的、具有权威性的数据，用数据说话，就会让人眼前一亮，心中信服。

可见，在推广的内容中，利用数据来进行说明能很好地解决"文章内容没效果"这一不足，而且能用数据说清楚的就用数据，这样才能在增加内容说服力的同时也能让用户对内容有一个更直观的理解。

就拿一个加厚的笔记本来说，在商品描述内容中，利用数字来说明商品属性的说法可分为三种，如图5-10所示。

①这是一般的说法，通常用具体的高度数值或内页的页数来表达。但要注意的是，纸张的材质是有区别的，这样也会使得纸的厚度是有一定区别的，而且在没有具体的书籍进行对比的情况下，320 页到底有多厚，读者有时是没有概念的，更不要说那种用"×× 毫米"来标注的了，这是不能让人立刻明白到底有多厚的。

图 5-10　笔记本厚度表达的 3 种说法

②采用类比的方式，用人们常见的事物来描述，从而让读者在脑海中形成一个具体的厚度的概念，这不失为一种好的方法。它虽然没有具体的数字，但由于生活的积累而对事物产生的一种计量认知何尝不是数字的另一种表示方式呢？

③这是一种既表现了笔记本厚度又体现了价值的方法。对用户来说，笔记本只有使用了才是价值的真正体现，那么描述中的产品又能对读者有着怎样的价值呢，值不值得购买呢？基于这一点，在用数据来表示的时候可以采用图 5-10 中的说法——"满足大多数人一年的书写量"，让人一眼就能明白它确实有厚度及其价值所在。

其实，在用数据说话的内容描述中，可采用的方法是很多的，不仅可采用上面提及的某一种写法，还可以在描述中把上面 3 种写法综合起来。如描述苹果 iPod 的"把1000 首歌装进你的口袋"说法，就是一种既有明确的、具体的数值，又有类比，同时还明确地表明了它的价值，让人能很快就明白，表达形象，通俗易懂。

可见，在数据的应用上，不能拘泥于某一种形式和写法，只要记住一个要点就行了——语言描述中体现的数据信息能让用户理解，有实际价值，这就是成功的。

011　举例提升说服力，才能更容易打动读者

可以说，各平台用于宣传的文章都带有浓厚的"广告"成分，因此，它需要具备一定的说服力，才能打动读者。而除了数据外，举例也是一种不错的加强说服力的方法。

比如，在进行了一定的描述后，紧扣前文用文字或图片来佐证前文的描述，这是一种常规的用举例来提升说服力的方法，具体表达方法如图 5-11 所示。

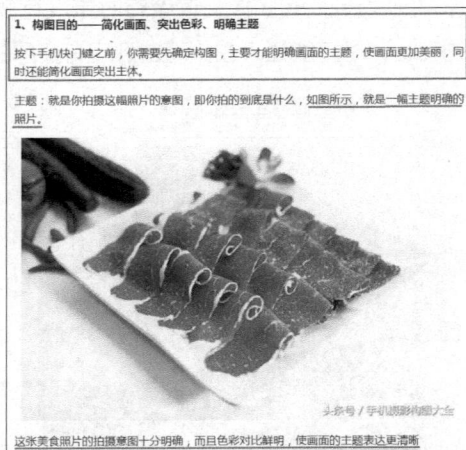

图 5-11　利用举例提升说服力的内容表达法

有时为了进一步阐述和让读者详细了解，还会在举例之后进行说明，以便让读者理解前文的描述及其与案例的契合度。

又如，运营者有时会在文章开头就通过他人实例来引入主题，让读者带着案例阅读，随着描述一步步深入，读者对产品和服务的信任也处在一步步加深的过程中。图 5-12 为公众号"餐饮老板内参"推送的利用举例来说明餐饮行业大牌们对社区店的布局。

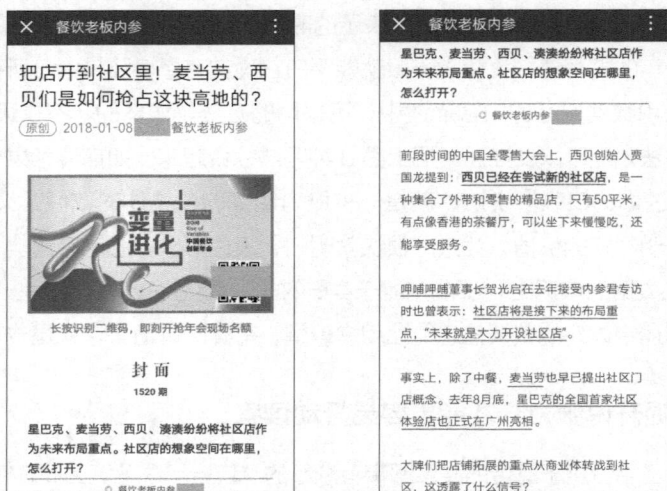

图 5-12　公众号"餐饮老板内参"推送的利用举例来说明餐饮行业大牌们对社区店的布局

012 巧妙利用连载，全面展现系列优质文章

人们阅读文章，特别是技巧类和常识性方面的文章，看中的就是它的全面性。人们往往会认为成系列的文章推送更专业，也能更容易满足他们广泛了解技巧和常识的要求，因此，在文章正文写作中，可从这方面着手，打造一些经典的、具有代表性的专题，以迎合读者的阅读兴趣和习惯。

例如，在"国庆"假期来临之际，构图君创建的"手机摄影构图大全"微信公众号，就编辑了一系列的关于假期出游拍摄的文章，图 5-13 为其中的两篇，展示了假期出行摄友应怎样利用"构图"来拍出美照。

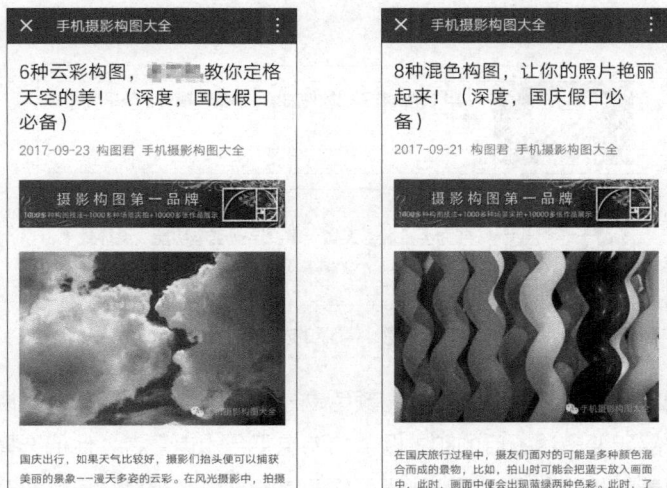

图 5-13 "手机摄影构图大全"公众号打造的国庆假期出游拍摄的连载文章举例

从图 5-13 不难看出，推送的专题文章从不同的角度来分析摄影构图，让读者不仅感觉切合实际需要，还在分工上表现得非常细致和明确，这样就很容易满足不同读者在不同场合对摄影技巧的需求。

由此可知，利用连载类专题安排文章内容，有着极大的优势，具体表现在以下 3 个方面：

- 时间安排方面：能够解决一段时间内的内容创意问题，有利于节省平台内容安排的时间。
- 阅读量方面：使得每期的内容都有看点，保证了文章的阅读量。
- 阅读习惯方面：让读者形成阅读习惯——根据平台的思路定期去阅读专题文章，寻找想要看的内容。

5.3 图片要素：5大方面支撑颜值担当

图片是打造一个吸睛平台必不可少的武器。如果说将运营的平台看成一个团体，里面的每一个功能与设置都是组成这个团体的一部分，那么图片毫无疑问就是这个团体的颜值担当。各平台在图片方面要想运营得好，就需要掌握以下5个关键要素：

013 吸睛封面或主图：提升文章点击量

文章封面设置的好坏，在很大程度上影响读者点开文章阅读的概率，特别是那些摄影类的文章，一张漂亮、清晰的封面能瞬间吸引读者的眼球，从而让读者有兴趣进一步阅读，如图5-14所示。

图 5-14　漂亮、清晰的文章封面设置

而要做到漂亮、吸睛，大家熟知的颜色是一个方面。对于运营者来说，最重要的还是要考虑产品所要表达的目的和主题。如淘宝平台的运营者，他们选择主图时，要考虑的第一要素就是让买家一眼就能明白你要卖的是什么产品，不宜混杂太多的其他元素在内，如图5-15所示。

图 5-15　淘宝平台主图

💡 **专家提醒**

最好是能精简就精简，除了产品本身外，把最重要的、最吸睛的一个或两个信息加上去就可以了。当然，如果产品本身有足够的魅力，那么仅仅展示产品也就足够了。

在图5-15中，左图的产品主图在产品图片外重点突出了一个信息，那就是"甜"。对于水果爱好者来说，"甜"就是一个受关注的方面。右图中的产品主图，除了一个标题外，图上余下的也就是产品了，而标题文字对产品图片的功能和价值进行了很好的说明，无疑，这是一幅吸睛的产品图片。

再回到前面的问题，主图或封面漂亮、吸睛，运营者在考虑从什么角度选择后，接下来就是优化产品主图或封面，使之达到预期效果。图5-16为优化产品主图或封面的做法。

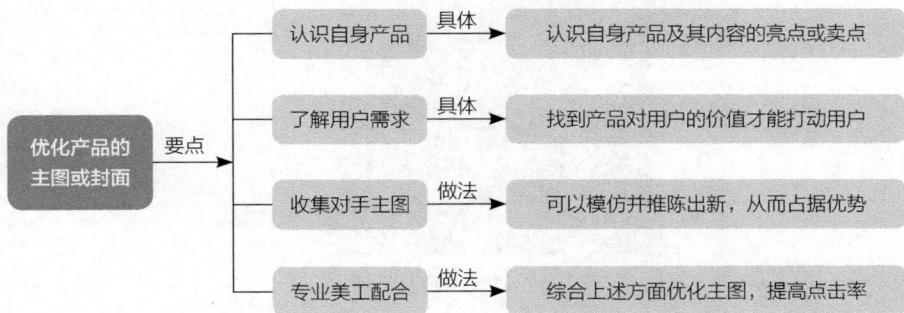

图 5-16　优化产品主图或封面的做法

然而，衡量一张封面是否合格和吸睛，除了图片本身足够美观外，还需要考虑一个因素——适宜。也就是说，无论是从封面与文章的搭配，还是从平台的目的，抑或是从读者的阅读体验出发，都需要让人觉得适宜。而一张适宜的封面，在文章推广时有着巨大的作用，即可以吸引读者关注和阅读、减少主图加载时间以及为读者节省流量。

在这3个作用中，吸引读者关注和阅读是从运营的效果角度来说的，表明了读者之所以关注平台，可能选择适宜的封面是一个非常重要的因素。而减少主图加载时间和为读者节省流量在某方面有相通性。当选择的图片容量适宜时，那么无论是加载内容的时间还是耗费的流量也就会相应少一些。

014　高清展示：分辨率高，阅读体验好

图片除了需要注意其颜色选择外，还应该注意选择合适的尺寸。一般来说，图片在排版时尺寸大小一般是在一个固定范围内的，不可能做太大的调整，因此，为了保

持图片的清晰度，就必须在图片本身上下功夫，以提高图片的分辨率。这是实现图片高清显示的最基本保证。

同时，相信运营者也注意到了，图片高清显示的容量大小又与用户的阅读体验相关。因此，在保持图片的高分辨率，同时又不影响观看和顺利上传、快速打开的情况下，怎样处理图片容量大小成为一个非常关键的问题，换句话说，即应运用什么样的方法才能让高清图片容量变少。

下面就简单介绍一下运用 QQ 截图工具来实现高清图片小容量显示的方法。在 QQ 打开界面，用户可以在结合快捷键的情况下以适当的格式保存图像即可得到普通大小的高清图片，具体步骤如下：

步骤 ① 单击 QQ 界面打开 QQ，打开一张高清图片，按【Ctrl+Alt+A】组合键，将会在图上显示一个截图显示范围图标，如图 5-17 所示。

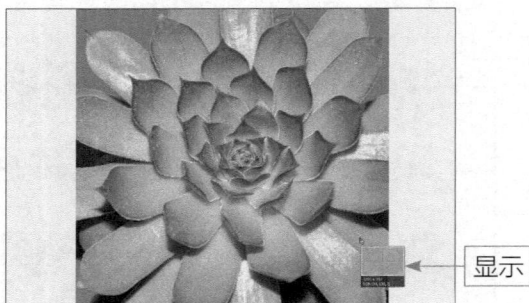

图 5-17　显示截图范围图标

步骤 ② 移动鼠标至图片的左上角，然后按住鼠标左键并进行拖曳，①选择高清图片；在显示的浮动面板上，②单击"保存"按钮，执行操作后，即可完成截图，如图 5-18 所示。

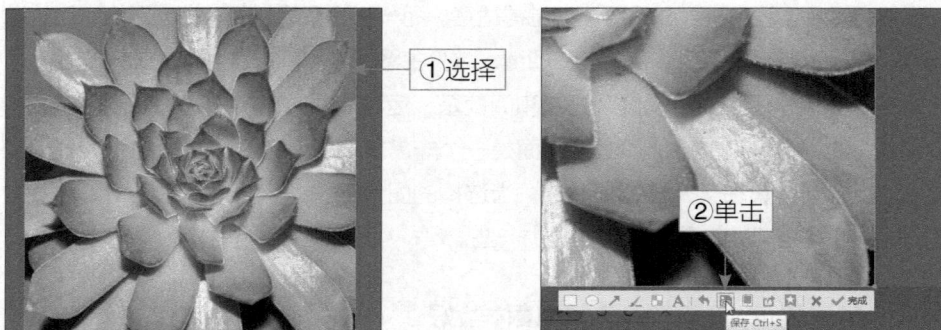

图 5-18　选择并保存图片

步骤 ③ 弹出"另存为"对话框，设置保存位置和文件名；单击"保存类型"右侧的下拉按钮，①在弹出的下拉列表框中选择 JPEG 格式，如图 5-19 所示；
②单击"保存"按钮，即可完成图片另存操作。

图 5-19　选择相应选项

　　用户可以分别查看高清图片的两种格式的图片容量大小，如图 5-20 所示。可以
看出，运用 QQ 截图并以 JPEG 格式保存的图片大小和占用空间明显要比以原格式保
存的图片小得多。把经过处理的图片放在文章中，就可以保持图片的高清显示。

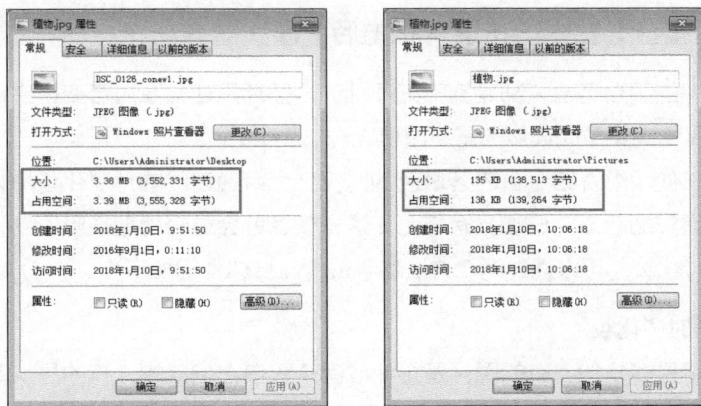

图 5-20　"属性"面板中显示的两种保存格式的图片大小

015　亮丽的颜色：感觉就是顺眼、耐看

　　图片的颜色搭配合适能够给读者一种顺眼、耐看的感觉。对运营者而言，一张图
片颜色搭配要合适需要做到两个方面，一是图片颜色要亮丽夺目，二是图片要与文章
内容相符合，其中图片颜色亮丽夺目是其主要特点，也是吸引读者关注的主要因素。

因此，在一般情况下，各平台文章中的图片要尽量选择色彩明亮的，因为这样的图片能带来更多的点击量，其原因具体如图 5-21 所示。

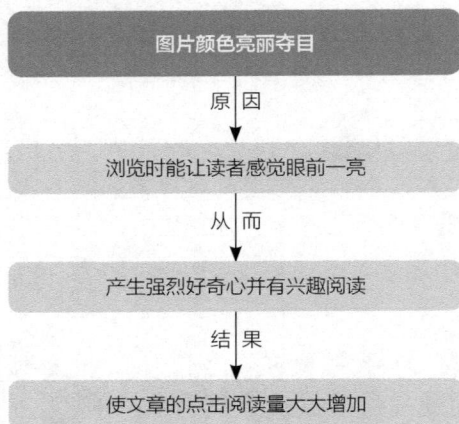

图 5-21　色彩亮丽夺目的图片带来更多点击量的原因分析

很多读者在阅读文章内容的时候希望能有一个轻松、愉快的氛围，不愿在压抑的情境中阅读，而色彩明亮的图片就不会给读者带来压抑、沉闷的感觉，更容易能给读者带来轻松、愉快的阅读氛围。

016　图片美颜：拍摄前布景＋拍摄后 PS

任何类型的平台运营，都是离不开图片的。图片是让文章内容变得生动的一个重要武器，也是影响文章阅读量的重要因素之一。

因此，在使用图片给平台内容增色的时候，也可通过给图片"化妆"，让原本单调的图片变得鲜活起来，更加具有特色，这样读者就会更轻松地被吸引到平台上来。而要给图片"化妆"可以通过两个方法着手进行，具体介绍如下：

1. 图片拍摄时"化妆"

照片来源是多样的，有的图片是企业或者个人自己拍摄的，有的是从专业的摄影师或者其他机构购买的，还有的是从其他渠道免费得到的。

对那些自己拍摄图片的企业或者个人这一类运营者来说，只要在拍摄图片时，注意好拍照技巧的运用、拍摄场地布局、照片比例布局等，就能达到给图片"化妆"的效果。图 5-22 为通过洒水来布局清晨

图 5-22　通过洒水来布局清晨草上露珠的场景

草上露珠的场景。

2. 图片后期"化妆"

运营者在拍完照片后如果对图片不太满意，还可以选择通过后期处理来给图片"化妆"。从其他地方得到的图片不满意的话，也可以选择后期"化妆"。现在用于图片后期处理的软件有很多，如强大的 PS、众所周知的美图秀秀等。运营者可以根据自己的实际水平选择图片后期软件，通过软件让图片变得更加光彩夺目。

一张图片有没有加后期，效果差距是非常大的。图 5-23 就是同一张照片没加后期（左）和加了后期（右）的效果对比。

图 5-23　同一张图片加后期和没加后期的效果对比

017　少容量：耗费流量少，阅读内容多

在选择图片的时候，单张图片的容量大小应尽量控制在 1.5M 到 2M 之间。在这个容量限制下，运营者可以从 PNG、JPG、GIF、TIFF 等图片格式中选取效果最佳的格式进行图片制作。

要选择合适的少容量的图片，主要是不想让过大的图片在耗费时间的同时，还耗费读者大量的流量。从这一点出发，我们可以根据平台定位的读者的阅读时间，对图片的大小做出调整：

- 如果平台定位的读者一般习惯晚上八九点阅读文章，而这个时间段基本上人们都是待在家里的，可以使用 Wi-Fi 打开阅读，不用担心读者的流量耗费，也不用担心图片加载过慢，那么文章编辑就可以适当地将图片的容量放大一些，给读者提供最清晰的图片，让读者拥有最好的阅读体验。

- 如果平台定位的读者大部分是在早上七八点阅读文章，那么读者使用手机流量上网的可能性就会比较大，因而，就需要将图片的容量控制在上面所说的 1.5M

到 2M 之间，为读者节省流量的同时也节省图片加载时间。

5.4 版式要美：提升阅读体验的关键

在内容运营过程中，版式也是其中一个非常关键的要素。我们只有将排版做好，才会让读者有最佳的阅读体验，同时也会让读者有成为媒体平台忠实粉丝的可能。

018 落实文字排版，打造核心内容

如果说创意云文字是为文章的美观性添彩，那么文字排版则是保证文章美观性的不可或缺的部分。文字排版要遵循相应的规则，这也是为了有效提升用户的阅读体验。文字排版的具体要求包括排版的优化要适度、基础的排版要保障和最好不要过度排版。下面以微信公众号的文字排版为例，具体介绍这 3 个要求。

基础的排版会涉及很多方面，比如颜色、大小、行间距、段间距、字间距以及页边距等。众多媒体平台对文字进行排版实际上都是为了让用户更加顺利地阅读内容，增强对产品的好感，那么，落实到具体的文字排版中，应该怎样操作呢？笔者将自己的经验分享如图 5-24 所示。

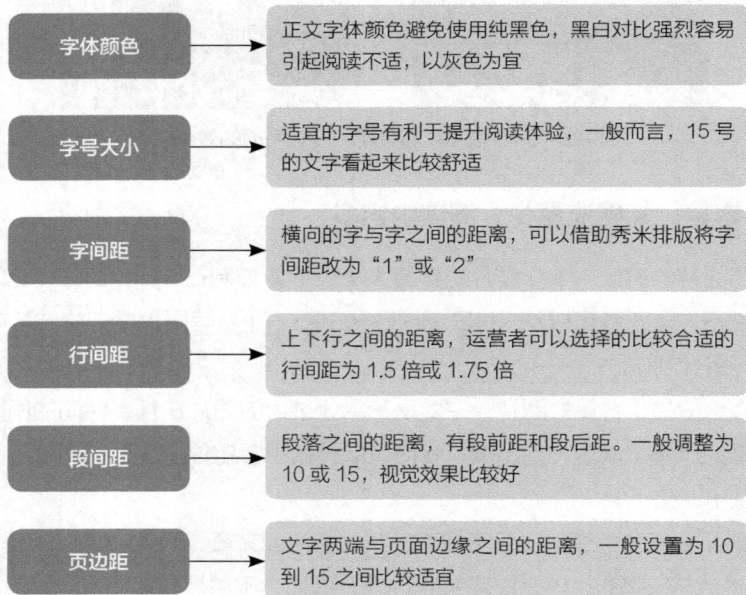

字体颜色	正文字体颜色避免使用纯黑色，黑白对比强烈容易引起阅读不适，以灰色为宜
字号大小	适宜的字号有利于提升阅读体验，一般而言，15 号的文字看起来比较舒适
字间距	横向的字与字之间的距离，可以借助秀米排版将字间距改为"1"或"2"
行间距	上下行之间的距离，运营者可以选择的比较合适的行间距为 1.5 倍或 1.75 倍
段间距	段落之间的距离，有段前距和段后距。一般调整为 10 或 15，视觉效果比较好
页边距	文字两端与页面边缘之间的距离，一般设置为 10 到 15 之间比较适宜

图 5-24 文字排版的具体经验

基础的排版过后，就可以对文字进行针对性的优化排版了。这样做的目的，一是为了宣传自身平台和产品，二是为了促进转化，从而成功盈利。那么，在优化的过程

中，运营者又该怎样做呢？

一是在标题下添加相关的图片进行点缀，如图 5-25 所示，吸引读者的注意力，深化公众号形象，引导用户往下阅读。二是对重点的正文部分进行强调。因为很多用户可能在阅读的时候没法抓住重点，因此文字强调就成了帮助用户筛选有价值的信息的工具。强调的方式有很多，比如加粗、改变字体、下划线等。图 5-26 为通过文字加粗引起用户的注意。

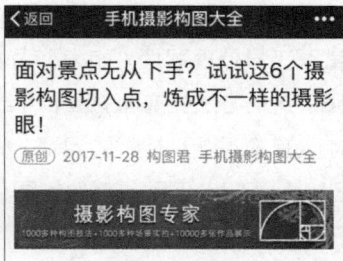

图 5-25 顶部的图片点缀

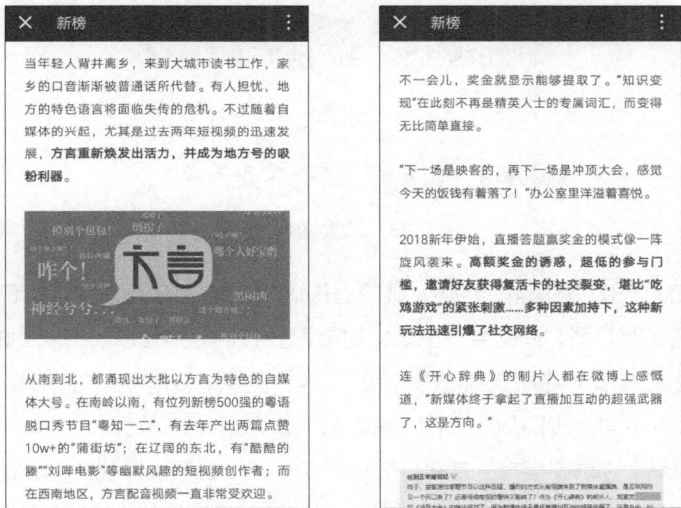

图 5-26 通过文字加粗引起用户的注意

三是在文章结尾进行相关的引导，这已成为众多媒体平台引导用户的惯例。一般的引导包括识别二维码关注、提醒阅读原文等，如图 5-27 所示。

过度的排版是不必要的，比如分散注意力的动态背景、杂乱无章的样式以及变幻不定的风格都是排版过程中要避免的。凡事不要过度，适当即可。

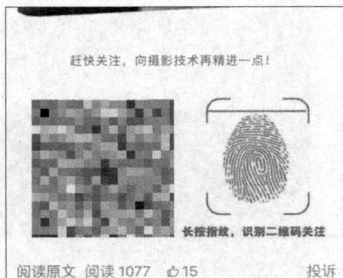

图 5-27 底部引导

019 设置图片排版，无缝拼接长图

图片同样也是内容中的重要组成部分，以微信公众号的排版为例，图片的排版主要涉及图片太大无法上传、图片格式不符合平台要求以及信息长图易被压缩以至于用户看不清等问题。那么，要如何解决这些问题呢？

首先来看图片过大的问题。微信公众平台的图片大小限制为 5MB，可以通过 QQ 截图工具处理图片，如大小为 8MB 的图片，截图后保存仅为 1.2MB，而且画质有保障。这一方法在前面的章节介绍过。

其次是图片格式的问题。微信公众平台可接受上传的图片格式包括 JPG、GIF、BMP、PNG 四种，其他的图片格式可以借助美图看看进行转换。具体操作步骤如图 5-28 所示。

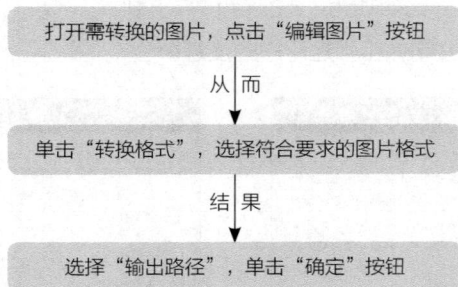

打开需转换的图片，点击"编辑图片"按钮

从 而

单击"转换格式"，选择符合要求的图片格式

结 果

选择"输出路径"，单击"确定"按钮

图 5-28　转换图片格式

最后是信息长图被压缩的问题。直接上传信息长图往往无法显示，若分别上传小图再拼接的话，图与图之间又会有空隙。这就需要我们掌握无缝拼接长图的技巧：

步骤① 进入秀米的"图文排版"，进入编辑页面，①单击"我的图库"按钮；②单击"上传图片"上传小图，如图 5-29 所示。

步骤② ①单击"系统模板"按钮；②选择"单图"选项，出现"无缝图片"模板；③对"无缝图片"模板进行单击，如图 5-30 所示。

图 5-29　上传照片

图 5-30　无缝图片模板

步骤③ 接着整合小图片，依次对图片进行拼接，如图 5-31 所示。

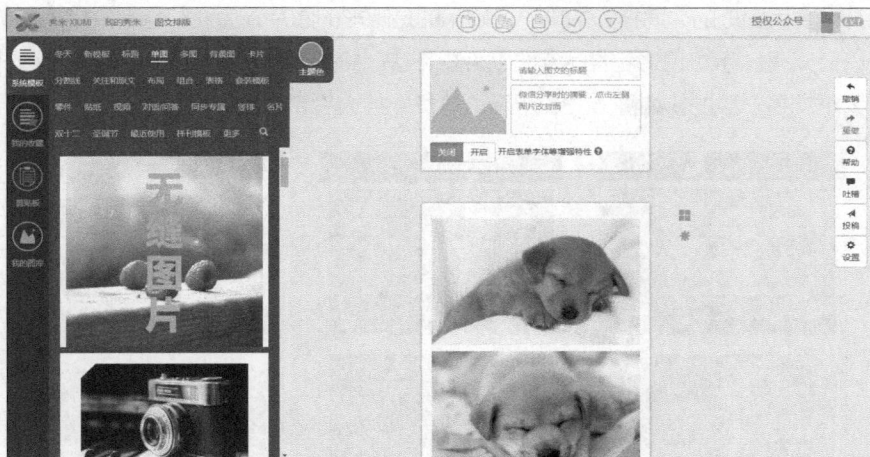

图 5-31　拼接小图

步骤 ④ 内容编辑完成后，单击页面上方的"☑"图标，接着会出现如图 5-32 所示的提示，可以通过复制粘贴的方式将图片上传到微信公众平台。

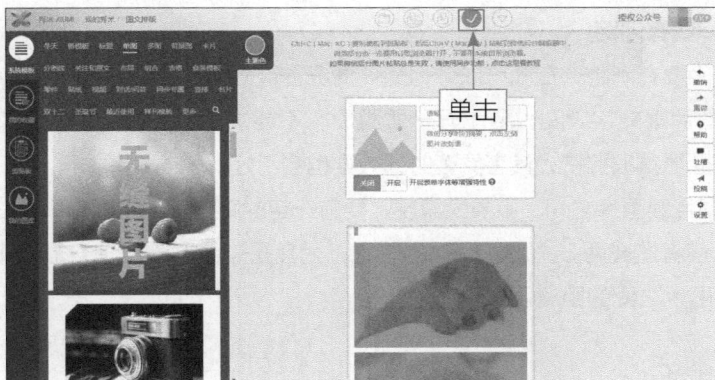

图 5-32　复制粘贴拼接长图的提示

020　文字配图片，整齐无疑是关键

图文结合的形式可以说是非常常见的文章内容形式，也是运营者经常运用的排版形式。在这一排版过程中，如果想要让版式看起来舒适，就需要注意两点：

1. 图片版式、大小一致

在同一篇文章中，用到的图片与版式要一致，这样给读者的感觉就会比较统一，有整体性。

图片的版式一致，指的是如果运营者在文章内容的最初用的是圆形图，那么后面的图片也要用圆形的；同样，如果一开始用的是矩形的图片，后面的也都要用矩形的。

以公众号"手机摄影构图大全"为例，在其中的一篇文章中其使用的图片版式跟图片大小就是一致的，如图 5-33 所示，这样能给读者带来整体感。

图 5-33　图片版式、大小一致的公众号案例

2. 图文之间要有间距

图文之间要有间距，在此可以分为两种情况进行分析：

（1）图片跟文字之间：要隔开一段距离，不能太紧凑。如果图片跟文字隔得太紧，会让版面显得很拥挤，读者阅读时的效果也会不好。

（2）图片跟图片之间：不要太紧凑，要有一定的距离。如果两张图片之间没有距离，就会让读者造成两张图是一张图的错觉，尤其是连续在一个地方放多张图片时，特别要注意图片之间的距离。

第6章

更进一步：
如何打造爆款软文内容

虽然说标题是读者对推广文章的第一印象，但其实在实际的写作过程中，我们只有在确定了文章的正文之后，才能进行标题的拟定和思考，因此，文章的正文各部分的撰写是非常重要的，它决定着平台运营的效果。

学前提示

要点展示

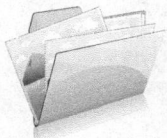

>>> 软文开头：给读者一个好的第一印象
>>> 软文正文：用优质内容牢牢稳住读者
>>> 软文结尾：注意加深印象，漂亮收官
>>> 其他注意事项：打造爆款，不可轻忽

6.1　软文开头：给读者一个好的第一印象

对于一篇平台文章来说，其开头的重要性仅次于文章标题及文章主旨，所以，我们在写文章的时候，一定要注意在开头就要吸引读者的目光，只有这样才能让读者有继续阅读下去的念头。

可见，正文的开头是一篇文章很重要的部分，决定了读者对这篇文章内容的第一印象，因此应该给予充分的重视。

001　常规开头法：平铺直叙 or 直明主旨

一般来说，在开头，或是按照事情的发展、脉络叙述，或是直接点明主旨，这些都是常规的写法，这样的开头写法是符合人们的一般思维方式的。下面分别对平铺直叙型开头法和直明主旨开头法进行介绍：

1. 平铺直叙开头法：有头有尾，一气呵成

平铺直叙开头法也被叫作波澜不惊开头法，表现为在撰写正文开头时，把一件事情或者故事有头有尾、一气呵成地说出来，平铺直叙。也有的人把这样的方式叫作流水账，其实也不过分。图 6-1 为采用平铺直叙开头法的软文。

图 6-1　采用平铺直叙开头法的软文

在图 6-1 中，文章是按照作者的行止来安排内容的。因此，在开头就交代了赏红叶和枯荷的地方——长沙烈士公园、时间——周末等事由。接下来再以图片和图文形式来展现红叶和枯荷美景。

平铺直叙型的方式，正文中使用得并不多，更多的还是存在于媒体发布的新闻稿

中，但是，在开头也可以选择合适的时机使用这种类型的写作方法，例如重大事件或者名人明星的介绍，通过正文本身表现出来的重大吸引力来吸引读者继续阅读。

2. 直明主旨开头法：干脆爽快，朴实简洁

直明主旨的文章开头，需要作者在文章首段就将自己想要表达的东西都写出来，不是遮遮掩掩，而是干脆爽快。图 6-2 为采用直明主旨开头法的软文。

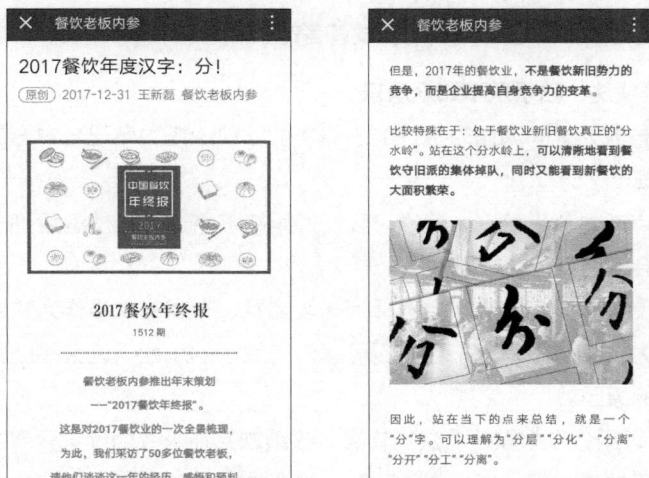

图 6-2　采用直明主旨开头法的软文

在图 6-2 中，文章在开头就说明了全文要表达的主旨，那就是 2017 年的餐饮年度汉字——分，并阐明了"分"字所包含的意义。

另外，在使用这种写法创作正文开头时，有两点需要读者多加关注：

- 文章编辑应使用朴实、简洁的语言，直接将自己想要表达的东西写出来，不用故作玄虚。
- 正文的主题或者事件必须要足够吸引人，如果主题或者要表达的事件没办法快速地吸引读者，那直明主旨的开头法最好还是不要使用。

002　创意开头法：想象猜测 or 分享幽默 or 引用名言

相对于常规的软文开头写法，不少作者更愿意选择一些具有创意、比较吸睛的开头法，具体说来，主要有以下几类：

1. 想象猜测开头法：丰富联想，引发阅读

在写想象与猜测类型的正文开头时，可以稍稍运用一些夸张的写法，但不要过于夸张，基本上还是倾向于写实或拟人，能让读者在看到文字的第一眼就能够展开丰富

的联想，猜测在接下来的文章中会发生什么，从而产生强烈的继续阅读下去的欲望。另外，还需要注意的就是开头必须有一些悬念，给读者以想象的空间，最好是可以引导读者进行思考。

图 6-3 为采用想象猜测开头法的软文。该软文在开头首先展现了两种候机情况：在机场静坐一段时间登机或是发足狂奔登机，接着直接说明从来没有错过飞机的乘客可能在机场浪费了太多时间的结论，然后就这一有违直觉的结论而设置了一个小小的悬念——"自有逻辑在里面"，从而引发读者的联想，激起读者阅读下去的欲望。

2. 分享幽默开头法：独乐乐不如众乐乐

幽默感是与他人之间沟通时最好的工具，能够快速搭建自己与对方的桥梁，拉近彼此之间的距离。

幽默的特点就是令人高兴、愉悦。我们如果能够将这一方法运用到文章的正文开头写作中，就会取得不错的效果。

在各平台上，有很多的商家会选择用一些幽默、有趣的故事作为文章的开头，吸引读者的注意力。相信没有人不喜欢看可以带来快乐的东西，这就是幽默故事分享型正文开头存在的原因。

图 6-4 为采用分享幽默开头法的软文。该篇软文在开头为读者分享了两个有关于"存款"的幽默的说法，然后才进入正题。当读者读到开头时，阅读的兴致也就自然而然被带起来了，从而引导他们继续读下去。

图 6-3 想象猜测开头法的软文

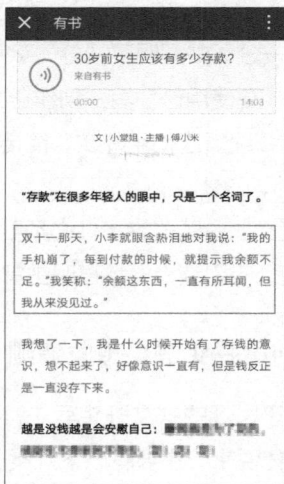

图 6-4 分享幽默开头法的软文

3. 引用名言开头法：领悟前人的语言魅力

使用名言名句开头的文章，一般会更容易吸引受众的眼光。因此，我们在写作的时候，可以多搜索一些跟文章主题相关的名人名言，或者是经典语录。

文章的开头，如果能够用一些简单精练，同时又深扣文章主题并且意蕴丰富的语句，或者使用名人名言、民间谚语、诗词歌赋等语句，这样就能够使文章看起来更有内涵。这种写法更能吸引读者，可以提高文章的可读性，能更好地凸显文章的主旨和情感。

图6-5为引用名言开头法的软文。该软文开头引用列夫·托尔斯泰关于"善"的名言来诠释电影《芳华》的主人公的善。

图6-5 引用名言开头法的软文

除了用名言名句，还可以使用一些蕴含道理的小故事作为文章的开头。小故事一般都简短但极具吸引力，能很好地引起读者的兴趣。

6.2 软文正文：用优质内容牢牢稳住读者

在介绍了平台软文的开头写作技巧之后，接下来将为大家介绍正文部分多种多样的写作方法：

003 促销活动：越直白，越好

促销式正文其实是一种比较直白的推广方法，甚至是越直白越好。它是如今企业用得比较多的一种软广告植入文章营销的方法。一般来说，促销式正文分为以下两种形式：

- 纯文字的形式：依靠文字，向读者推荐品牌或活动的内容、时间等信息。

- 图片搭配促销标签的形式：在产品的图片上或者是活动的图片上，搭配一些促销标签，从而促使消费者产生购买欲。

那么，我们在撰写促销式正文的时候，可以使用哪些方法呢？具体说来，主要包括 4 点，下面以一篇软文为例来进行具体介绍，如图 6-6 所示。

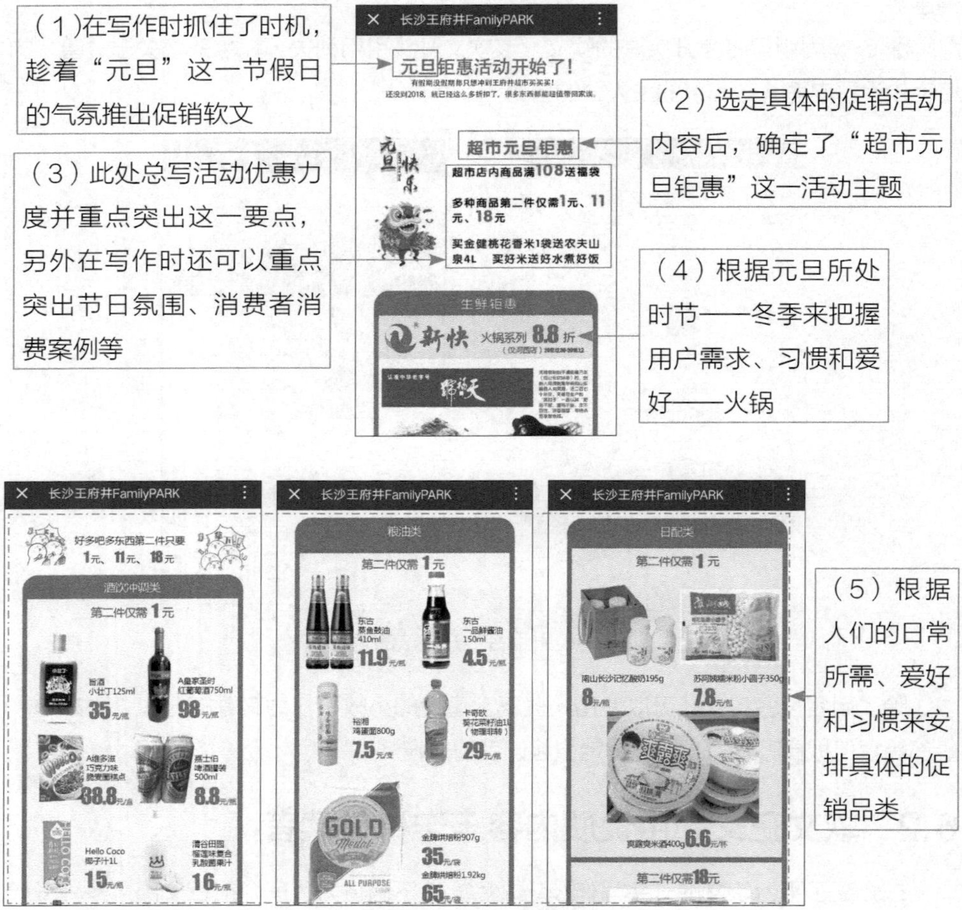
（1）在写作时抓住了时机，趁着“元旦”这一节假日的气氛推出促销软文
（2）选定具体的促销活动内容后，确定了“超市元旦钜惠”这一活动主题
（3）此处总写活动优惠力度并重点突出这一要点，另外在写作时还可以重点突出节日氛围、消费者消费案例等
（4）根据元旦所处时节——冬季来把握用户需求、习惯和爱好——火锅
（5）根据人们的日常所需、爱好和习惯来安排具体的促销品类
长沙王府井FamilyPARK
元旦钜惠活动开始了！
超市元旦钜惠
超市店内商品满108送福袋
多种商品第二件仅需1元、11元、18元
买金健桃花香米1袋送农夫山泉4L　买好米送好水煮好饭
生鲜钜惠
新快　火锅系列 8.8 折
好多吧多东西第二件只要 1元、11元、18元
酒饮冲调类
第二件仅需 1 元
粮油类
日配类
第二件仅需18元

图 6-6　促销活动型软文

专家提醒

除了撰写方法之外，撰写促销活动型正文还要注意两点，具体如下：

一是不要做没有计划性的创作，因为没有自己的特色，很容易遭到读者的忽视；

二是切忌虚假宣传，一定要实事求是地进行促销式软文的撰写。

004 知识展示：越专业，越强

对于专业性比较强的产品，如电器、家居等类目的商品，就可以运用知识展示的正文内容来吸引读者的眼光。对于特定人群来说，这类文章内容具有较强的专业性，内容的可读性也就有了。图 6-7 为"科技每日推送"发布的知识展示软文。

图 6-7　"科技每日推送"的知识展示型软文正文

图 6-7 所示的软文都是围绕"iPhone"而展开的知识性问题的解答，从专业的角度来解答人们生活中遇到的各种与 iPhone 相关的问题。读完全文，相信大部分读者已经对 iPhone 的应用有了进一步的认识。

005 技巧普及：越实用，越优

技巧普及的软文正文，是指文章以向读者普及一些有用的小知识、小技巧为中心主题。很多行业的产品，都是非常适合用这类正文来进行宣传、推广的，如某类软件使用方法、生活中某类需要掌握的小技巧等。

一般来说，在撰写技巧普及的软文正文时，可分为横向技巧列举和纵向技巧操作两种角度来写。下面以一篇题为《7 种三分线构图，这下拍摄日落日出你要忙不赢了》的软文来对它们分别进行介绍。

该篇软文从总体上来说，可以说是纵向的技巧操作，从"拍前观察：找出问题所在"到"实战拍摄：找出最佳拍法"，再到"后期处理：相片大师——让日落更生动精彩"，全程展示了拍摄日出日落的技巧，如图 6-8 所示。

专家提醒

当然，图 6-8 所示的算不上严格意义上的纵向技巧操作，有些平台的软文会采用分步骤的形式，一步步告诉读者怎样去操作、怎样去掌握文中提到的技巧。

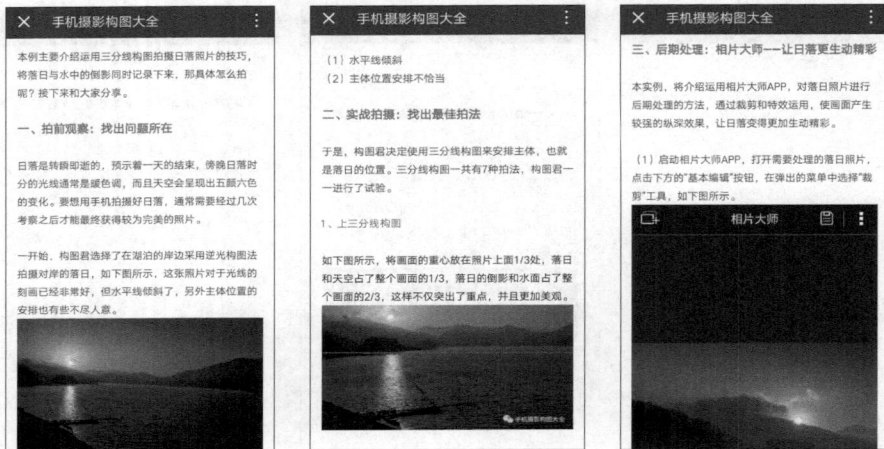

图 6-8　纵向技巧普及软文正文

而在"实战拍摄：找出最佳拍法"这一部分内容中，技巧的普及采用的是横向的技巧列举，该部分共介绍了 7 种三分线构图技巧，即"上三分线构图""下三分线构图""横向双三分线构图""综合三分线构图""左右三分线构图""左三分线构图""右三分线构图"，如图 6-9 所示。

图 6-9　横向技巧普及软文正文

一般来说，技巧普及的正文好写又实用，在网络上随处可见。它内容简短，写作时耗费得少，实用性强，所以是很受运营者追捧的。

006　情感融入：富有感染力才动人

情感的抒发和表达已经成为平台营销的重要媒介。一篇有情感价值的文章往往能够引起很多消费者的共鸣，从而提高消费者对品牌的归属感、认同感和依赖感，其相关介绍如图 6-10 所示。

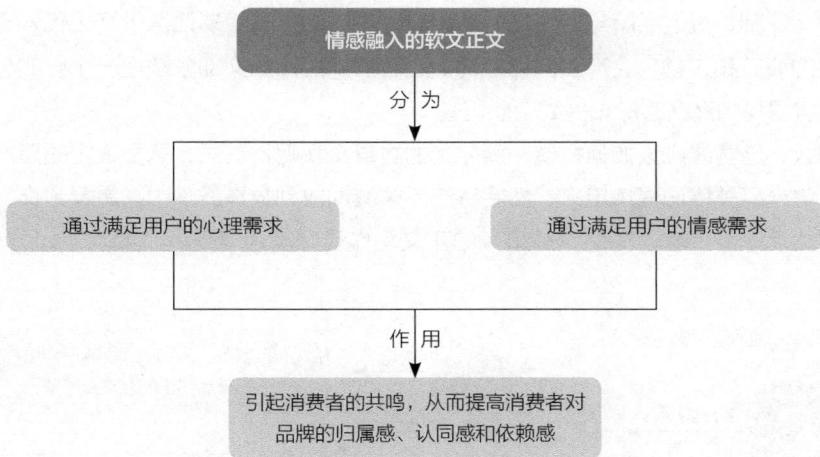

情感融入的软文正文

分 为

| 通过满足用户的心理需求 | 通过满足用户的情感需求 |

作 用

引起消费者的共鸣，从而提高消费者对
品牌的归属感、认同感和依赖感

图 6-10　情感融入的软文正文

情感消费和消费者的情绪挂钩。一篇好的宣传推广文章，主要是通过对文字、图片的组合，打造出一篇动人的故事，再通过故事激发读者的情绪。

可以说，情感消费是一种基于个人主观想法的消费方式。与之相关的消费人群，最关注自己精神世界、情感需要这两方面的需求。因此，写情感类的文章，需要富有感染力，尽量达到以下某一方面的作用：

- 与读者有相同的思想情感内容。
- 能启发读者的智慧和引导思考。
- 具备能产生激励读者感情的作用。

那么情感该从哪些方面挖掘呢？笔者给出了四个方面的建议，即爱情、亲情、友情以及其他情感需求因素。其中，爱情、亲情、友情是人们老生常谈的三种感情了。其实，人的情感非常复杂，不论是满足人们的哪种情感或情绪需求，都能打动人心。走进消费者的内心，实现营销的目的。

情感类的正文就是这么神奇，让人置身在一个美好的故事中，然后在故事中获得广告信息，却不会有任何令人反感的情绪。

007   故事塑造：代入感越强越向往

故事类的正文是一种容易被用户接受的正文题材。一篇好的故事正文，很容易让读者记忆深刻，拉近品牌与用户之间的距离。生动的故事容易让读者产生代入感，对故事中的情节和人物也会产生向往之情。企业如果能在正文部分塑造一个好的故事，就会很容易找到潜在客户和提高企业信誉度。

那么，运营者应该如何打造一篇完美的故事文章呢？首先，需要确定的是产品的特色，将产品关键词提炼出来，然后将产品关键词放到故事线索中，贯穿全文，让读者读完之后印象深刻。同时，故事类的正文写作最好满足以下两个要点，如图6-11所示。

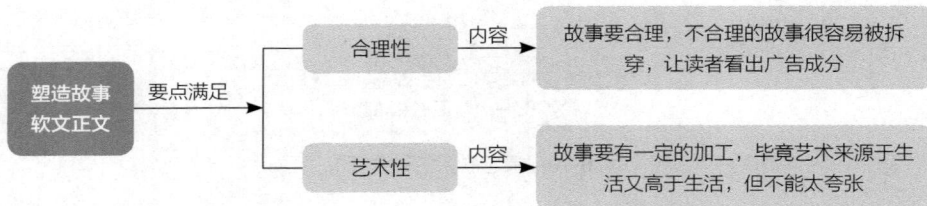

图 6-11   塑造故事的正文需要满足的要点

当企业要对某个产品进行软广告植入文章营销的时候，可以根据企业的目标自编一个故事，在合情合理的前提下，将产品巧妙地融入故事中。

008   悬念制造：越自然，才越期盼

所谓"悬念"，就是人们常说的"卖关子"。作者通过悬念的设置，激发读者丰富的想象和阅读兴趣，从而达到写作的目的。

正文制造悬念的布局方式，就是在正文中的故事情节、人物命运进行到关键时刻时设置疑团，不及时作答，而是在后面的情节发展中慢慢解开，或是在描述某一奇怪现象时不急于说出产生这种现象的原因。

这种方式能使读者产生急切的期盼心理。也就是说，在制造悬念的正文中，将悬念设置好，然后嵌入到情节发展中，让读者自己去猜测，去关注，等到吸引了受众的注意后，再将答案公布出来。

💡 **专家提醒**

悬疑式的文章要懂得分寸，问题和答案也要符合常识，不能让人一看就觉得很假，而且广告嵌入要自然，不会让人觉得反感。

制造悬念通常有 3 种方法，具体内容如图 6-12 所示。

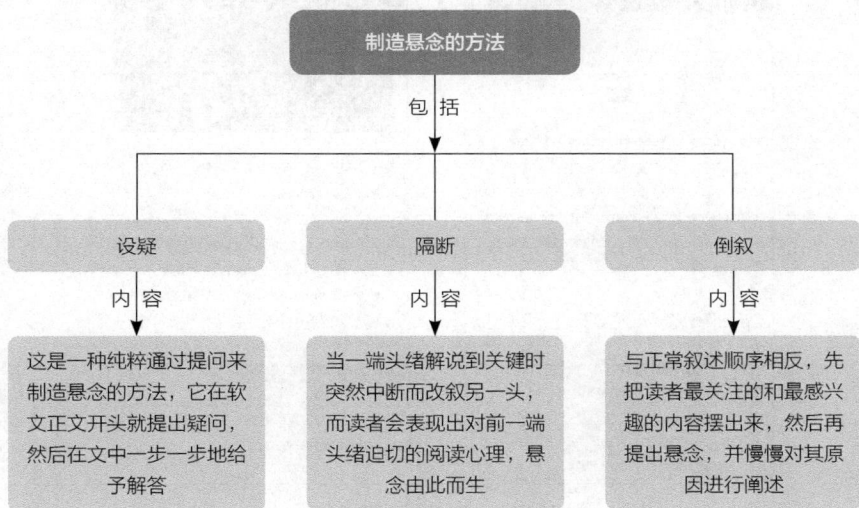

```
           ┌─────────────────────┐
           │    制造悬念的方法    │
           └─────────────────────┘
                     │
                  包  括
                     │
     ┌───────────────┼───────────────┐
     │               │               │
┌─────────┐     ┌─────────┐     ┌─────────┐
│   设疑   │     │   隔断   │     │   倒叙   │
└─────────┘     └─────────┘     └─────────┘
     │               │               │
   内  容          内  容          内  容
     │               │               │
```

这是一种纯粹通过提问来制造悬念的方法，它在软文正文开头就提出疑问，然后在文中一步一步地给予解答	当一端头绪解说到关键时突然中断而改叙另一头，而读者会表现出对前一端头绪迫切的阅读心理，悬念由此而生	与正常叙述顺序相反，先把读者最关注的和最感兴趣的内容摆出来，然后再提出悬念，并慢慢对其原因进行阐述

图 6-12　制造悬念的方法

6.3　软文结尾：注意加深印象，漂亮收官

一篇优秀的平台推广软文，不仅需要一个好的开头和正文内容，同样也需要一个符合读者需求、口味的结尾。那么，一篇优秀的软文结尾该如何写呢？接下来，笔者为大家介绍几种实用的软文结尾的写作方法。

009　首尾呼应：两次点题，中心更明确

首尾呼应法，就是常说的要在文章的结尾点题。这样的结尾法，具有非常大的优势——它能够凭借其严谨的文章结构、鲜明的主题思想，给读者留下深刻的印象，引发读者对文章中提到的内容进行思考。

那么，具体应该怎样做才能让这种结尾法发挥最大的优势呢？具体说来，在进行文章撰写的时候，我们如果要使用这种方法结尾的话，就必须要做到首尾呼应，文章开头提过的内容、观点，在正文结尾的时候再提一次。

基于此，首尾呼应的写法一般采用的都是总—分—总的写作方式。图 6-13 为一篇题为《为什么你需要年终总结？没有告别，哪来的未来》的软文。该软文采用的就是总—分—总式的首尾呼应的写作方式：首先在开头点出了该软文的主要内容是分享"2017 年影响我们生活最大的三件事情"，然后对这三件事进行具体介绍，最后在结尾进行总结升华，首尾呼应。

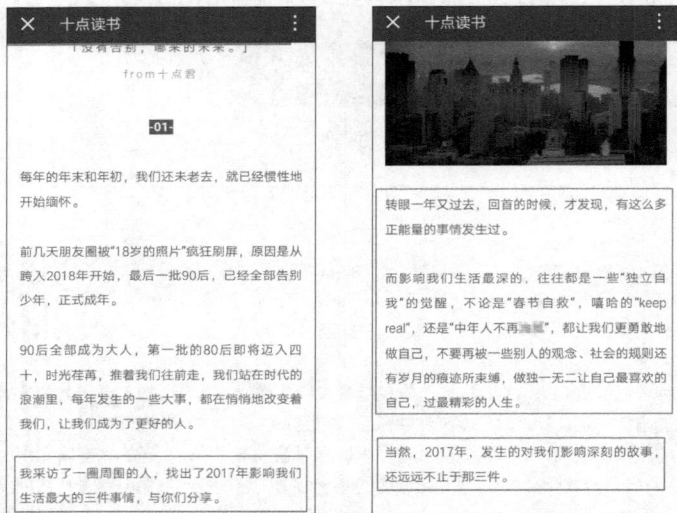

图 6-13 首尾呼应的软文

010 或抒情，或祝福：以情动人

上文已经提到，在软文正文中融入情感是一种非常重要而且很有必要的写作方法，其实，如果把这一理念应用到结尾处，可以让情感进一步得以升华，真正实现以情动人的目的。

那么，什么样的结尾写作方法能达到这一目的呢？一般来说，在日常生活中，比较常用的主要有两种，即以抒情法结尾和以祝福法结尾。下面笔者对这两种方法一一进行介绍：

1. 抒情法：激起情感波澜

使用抒情法来写作文章的结尾，通常较多地用于写人、记事、描述等类型的平台软文中。这类软文结尾的写法，有一个非常关键的要点需要注意，那就是我们一定要将自己心中的真实情感释放出来，这样才能激起读者情感的波澜，引起读者的共鸣。

图 6-14 为一个名为"有书"的公众号上的两篇以抒情法结尾的软文。这两篇软文结尾的抒情，并不是以多么激情的文字来写就的，而是以平实的文字，以触摸读者心灵的笔触来写就，让人读了不能不感动。

左图中的软文结尾，充分表达了亘古不变的主题——母爱在我们生活中的体现：在"我爱你"的情感大戏中，母爱是永不会退场的，无论是多么不得体，无论是多么方寸大乱，"母爱"都无怨无悔。

而右图中的软文结尾，描述了一种隐藏的鼓励和规劝："你那么好看时，你就已经赢得了自己，你还怕什么呢？"一方面，它规劝人应该修炼自我，熟练把控情绪，并保持心灵的开阔和面孔的清澈与美好，做一个瞬间点亮别人情绪的人。另一方面，它鼓励那些在生活中保持了好的"面孔"的人——生活是没有什么可怕的。

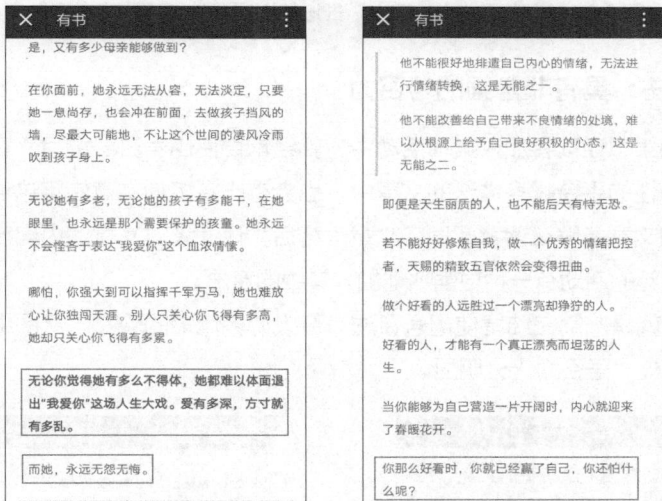

图 6-14　"有书"公众号推送的以抒情法结尾的软文案例

可见，在结尾抒情的时候，撰写者完全没有必要去追求多么华丽的辞藻，多么激情的话语。只要能把真实的情感抒发出来，就能感动读者，真正实现以情动人的目标，让软文完美收官。

2. 祝福法：传递一份温暖

祝福法是很多软文撰写者在文章结尾时使用的一种方法。因为，这种祝福形式的内容，能够给读者传递一份温暖，让读者在阅读完文章后，感受到蕴含其中的关心与爱护。这也是非常能够打动读者内心、达到以情动人目的的一种文章结尾方法。

图 6-15 是微信公众号"十点读书"推送的使用了祝福法结尾的软文案例。

图 6-15　公众号"十点读书"推送的以祝福法结尾的软文案例

011　号召法：具有非常强的号召力

运营者如果想让读者加入某项活动中，就经常会使用号召法撰写文章的结尾。同时，很多公益性的平台账号推送的文章中，也会有比较多的文章使用这种方法结尾。号召法结尾的文章能够在读者阅读完文章内容后，让读者对文章的内容产生共鸣，从而对文章中发起的活动有一种更强烈地加入其中的意愿。

图 6-16 就是一篇在结尾使用号召法号召人们多读书的软文。从图中可以看出，在文章的结尾处，号召力十分明显。

图 6-16　公众号"雨露微刊"推送的以号召法结尾的软文案例

6.4 其他注意事项：打造爆款，不可轻忽

当把软文内容写好之后，还只是完成了爆款软文的写作部分，而要想真正变成爆款软文，还需要运营者通过适当的渠道把它们发布出去。关于具体的发布平台，将在后文中做具体介绍。除此之外，运营者还应该注意在发布过程中应该注意的问题，接下来笔者分别加以讲述。

012 推送前要预览：确保软文无误

在众多平台上，编辑完软文内容后都会有一个"预览"按钮可选择，要求运营者预览，而且，预览的方式也是多种多样的，既有手机端、PC 端等不同的客户端预览，也有分享到朋友圈、发送给朋友等不同位置的预览。图 6-17 为微信公众平台的软文预览页面。

那么，平台为什么提供预览功能呢，我们又为什么一定要预览呢？具体说来，这是由预览的作用决定的，如图 6-18 所示。

图 6-17 微信公众平台推送软文的预览页面

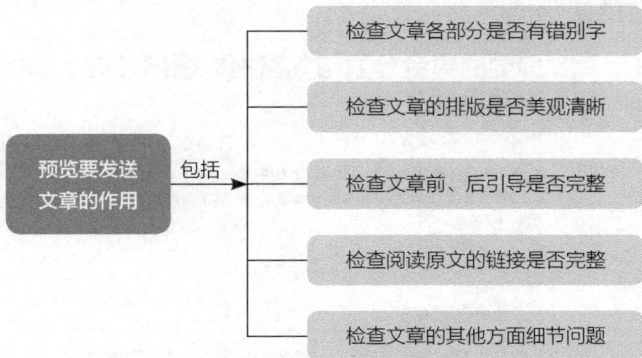

图 6-18 预览要发送的文章的作用

013 摘要很关键：一眼就知主要内容

我们写论文时要写摘要，我们阅读文章时或观看影视剧时也习惯了先看摘要或内容简介。其实，摘要在互联网时代的内容宣传中同样重要而且很有必要。运营者在推送内容时就会发现，很多平台都是有"摘要"这一项的，如我们常见的微信公众平台、搜狐公众平台等。下面以微信公众平台为例进行具体介绍。

在编辑消息图文的时候，在页面的最下面，有一个撰写摘要的部分。这部分的内容对于一张以图为主的消息来说非常重要，因为发布消息之后，这部分的摘要内容会直接出现在推送信息中，如图 6-19 所示。

摘要要尽量简洁明了，如果摘要写得好，不仅能够激发用户对文章的兴趣，还能够激发读者的第二次点击阅读的兴趣。

在微信公众平台上，当运营者在编辑软文内容的时候，如果填写摘要，那么系统就会默认抓

图 6-19　摘要内容

取正文的前 54 个字作为文章的摘要。其他需要填写摘要的平台也大抵如此，只是显示出来的作为摘要的字数略有差别而已。

014　做好声明原创：权益保护＋能力见证

随着各平台各项准则的完善，原创内容越来越受到重视，为了表达这一重视，不少平台推出了"声明原创"这一功能，如今日头条、微信公众号等。图 6-20 为开通了"声明原创"功能的平台软文。

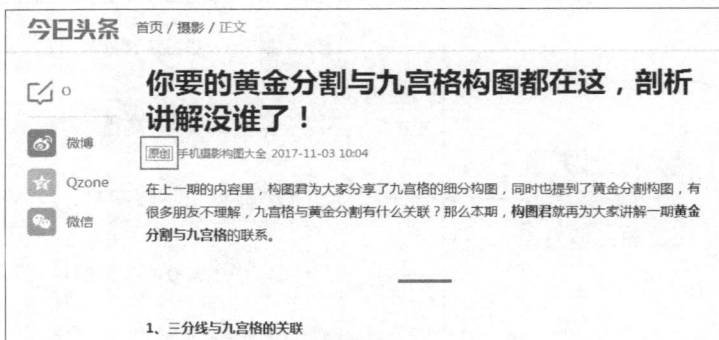

图 6-20　开通"声明原创"功能的今日头条平台软文

💡 专家提醒

"声明原创"功能有哪些作用呢？

一方面，获得"声明原创"功能的平台，一旦发现有人转载其内容时没有注明出处，各平台会自动为转载的内容注明出处并给予通知。

另一方面，如果商家发送的是自己原创的内容时，就可以设置这一功能。在保护自己权益的同时，也用原创文章为自己的平台带来更多的读者。

第 7 章

与时俱进:
直播与 H5 的内容修炼

学前提示

新的时代,必然有新事物,也必将带来新的发展机遇。在当今社会,直播与 H5 无疑是一种新的内容呈现形式。那么,作为运营者的我们,应该怎样抓住这一机遇呢?想要知道答案,就随笔者往下看吧。

要点展示

>>> 吸睛效果更好的直播内容
>>> 推广更快的 H5 内容

7.1 吸睛效果更好的直播内容

那些我们常见的做得好的直播平台，其涨粉速度之快足以让人惊叹。这一结果的出现，一方面是因为直播可以实现面对面的交互，另一方面就在于直播可以让用户更真实地感受直播内容，因而只要平台的内容足够好，那么快速引流也就不再是难题了。

那么，我们应该怎样打造属于我们自己的吸睛效果好的直播内容呢？下面将从 9 个方面进行具体介绍：

001　认识：什么是直播？

在"直播"的概念范畴中，与其他节目最大的不同就在于：其节目的后期合成、播出是不分开的，是同时进行的。它不仅可以按照节目的播出场合分为现场直播、演播室直播等，还可以根据内容的不同分为视频社交直播、娱乐营销直播和信息传播直播。而要想更好地运营直播内容，就有必要了解不同内容的直播类型，具体如下：

1．视频社交直播：相互交流不受限的内容方式

在社交平台稳步发展的今天，微信、微博、QQ 已经渐渐不能满足人们的社交需求，这时，直播社交走入了人们的视野之中。

视频直播社交的特色就在于用户可以通过弹幕的方式与自己喜欢的主播进行实时的沟通，而微信、微博这些以文字、图片为信息传递方式的社交平台无法做到这一点。再加上国内信息网络的迅速发展，Wi-Fi、4G 网络的普及，使得视频直播更容易实现，并随时随地可以进行。

2．娱乐营销直播：具有高效益的内容营销方式

对于个人来讲，直播内容是可以把自己推广出去，成为明星、红人的一种方式。而对于公司而言，它是一种推销产品、赚取利润的全新营销方式。随着消费方式的转变，越来越多的人倾向于娱乐消费。

面对这一现状，企业也需要改变相应的营销方式，恰当地利用直播这种具有高效益的娱乐营销方式，打造出一种适合自身产品的营销模式。

例如，《良品青年相对论》这款真人秀直播节目就是魅族联合各大直播平台，如熊猫 TV、斗鱼 TV、哔哩哔哩动画等，为了将自己的产品推销给年轻人群而精心打造的娱乐文化盛宴。它的成功之处就体现在以娱乐为切入点，将科技、文化、电影、艺术等各个领域最热门、最前卫、最有意思的内容都巧妙地结合在了一起，这样不仅吸引了广大网友的关注，也在无形之中增加了魅族的热度。

3. 信息传播直播：直观、新颖的内容传播方式

直播是一种更加直观的内容传递方式，主要通过播报这个世界正在发生的事情来完成信息传播的过程。可以说，它是比传统媒介内容更为浓缩、形式更为新颖的一个全新的方式。

直播之所以能取代传统媒介成为当下最火爆的媒介，主要是因为它能够与用户进行直接的互动，很大程度上提高了用户的参与度。宣传工作是一部电影推广的重中之重，而直播这种新型的信息传播方式恰好弥补了过去那些媒介的不足，如电视广告、预告片、电影发布会等。它让营销方式变得更加多样化，吸引了广大网友的兴趣，对电影票房的大卖起到了推波助澜的作用。

例如，图 7-1 为美拍直播平台中关于《大鱼海棠》主题曲的相关活动，通过一种互动的形式既推广了电影主题曲，提升了电影知名度，同时又让用户们参与了主题曲的翻唱、改编等各种形式的活动。一时间，《大鱼海棠》的主题曲红遍了美拍，也吸引了无数人前去观赏这部影片。

毋庸置疑，直播这种新颖的内容传播方式做到了盈利、娱乐两不误，极大地丰富了媒介传播形式，为信息媒介的发展做出了不可磨灭的贡献。

图 7-1 美拍中《大鱼海棠》主题曲的相关活动

002 平台：选择匹配的平台

随着互联网日新月异的发展，各式各样的直播平台也犹如雨后春笋般兴起。无论是集万千目光于一身的"当红小鲜肉"，还是每一个生活在 21 世纪的普通人，都可以玩直播，尤其是各大商业"巨头"也都瞄准了这一具有无限潜力的商机，相继推出了直播平台。图 7-2 为 2017 直播行业十大品牌排行榜评选展示图。

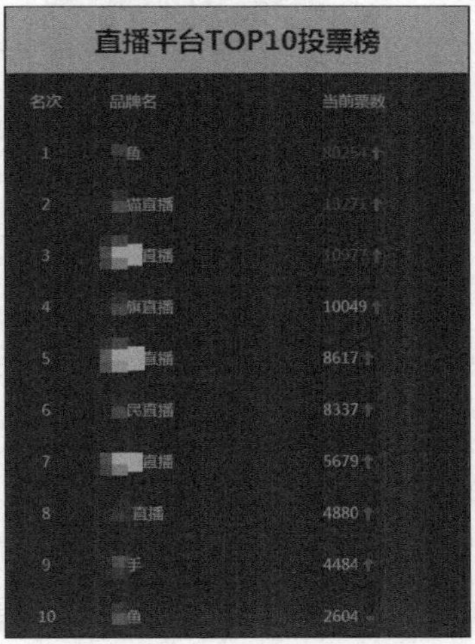

图 7-2 中的各个直播平台有着各自不同的内容和特色，它们不断深入发展，由单一的模式向众多领域拓展延伸。基于此，选

图 7-2 2017 直播行业十大品牌排行榜评选

择合适、匹配的直播平台来运营内容是重中之重。接下来为大家介绍斗鱼和聚美这两个典型的直播平台，以了解它们各自的特色所在：

1. 斗鱼：变革传统直播文化

斗鱼直播是一家以视频直播和赛事直播为主的弹幕式直播分享平台，其直播内容包括游戏、体育、综艺、娱乐等。斗鱼直播由 ACFUN 生放送直播转化而来，随着直播平台的不断发展，它也慢慢发展成为一个泛娱乐直播平台。

作为直播行业第一个吃螃蟹的平台，斗鱼直播于 2016 年推出了"直播＋"的发展战略。其主要目的是打造"泛娱乐"模式，吸引更多热点内容，将娱乐精神发挥到极致，由此使得更多用户涌入直播平台，增加了收益，更深层次打响了"斗鱼"的品牌。

斗鱼直播引进的直播模式当以"直播＋教育"最有看点。为了让用户学在其中，乐在其中，斗鱼全力打造有别于传统网课的教育形式，专门开设了"鱼教鱼乐"直播板块，如图 7-3 所示。

图 7-3　斗鱼直播的"鱼教鱼乐"直播板块

从图 7-3 中不难看出，斗鱼开设的"鱼教鱼乐"直播板块内容十分丰富，涵盖了艺术、语言、科教、心理等多个方面，弥补了普通网校长期以来一直存在的缺点。用户可以免费享受名师的实时指导，与其进行互动；老师可随时为用户答疑解难——从而使得学习效果更加高效，特别适合喜欢直播的年轻群体。

从这一点出发，运营者在通过直播平台来运营内容时，可以考虑选择该平台进行课程教学的内容直播，特别是那些有着自身见解的有较强专业性的内容，如摄影技巧、理财技巧等。

2. 聚美：打造信任型消费模式

聚美直播是聚美优品推出的美妆达人直播，主要以教用户化妆、搭配等内容为主，用户可以在此平台上进行互动。聚美优品之所以推出直播内容，就是为了吸引用户的关注，同时引导用户如何选购好物，最终收获更多利润。

聚美优品很早就推出了"直播＋电商"的模式，而聚美直播的特色就在于它着力于打造"直播＋品牌＋明星"的模式。众所周知，聚美优品是一个专门为女性消费者设计的购物平台，而其创始人陈欧确实也对广大女性消费者的心理十分了解。利用明星效应拉动用户消费，是聚美优品一贯的战略，而直播将其又提升了一个高度。

> 💡 **专家提醒**
>
> 聚美优品的用户群体普遍来说都比较年轻，这类用户比较注重新鲜感，喜欢尝试各种新奇的事物。聚美优品抓住了这个 90 后消费者比重提升的讯号，紧跟年轻群体注重个性、潮流、新鲜感和娱乐精神的大方向，不断更新营销手段，与直播相结合，设计符合年轻群体的直播模式，于是"直播＋电商"的模式应运而生。

003 切入：把好专业和用户兴趣关

在视频直播发展迅速的环境下，有些直播节目关注的受众数量非常多，有些又非常少，甚至只有几十人，这是为什么呢？其实，形成这一结果的因素主要有两个，一是内容本身的专业性，二是对外传播的用户兴趣。在一定条件下，这两个原因之间是有着紧密联系的，在直播中相互影响，互相促进，最终推动着直播的发展。

1. 内容本身的专业性

在观看直播节目时，有些内容受众一打开就立刻关闭了，为什么呢？错乱的内容，调侃太多，主播一看就不专业，因此，为了避免这种情况的发生，就应该在内容本身的专业性方面下功夫，可从以下两个角度考虑：

- 从直播平台专业的内容安排和主播本身的专业素养来看，直播主播自己擅长的内容。
- 从用户兴趣和专业性结合来看，对直播内容进行转换，直播受众喜欢的专业性内容。

从前一个角度来说，这里所指的内容一般是一些具有完全与过去的秀场直播不相关的内容，如教育、医疗等专业领域的内容。这不是一般人能做得了的，需要直播平台和主播有过硬的专业水平，因此，一般平台不会予以考虑。

从后一个角度来说，直播平台在选择内容时，在现有的平台内容和受众基础上，可以适当地延伸，创作用户喜欢的内容。在秀场直播中，用户总会表现出某一方面喜好的特点，然后平台就可从这一点出发，寻找相关或相似的主题内容。这样，既能吸引用户注意，又能增加用户黏性。

例如，一些用户喜欢欣赏一些手工艺品，那么，这些用户就极有可能对怎样制作好看的手工艺品的内容感兴趣，因而，可以考虑推出这方面的专业技能较强的直播节目和内容，实现在同一直播平台上，用户在不同节目间的流转。

2. 对外传播的用户兴趣

直播节目首先是用来展示给受众观看的，因此，在策划直播节目时，还要考虑与用户兴趣的相关性。一般说来，用户感兴趣的信息主要包括 3 类，如图 7-4 所示。

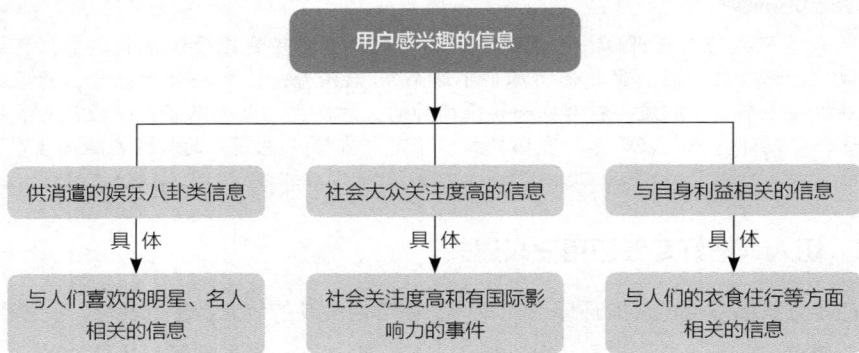

图 7-4　用户感兴趣的信息

从图 7-4 的 3 类信息出发来策划直播内容，就可以为吸引受众注意力打下基础，也能为节目的直播增加成功的筹码。

004　呈现：全过程围绕产品主题

利用直播进行营销，最重要的是要把产品销售出去，因此，在直播过程中要处理好产品与直播内容的关系：我们不能只讲产品，这样会减弱直播的吸引力；也不能一味地不讲产品，这样就忽略了营销本质，没有任何意义。

最正确的做法，就是在直播全过程中巧妙结合产品主题，具体做法如下：

1. 展示产品实体

要想让受众接受某一产品，并产生购买行为，首先就应该让他们从直观上了解产品。于是，一些主播经常在直播时把产品放在一旁，有时在讲话或进行某一动作时会把产品展现出来。

当然，假如某一产品有着某方面的突出特点，也可通过主题内容展示出来，如

图 7-5 所示，"温暖""显瘦"，产品特点显而易见。

另外，为了更快地营销，一般还会在直播的屏幕上对其产品列表、价格和链接进行标注，或是直接展现购物车图标，以方便受众购买。

2. 展示产品组成

在视频直播中，不同于实体店，受众要产生购买的欲望，就应该提供给他们一个逐渐增加信任的过程。而鲜明地呈现产品组成，

图 7-5 直播中的产品主题内容和特点展示

既可以更加全面地了解产品，又能让受众在了解的基础上增加信任，从而放心购买。

关于呈现产品组成，可以是书籍产品的精华内容，也可以是其他产品的材料构成展示，如食物的食材、效果产品内部展示等。

005 融合：特点与热点激发关注

在直播内容中，一手抓产品特点，一手抓当下热点，把产品营销与运营的两个主要因素掌握在手，那么打造出传播效果好的直播，也就不难了。

例如，在三伏天期间，"高温""酷暑"无疑是"热点"，人们希望出现的是"凉""清凉"等，于是某一茶叶品牌推出了有着自身特点的冷泡茶，如图 7-6 所示，把天气的"热"这一热点与冷泡茶的"冷"这一特点巧妙地结合在了一起。

图 7-6 完美融合"特点 + 热点"的直播视频

可见，如果能让"产品特色"与"时下热点"结合，让用户产生兴趣，进而关注

直播和直播中的产品，从而产生购买的欲望，那么，直播的内容运营也就成功了。

006　关键：展现产品带来的改变

一般说来，用户购买某一产品，首先想到的是它能给他们带来哪些助益，这也是直播内容中应重点关注的方面。假如某一产品在直播过程中，能让用户觉得对自己是有益的，才能打动用户，进而购买。那么，如何突出产品功能和它们能带来的改变呢？在这一问题上，笔者有两个比较成熟的观点，那就是利用视频文案和实际操作：

1．利用视频文案展示优势

利用视频文案展示产品优势，目的就是为了让受众在观看前有一个导向认知。带着特定的认知去关注直播，可以更清晰地从视频直播中感受和验证产品的优势。

2．利用实际操作展示优势与功能

与文案相比，视频直播在表现形式方面更清楚、直观，因而，要展示产品给人带来的改变，利用视频直播确实是最优选择——它能清楚地告诉你肉眼所能看见的变化，而不再是单调的文字的描述。

虽然，在写作时如果状物、写景写得好，就好像把物体和景物真实地呈现在了读者面前一样，栩栩如生，然而，通过文字描述构筑的画面，与呈现在眼前实际的画面相比，还是存在一定差距的。这就是文字与视频的区别。

因此，在视频直播中，利用实际操作把产品所带来的改变呈现出来，在服装和美妆产品中比较常见。例如，显瘦的服装穿在人身上所直观呈现出来的感觉；又如，美妆产品在化妆的实际操作后所带来的改变，如图 7-7 所示。

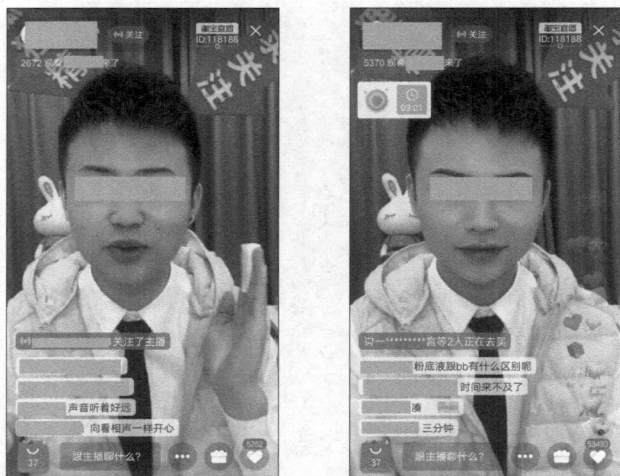

图 7-7　视频直播中化妆实际操作前后效果对比

在直播中，美妆节目的主题内容不仅突出了产品的优势，而且还教会了用户化妆的技巧，因此，假如受众感兴趣，或是有这一方面的需求，就极有可能被吸引，从而为线上店铺带来惊人的流量。

007 必备：软需的产品增值内容

很多优秀的企业，在直播时并不是光谈产品，而是提供给用户以软需为目的购买产品的增值内容。这样的做法，可以说是让用户心甘情愿地购买产品的最好方式。

这样一来，用户不仅获得了产品，还收获了与产品相关的知识或者技能，自然是一举两得，购买产品也会毫不犹豫。那么，增值内容方面应该从哪几点入手呢？下面逐条进行介绍：

1. 满足共享需求

在如今信息技术发达的时代，几乎没有什么信息不是共享的，这已经成为大众交流的本质需求。

一般来说，当人们取得了某一成就，或是拥有了某一特别技能时，总是想要有人能分享他（她）的成功或喜悦，因而，共享也成为人的心理需求的一部分，而直播就是把这一需求以更广泛、更直接的方式展现出来：主播可以与受众共同分享自己别样的记忆，或是一些难忘的往事等。

把共享与营销结合在一起时，只要能很好地把产品或品牌融合进去，受众就会自然而然地受到吸引而沉浸在其中，营销也就成功了。

2. 陪伴的共鸣

看直播时，你是不是会有这样一种感觉——好像在和人进行面对面的交流。这能让你充分感受到陪伴的温暖和共鸣，如忘掉独处的孤独感、增加存在感和价值感等。

而直播就是在其固有的陪伴的共鸣基础上，又加以发挥，与产品相结合，这样，用户也能更清晰地感受到这一事实，能更有效地引起关注和增加用户黏性。三星某款手机的发布会直播就是一个很好的例子，具体如图 7-8 所示。

3. 从中学到知识

除了上面提到的两个方面以外，要说最典型的增值内容还属让用户从直播中获得知识和技能。比如天猫直播、淘宝直播、聚美直播在这方面就做得很好。一些利用直播进行销售的商家纷纷推出产品的相关教程，给用户带来更多软需的产品增值内容。例如，淘宝直播中的一些化妆直播，一改过去长篇大论介绍化妆品的老旧方式，而是直接在镜头面前展示化妆过程，边化妆边介绍产品。

在主播化妆的同时，用户还可以通过弹幕向其咨询化妆的相关疑问，比如"油性大的皮肤适合用什么护肤产品？""皮肤黑也能用这款 BB 霜吗？"等，主播也会为用户耐心解答。

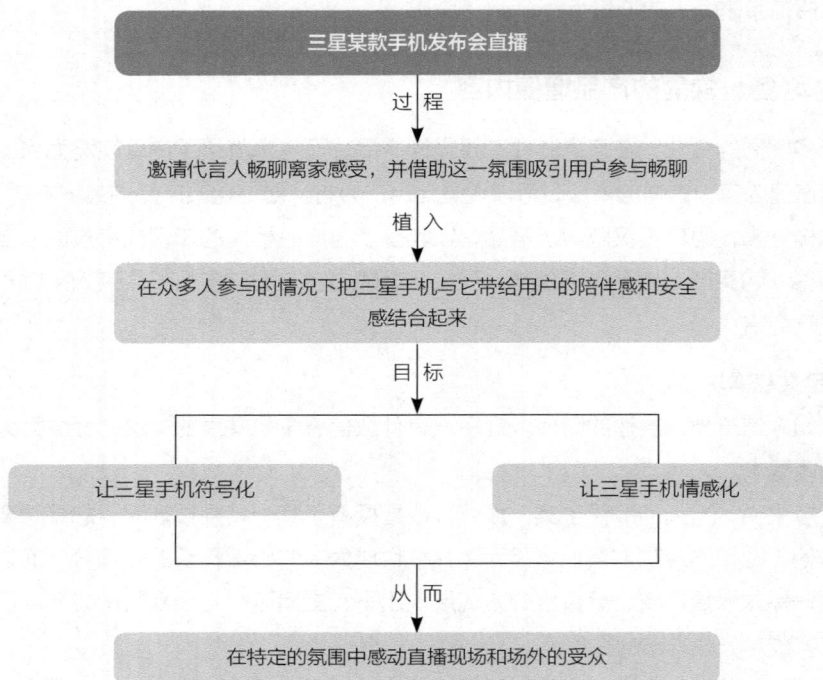

图 7-8　三星某款手机发布会直播分析

这样，用户不仅通过直播得到了产品的相关信息，还学到了护肤和美妆的窍门，对自己的皮肤也有了比较系统的了解。用户得到优质的增值内容，自然就会忍不住想要购买产品，直播营销的目的也就达到了。

008　表达：充分融入丰富情感

一般说来，不管是什么形式的内容，缺少了情感，其灵魂也就丧失了，由此可见情感在内容中的重要作用。直播也是如此，它作为一种内容呈现形式，情感这一要素也是必不可少的。

对于直播而言，要想打造爆款节目，在节目中植入充沛的情感是一个不错的选择。如湖南卫视的《旋风孝子》，就是利用一种全新的方式打造的一款与以往不同的直播节目。

在这一节目中，以"孝"为主题，呈现出现代社会的真实的"孝"。在节目特性界定上，它集中体现了两类组成，如图 7-9 所示。

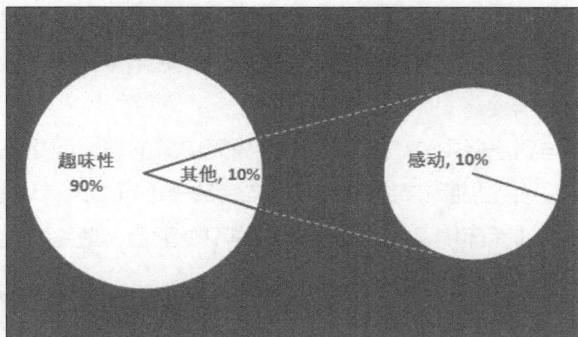

图 7-9 《旋风孝子》的特性构成

从图 7-9 可知，除了综艺类型的节目本身应具有的趣味属性外，情感属性的充分融入也为节目带来了巨大的流量，特别是在微博平台上，关于 # 旋风孝子 # 话题的点击阅读量就超过了 20 亿，可见其巨大的影响力。

同时，在《旋风孝子》节目中，TCL 借助它的巨大流量开始了差异化运营——在全面展现情感的同时也进行了全品类的产品曝光，如其洗衣机、冰箱和电饭煲等，都是有着充分情感融入的产品展现。

就拿 TCL 冰箱来说，当看到老屋的陈列与其门口的 TCL 冰箱，先是让观众有着情感上的感动和共鸣，然后又自然地植入了产品，可见其在视频直播营销中运营的妙处。

综上所述，企业想要在直播中打造爆款品牌，情感因素必不可少，这样才能更大程度地拓展品牌的发展空间。在此，有必要提到两点，一是要把握直播节目的情感属性，二是要巧妙地抓住时机，这样才能在节目中把情感属性无限放大。此时，与用户的情感共鸣也就产生了。

009 参与：内容生产不忘用户

UGC，即 User Generated Content，意为用户生产内容。在直播圈中，UGC已经成为一个非常重要的概念，占据着非常重要的地位，影响着整个直播领域的内容发展方向。图 7-10 为 UGC 的两个方面的内容介绍。

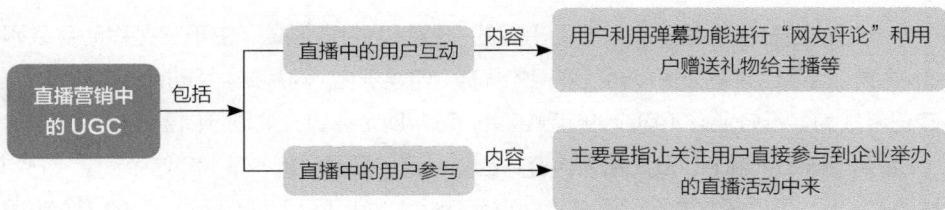

图 7-10 直播营销中的 UGC 解读

其中，让用户直接参与到举办的直播活动中来，是直播的最重要的元素之一。在直播的发展大势中，让用户参与内容生产，才能更好地丰富直播内容，才能实现直播的长久发展。

而要让用户参与到直播中来，并不是一件简简单单的事，而是需要具备必要的条件才能完成的，即优秀的主播和完美的策划，二者缺一不可。只有具备了这两个条件，才能在直播潮流兴起的大环境下，再加上用户的积极配合，最终打造出一场有趣、丰富的直播。

例如，2016 年 6 月 29 日直播的乐 2"英雄本色"新品发布会，在为用户带来以手机为主题日的"超级客服"的直播服务时，也为直播的内容发展提供了新途径——让用户直接参与到直播活动中来。乐视也实现了让用户全程参与其产品决策的直播内容创造的目标。

具体说来，无论是在乐 2 的"英雄本色"新品手机发布会上，还是在乐迷社区直播服务平台上，用户都是真正参与到了直播内容生产中，具体分析如下：

- 在发布会上，直播采用了乐迷与乐视的高层共同全程直播现场的模式，乐迷用户也成了直播内容中的一个元素和主体。
- 在乐迷社区直播平台上，乐视高层与乐迷用户直接面对面交流，通过提问和反馈的方式来了解乐视产品，并为未来的乐视产品的升级做了手机功能和颜色等方位上的界定，从而使得用户的影响延伸到了产品决策领域。

由此可以看出，在直播过程中，用户已经成了直播主体之一。缺失了这一主体，直播不仅会逊色很多，甚至有可能导致直播目标和任务难以完成。

7.2　推广更快的 H5 内容

H5 的内容设计是整个营销活动的重点。我们想要让推广效果更快，就必须制造出优秀的内容。本节围绕如何针对 H5 的内容运营的问题进行分析，对如何制造优秀内容进行探讨。

010　认识：什么是 H5？

H5 是伴随着移动互联网兴起而出现的一种新型内容形式。由于它是移动互联网的衍生物，因此也具有很多移动互联网的优势，如娱乐化、碎片化、互动性强等。如今，H5 已经成为各行各业必不可少的运营工具，可帮助企业更好地进行内容运营。

而要想详细了解 H5 及其相关内容，首先，我们需要解析一下 H5 这个词。"H"是指 HTML，是"超文本标记语言（HyperText Markup Language）"的英文单词缩写。简单来说，就是一种规范，一种标准，它以网页的形式呈现在我们面前。图 7-11 就是一个具有营销功能的淘宝 HTML 网页。

图 7-11　淘宝 HTML 网页

H5 中的"5"指的是"第 5 代"，其发展历程如表 7-1 所示。

表 7-1　HTML 的发展历程

H5 版本	具体发展情况
HTML1.0	1993 年 6 月，IETF 工作草案（并非标准）发布
HTML2.0	1995 年 11 月，作为 RFC 1866（Request For Comments，一系列以编号排定的文件）发布
HTML 3.0	1997 年 1 月 14 日，W3C 推荐标准
HTML4.0	1997 年 12 月 18 日，W3C 推荐标准
HTML5	2014 年 10 月 28 日，W3C 推荐标准

其中，IETF（The Internet Engineering Task Force）指的是互联网工程任务组，是全球互联网最具权威的技术标准化组织。而 W3C 就是我们比较熟悉的万维网联盟，它在 Web 技术领域非常具有权威和影响力。

对于 H5 开发人员来说，这些都是必修功课，但这里笔者只是简单介绍一下。最早的 HTML 技术是从 1991 年开始研究，直到 1993 年才正式推出。此后，HTML 经历了数次的更新换代，在这其中出现了两种比较优秀的方案，那就是由 WHATWG 提出的 Web Applications 1.0，以及由 W3C 提出的 XHTML2.0。最终，这两个大型互联网组织在 2006 年达成共识，共同推出全新的 HTML 技术，也就是现在的 H5。

当然，H5 在一开始并没有引起人们的关注，而是一直在进行优化升级。这个周期也是相当长，差不多经过了 8 年的时间，W3C 才最终宣布 HTML5 标准规范制定完成，并面向全球开放。

HTML5 的主要功能包括语义、离线与存储、设备访问、连接、多媒体、3D 与图形、CSS3 等。它可以用于网页端与移动端的连接，让用户在互联网上也能轻松体验各种类似桌面的应用。

011　H5 文案：形成场景带入作品

H5 文案并不单单是指文案而已，它其实是图片 + 文案的一种表现形式。只有图片与文案相呼应、相融合，形成场景带入的作品，同时引发用户产生共鸣，才是好的 H5 文案。

H5 营销文案的核心思想就是提取卖点，吸引消费者的注意力，勾起消费者的购买欲望。至于该如何做才能真正表述出文案的核心思想，就需要我们在此进行探讨了。下面来了解一下优秀 H5 文案的表述方法：

1. 掌握基本原则

H5 文案最基本的原则：首先要保证逻辑的通顺性，使用简洁生动的文字传达出 H5 作品的核心要点，告诉消费者自身产品能给他们带来什么，并以强有力的视觉冲击力勾住客户，吸引其继续往下看并最终购买产品。

2. 突出产品卖点

H5 文案应该与不同场景、不同角度下的专业图片相结合，更好地凸显产品卖点，刺激用户的第一感觉。这些图片包括产品效果图、细节图、实物图等。

3. 利用好评文案

用户好评是最直接的文案，可以在 H5 页面上展示出来，这样可以增加消费者对产品的认同程度和接受程度。商家可以通过一系列的活动，鼓动用户做出好评，这样更能增加消费者对产品的信任度。

4. 跟随营销策略走

企业需根据不同的产品采用多种营销策略，如关联销售、捆绑销售、提升销售等。H5 文案则跟随不同的营销策略进行撰写。例如，企业可以在产品文案中加入"热卖产品推荐""买了该产品的用户还买了哪些""最受客户欢迎的产品排行"等，以提升整个关联销售额。

5. 掌握消费者心理

优秀的 H5 文案往往都是"心理专家"，这些优秀文案通过"文字 + 图片 + 色彩"的组合，勾住消费者的心理需求或心理期望，才能轻而易举地得到好的营销效果。

所以，H5 文案要走心，并不是一如既往地追求文字优美，也不是简简单单地解释产品信息，更不是由无数个促销信息堆积起来的。它是以消费者心理、消费者需求、消费者期望为前提，利用或幽默，或富有诗意，或创意无限地进行产品信息的诠释、促销信息的展现、活动的公布等。

012 讲真实故事，轻松打动人心

对于 H5 营销来说，讲故事是一种普遍的营销手段，也是容易捕获消费者眼球的方法。因为人们对自己不知道的故事会产生好奇心理，而且只要故事具有知识性、趣味性、合理性，就能体现出故事的存在价值。需要注意的是，讲故事不是目的，故事背后的产品线索才是 H5 作品的关键。

通过在 H5 中讲一个完整的故事带出产品，一步步带领读者进入设计者的思想。产品的"光环效应"得以增加，给消费者的心理造成强烈暗示，从而促使销售成为必然。

例如，《听妈妈的话》是母亲节期间推出的 H5 作品，将母爱的故事融入 H5 画面中，采用图文结合的漫画形式，生动、形象地展现故事情节，如图 7-12 所示。

图 7-12 《听妈妈的话》H5 页面

通过温馨感人的故事以及朦胧的情愫，引起用户的阅读欲望，最后再加入企业的节日期盼，如图 7-13 所示，使其非常自然地嵌入故事中，与故事相互呼应。用户看完之后，企业和产品也就深深地刻在了他们的脑海里。

值得注意的是，不管是什么产品，故事是长是短，都需要选择一个符合产品理念的故事主题，这样才能不突兀地由故事引出产品。在 H5 详情页的故事文案中，最好以产品的某个特点为主题，围绕这个主题，进行故事展开，最好是不留痕迹地将产品的特点安插在故事的每一个角落。

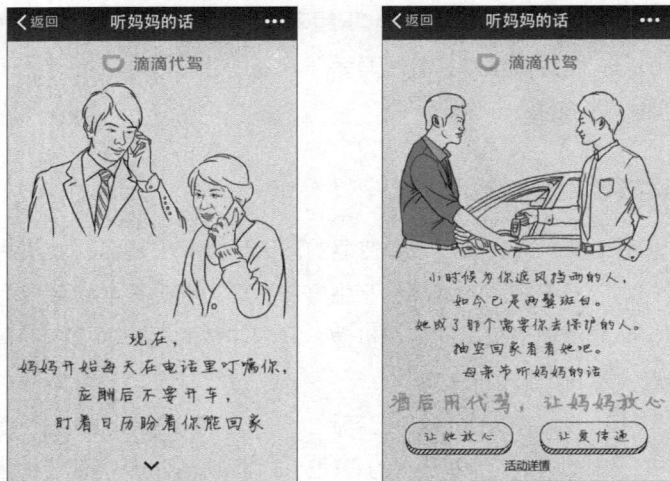

图 7-13　让品牌的植入更加自然

013　长页面版式，让排序更合理

长页面又称为"一页""单页"，也就是说一个 H5 作品只有一个页面。它可以让画面更具张力，吸引眼球，是一种比较流行的 H5 排版方式，从而受到很多运营商、营销人员的欢迎。这种排版方式的主要优势如图 7-14 所示。

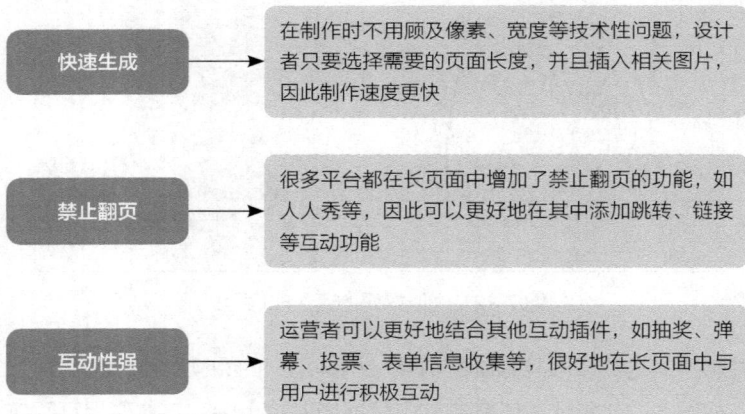

快速生成	在制作时不用顾及像素、宽度等技术性问题，设计者只要选择需要的页面长度，并且插入相关图片，因此制作速度更快
禁止翻页	很多平台都在长页面中增加了禁止翻页的功能，如人人秀等，因此可以更好地在其中添加跳转、链接等互动功能
互动性强	运营者可以更好地结合其他互动插件，如抽奖、弹幕、投票、表单信息收集等，很好地在长页面中与用户进行积极互动

图 7-14　长页面的优势

在手机上展示信息时，长页面就是一种非常好的排版方式，不但可以放置大量信息，而且还可以让信息的排序更加有条理。

下面以人人秀为例，介绍一个简单的长页面的制作方法：

步骤 ① 打开人人秀编辑器，①单击"背景"按钮展开其操作面板，并②单击"更换"
按钮。在更换背景时，用户可以上传自己设计的长页面，也可以在人人秀
的背景库中寻找合适的背景。选择相应背景后，③选中"长页面"复选框，
接下来适当调节背景选区，让背景中的图案显示在合适位置，预览栏中明
亮部分为长页面在手机中显示的第一页，如图 7-15 所示。

步骤 ② ①设置"背景模式"为"固定"，这样页面会自动填充手机屏幕。如果将"背
景模式"设置为"滚动"，则在背景大小和长页面大小不一致的情况下页
面会出现空白。通常情况下，单页的长页面可以②选中"停止翻页"复选框，
因为下划长页面和向后翻页手势一致，如果不选中该选项，则在滑动长页
面时有可能会翻页至后一页，如图 7-16 所示。

图 7-15 设置背景（1）

图 7-16 设置背景（2）

执行上述操作后，即可制作一个长页面背景，用户只需要在长页面上添加诸如图
片、音乐、互动等元素，就能够成功地制作出一个完整的长页面了。

014 添加视频，效果更具说服力

视频与图片、文字不同，它不能随意造假，相对而言是一个比较真实的展示企业
信息的媒介。视频如果具备以下几个特征，就能够吸引顾客的目光，从而使其深入地
领略企业的内涵，对企业的方方面面有一个比较直接的了解：

- 质感良好的画面。
- 和谐的背景音乐。
- 清晰的字幕和音效。

没有一个企业是不想向顾客展示自己的完美形象的，企业可以通过 H5 视频内容

对产品、服务进行介绍，这样更具说服力，能够使得顾客更加相信企业，从而有力地推动产品的销售。

下面以人人秀为例，介绍在 H5 中添加内容的操作方法。

打开人人秀编辑器，①单击"互动"按钮展开其操作面板，②选择"视频"插件，如图 7-17 所示。

添加视频有两种形式，分别为添加网络视频和上传本地视频。例如，在"视频类型"列表框中选择"本地上传"选项，单击"本地上传"按钮即可上传本地视频。上传本地视频时需要注意：本地视频只支持 mp4 格式，同时大小不能超过 100MB。

又如，在"视频类型"列表框中选择"通用代码"选项，打开相应视频网站，找到分享外链，复制通用代码链接，拷贝到人人秀编辑器中即可。需要注意的是，如果选择的视频链接不是通用代码格式，则会出现分享错误，导致作品被封。

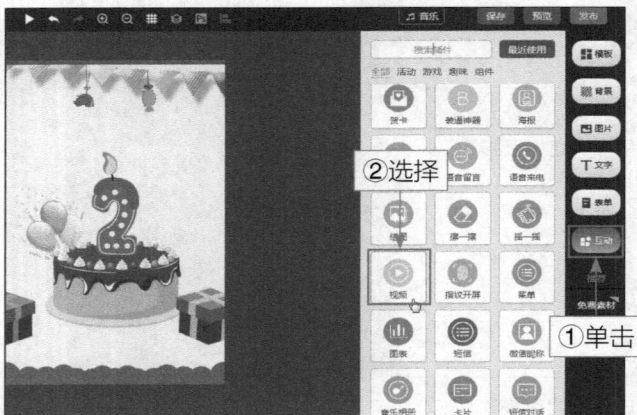

图 7-17　选择"视频"插件

015　H5 弹幕：10W+ 的互动体验

弹幕（barrage）这个词本来的意思是指"密集的炮火射击"。如今，在视频中经常可以看到大量以字幕弹出形式显示的用户评论，这种形式也被称为弹幕，它可以给人们带来一种"实时互动"的体验。以人人秀为例，在制作 H5 作品时，用户可以选择是否开启弹幕功能。

通过人人秀 H5 页面制作工具制作的 H5 作品，可以①单击底部的"留言"按钮，②输入相应内容并③单击"发布"按钮，此后④以弹幕的形式出现在 H5 页面中，如图 7-18 所示。

开启弹幕功能后，设计者还可以在人人秀后台管理弹幕内容，对其进行审核、删除、开启／关闭等操作。

图 7-18　在 H5 中应用弹幕

在 H5 页面中加入弹幕，这样既不影响用户的观看效果，又能体现热闹的气氛，构成一种虚拟的社群氛围，这样可以为品牌带来较强的宣传效果。

016　倒计时：多种场景应用

在 H5 作品中添加倒计时插件，可以通过计时器来记录一段时间的长度。它适合制作节日倒计时、电商活动倒计时、会议倒计时、考试倒计时以及纪念日倒计时等场景，作为 H5 页面的点缀。下面以人人秀为例，介绍在 H5 页面中添加倒计时插件的操作方法：

步骤 ❶　打开人人秀编辑器，更换好背景。①单击"互动"按钮展开其操作面板，②选择"倒计时"插件，如图 7-19 所示。执行操作后，即可导入倒计时插件，在到达时间中③设置倒计时截止日期，如图 7-20 所示。

图 7-19　选择"倒计时"插件

图 7-20　设置截止日期

步骤 ② ①在"显示字体"中设置字体样式，共有普通、卡通、动画、数码、苹果字体等 5 种可供选择，这里选择"卡通字体"选项；②在"显示内容"中可以设置倒计时插件的计时单位，有日、时、分、秒等计时单位，这里选择"日、小时、分、秒"选项；③在"时间标记"中可以设置中文、英文、时钟，这里选择"中文"选项；④在"标记位置"中设置时间标记的显示方位为"上方"；⑤在"显示比例"和"字体颜色"中设置其大小、颜色，并拖动到合适位置，如图 7-21 所示。

步骤 ③ 设置完成，即可发布带倒计时插件的 H5 页面。

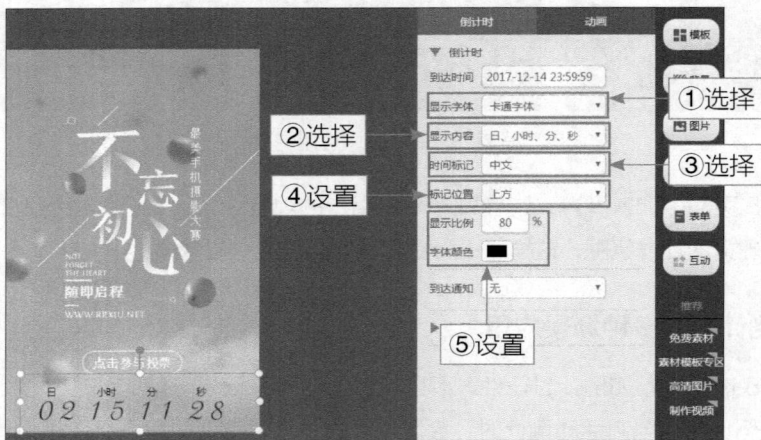

图 7-21　设置"倒计时"插件

专家提醒

倒计时是指从未来某个时间点开始，到现在的时间点来计算时间，可以展现出到达未来某个时间点还有多久，可以增加事件的紧迫感。

017　在线表单：收集更多数据

在 H5 页面中，在线表单插件主要用于收集各种数据，如用户的姓名、联系方式等。常见的在线表单包括报名表、履历表、反馈表等。在线表单的应用场景包括招生报名、企业招聘、活动申请、问卷调查等，可以帮助企业更快地获取用户的联系方式和反馈意见。

下面以人人秀为例，介绍在 H5 页面中添加在线表单插件的操作方法：

步骤 ① 打开人人秀编辑器，更换好背景。①单击"表单"按钮展开其操作面板，里面有输入框、单选、下拉菜单等一共 14 种表单类型和 1 个单页模板的链接按钮，②选择"输入框"选项，如图 7-22 所示。

步骤 ② 执行操作后，即可①添加输入框，在"输入框"选项区中，②设置"标题"
为"姓名"，"类型"为"文本"，如图 7-23 所示。

图 7-22 "表单"操作面板

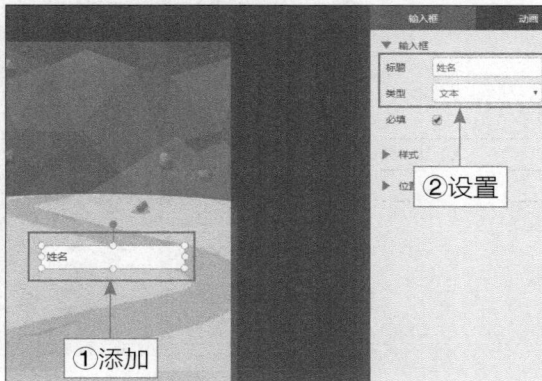

图 7-23 设置输入框（1）

步骤 ③ 再次添加一个输入框，设置"标题"为"手机号码"，"类型"为"手机"。
在表单中选择"下拉菜单"选项②添加一个下拉菜单，③设置相应的标题
和下拉框选项，如图 7-24 所示。

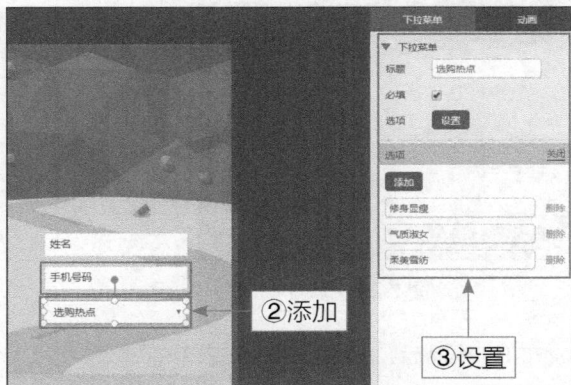

图 7-24 设置下拉菜单

步骤 ④ 再次①添加一个输入框，②设置"标题"为"给我们留言"，"类型"为"文
本"，并③取消选中"必填"复选框，如图 7-25 所示。

步骤 ⑤ 在表单中选择"提交按钮"选项①添加"提交"按钮，②设置相应的标题
和下拉框选项，如图 7-26 所示。"提交范围"下面的"触发"选项用来
控制用户单击"提交"按钮后的操作，包括弹框提示、打开网址等。网址

可以填写自己公司的官网，也可以填写推荐网站，一切取决于企业的推广需求。

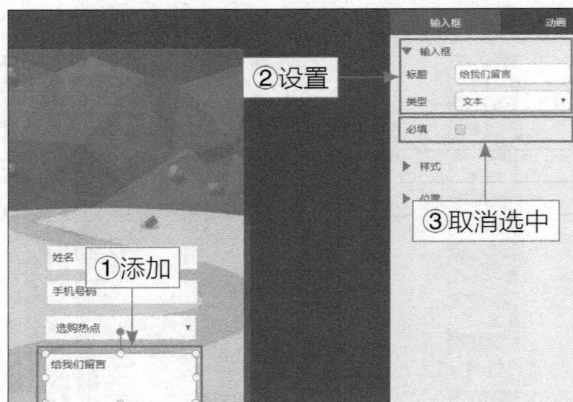

图 7-25　设置输入框（2）

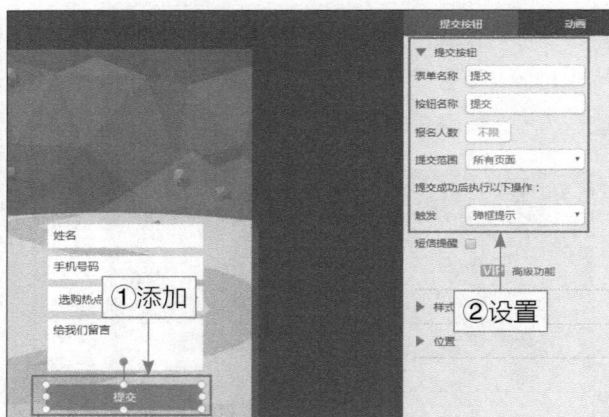

图 7-26　添加"提交"按钮

步骤 6 保存并发布 H5 作品后，即可预览在线表单的效果。

第 8 章

运营支撑：
三大关键因素不可忘

学前提示

在实际工作中，怎样才能更好地运营呢？一般说来，可从 3 个方面着手，具体包括合适的人、合适的时间和精准的数据分析，三者缺一不可。本章就从这 3 个方面出发，具体介绍如何进行内容运营。

要点展示

>>> 寻找合适的人实行运营
>>> 利用好时间推送运营内容
>>> 通过图文分析更好地运营

8.1 寻找合适的人实行运营

在寻找合适的人进行内容运营时，不少人可能存在两个方面的偏差：

假如你作为一名企业的领导，在招聘内容运营人员时，认为只要是好一点的文案人员就可以了。其实，这种想法是不正确的。因为，好的文案人员能写一篇好的文案是不用怀疑的，但是好的文案并不一定是好的运营内容，在转化的火候上，好的文案是明显比不上好的运营内容的。

假如你是一名运营人员，在运营时，也可能认为只要写好文案就行了。诚然，文案内容是运营中必不可少的，但是，只有内容而不具备一定的运营能力，也必然不是一名合格的运营人员。要想成为一名合适的运营人员，还需要在专业素质上加以锤炼。

那么，什么样的人才适合内容运营，它们又需要具备哪些方面的素质呢？下面分享一点笔者的心得：

001 需要具备大局运营思维

运营是整体的运营，其各组成部分是不可分离的，因此，必须从大局出发，从高处着眼，把整体考虑进去，才能让运营效果更好。内容运营作为运营的重要部分和表现媒介，更是与其他部分联系紧密。

因此，内容运营人员必须具备大局意识，培养大局运营思维，才能算是合格的内容运营人员。从具体的运营工作来说，需要他们在编写文案时，将内容要面对的用户和要推送的渠道放在首位，从整体上加以把握，真正地把内容运营的价值表现出来。

可见，大局运营思维毕竟属于思维的范畴，必然有着思考的成分在里面，需要考虑内容以及用户和渠道等众多方面，而不能只单纯针对一个角度去做一些没有什么效果的工作，如图 8-1 所示。

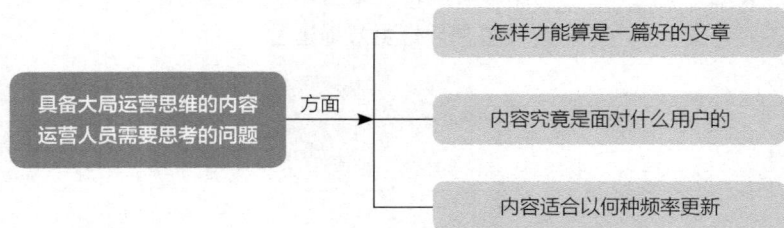

```
                              ┌──────────────────────────────┐
                              │    怎样才能算是一篇好的文章    │
                              └──────────────────────────────┘
┌──────────────────┐         ┌──────────────────────────────┐
│ 具备大局运营思维的内容 │  方面  │    内容究竟是面对什么用户的    │
│ 运营人员需要思考的问题 │───────│                              │
└──────────────────┘         └──────────────────────────────┘
                              ┌──────────────────────────────┐
                              │    内容适合以何种频率更新      │
                              └──────────────────────────────┘
```

图 8-1 具备大局运营思维的内容运营人员需要思考的问题介绍

图 8-1 中的 3 个问题，看起来与单纯的文案编写这一过程没有太大关系，其实不然。它们是文案编写者在编写前和整个编写过程中要思考的，甚至写好之后也是需要仔细斟酌的。只有这样，内容运营这一体系才能盘活。换句话说，它们是培养和具备

全局运营思维的必要条件。

此外，我们这里谈到的大局思维，还需要运营人员具备全面思考、注重细节和考虑长远等方面的素质。

002 需要具备好的文案能力

上文已经从整体和全局上对内容运营人员的能力进行了介绍，接下来从局部出发，谈一谈内容运营人员需要具备的一项基本能力。当然，这也是内容这一大的运营体系中，保证每一个创作佳绩的单点内容能够顺利完成的支撑，因此，运营者有必要格外加以注意。

说起文案能力，也许有些人会认为：这有什么好说的，不就是文笔好吗？答案真的是这样吗？其实，内容运营中的文案编写，目的在于写的文案的质量能满足运营的要求，具体表现如图 8-2 所示。

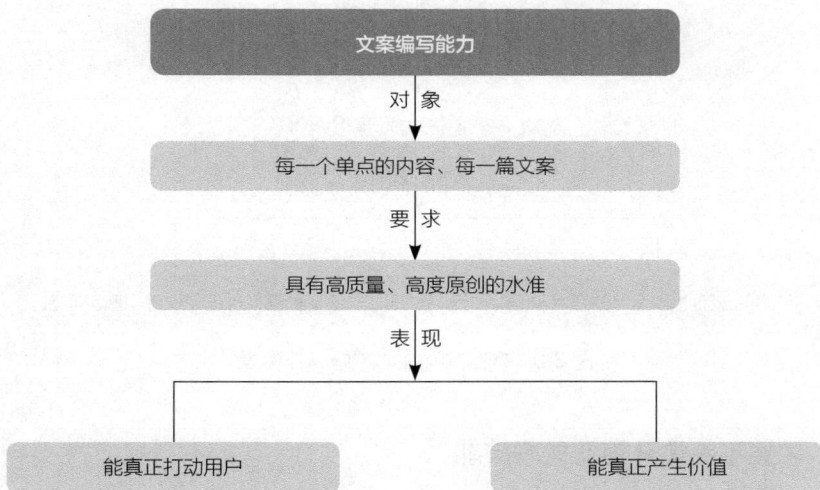

图 8-2　内容运营中的文案编写能力要求理解

可见，文案编写必须与内容运营的整个过程结合起来，因而好的文案编写能力也就变得不那么简单了——需要根据运营效果来衡量。这就需要我们在编写文案时不能只为写而写，否则即使是再优美、再华丽的文案，也只能弃置一旁。即使被采用了，效果也一定不会让人满意。

那么，针对运营而创作的文案，究竟要"好"在哪里呢？具体如图 8-3 所示。

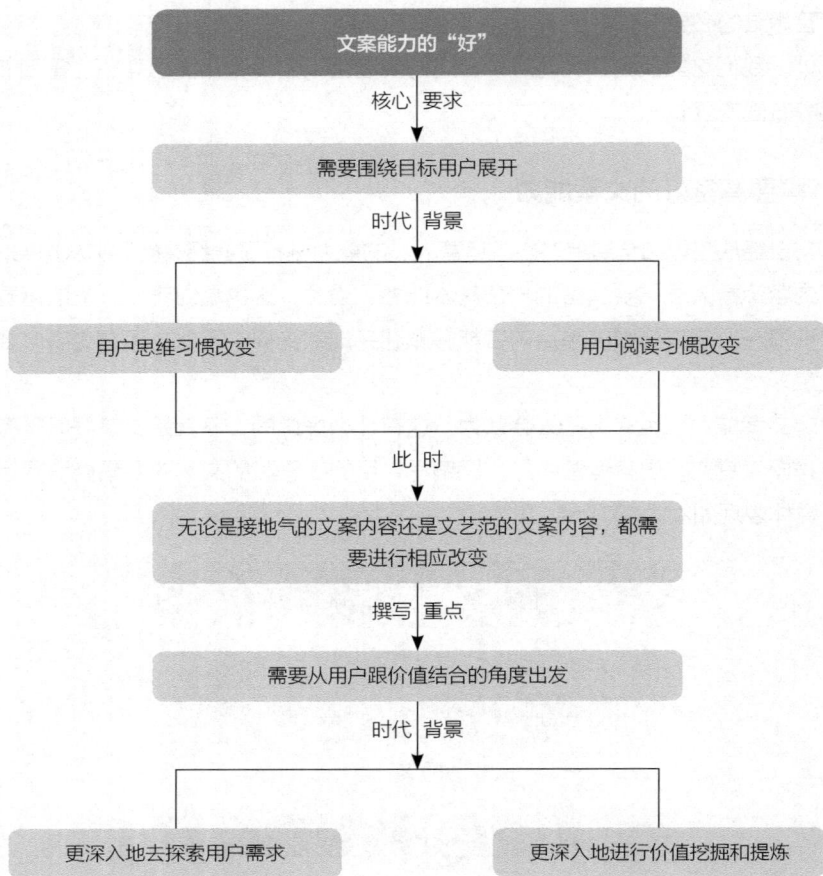

图 8-3　好的文案能力"好"在哪里

003　需要不断提升辅助关联技能

无论是大局运营思维，还是好的文案能力，对于内容运营人员来说，都是必须具备的。而除了这两种必须具备的能力外，运营者还需要掌握其他一些与内容运营相关的辅助技能。

抛开内容运营概念不说，在一些人看来，运营人员针对的就是运营。在他们的字典里，运营是完全与其他技能无关的。而作为一个专业的、真正的运营人员，除了运营方面要精、深外，还需要广博的知识和技能，内容运营人员更是如此。究其原因，这主要是由对运营人员自身的要求和内容运营的价值运作原理决定的。

一方面，我们需要获得社会认可，创造自身价值，这需要掌握相应技能。从基本的物质生活需求看，要想做好工作和获得更多报酬，掌握更多的辅助技能是一个重要因素。另一方面，从内容运营的运作原理看，包括两个方面的内容，即内容匹配运营和体系关系运营，具体分析如图8-4所示。

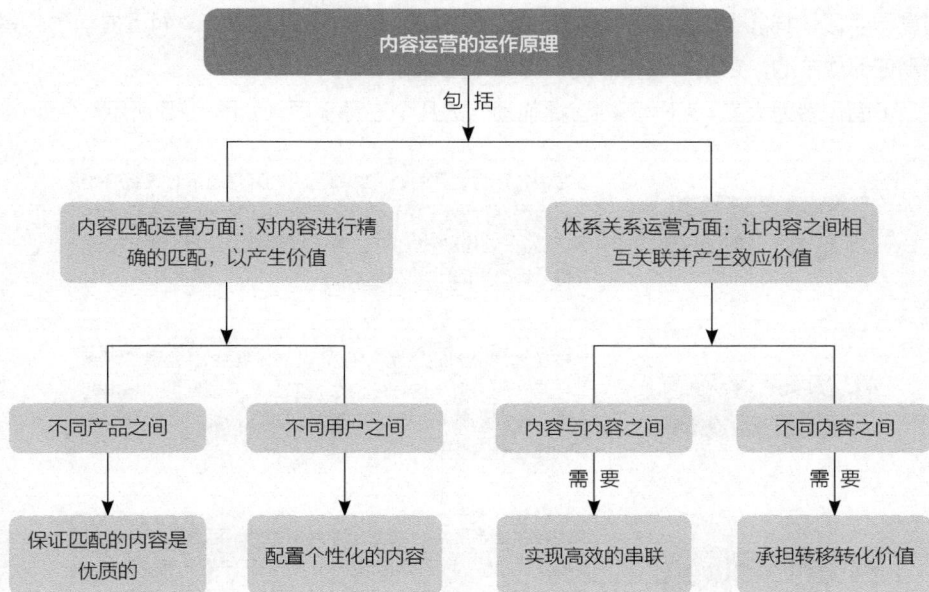

图 8-4　内容运营的运作原理解析

综上所述，我们在做新媒体、电商等方面的运营时，就必须干一行，专一行，对涉及工作的各种辅助技能都能掌握在手。只有这样，工作起来才能得心应手。如照片后期处理功能、各种软件和平台的功能探索等，都是我们在内容运营中需要掌握的辅助关联技能，而不能仅仅把内容运营定位在"重复搬运信息—对内容进行排版—按时推送"上。

当然，在此提到的辅助关联技能，也并不是统一的，不同的公司、不同的行业，都是有着不同的定性的。我们应该在内容运营的过程中一步步去实践，才能真正承担起一个运营者的工作。

8.2　利用好时间推送运营内容

在内容运营中，寻找和选择合适的人，让其在大局运营思维的指导下，运用好的文案能力，在辅助关联技能的支撑下，打造好的运营内容。这些都是平台推送的基础。接下来就是怎样做好内容推送的时间安排了。具体说来，可从以下3个方面进行：

004　内容预告：让用户产生期待

对于好的内容，内容运营者一定要提前对内容进行预告。这就像每部电影上映前的宣传手段一样，通过提前预告的方式让用户对内容有一定的期待。而且提前预告是不需任何成本的，它是非常有效的一种推广运营方式。

下面作者为大家介绍一下内容提前预告的几个注意事项，如图 8-5 所示。

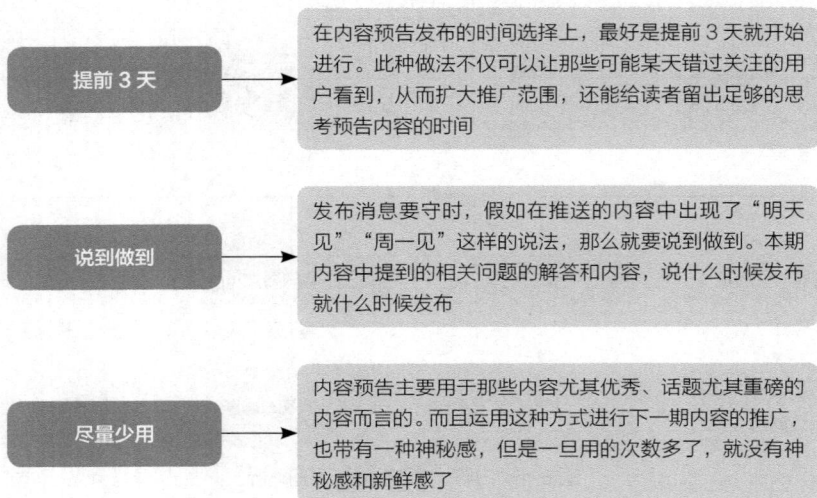

提前 3 天	在内容预告发布的时间选择上，最好是提前 3 天就开始进行。此种做法不仅可以让那些可能某天错过关注的用户看到，从而扩大推广范围，还能给读者留出足够的思考预告内容的时间
说到做到	发布消息要守时，假如在推送的内容中出现了"明天见""周一见"这样的说法，那么就要说到做到。本期内容中提到的相关问题的解答和内容，说什么时候发布就什么时候发布
尽量少用	内容预告主要用于那些内容尤其优秀、话题尤其重磅的内容而言。而且运用这种方式进行下一期内容的推广，也带有一种神秘感，但是一旦用的次数多了，就没有神秘感和新鲜感了

图 8-5　内容提前预告的注意事项

005　3 大时间区间：创造最高阅读率

编辑运营内容之后，商家面临的下一个难题就是把握信息发送的时间：在什么时候发送信息比较合适？哪个时间点的阅读率最高？

众所周知，用户在收取信息的时候，会有这样一个规则，就是在后面发送的信息会在之前发的内容的前面。也就是说在订阅号中内容的显示顺序和信息发送时间是反着的，即谁最后更新，谁就排在最上面。因此，选择合适的发送时间对于运营者来说，是非常重要的一件事。

那么推送的具体时间怎么定呢？笔者总结出了几个最适合运营者推送信息的时间段，如图 8-6 所示。

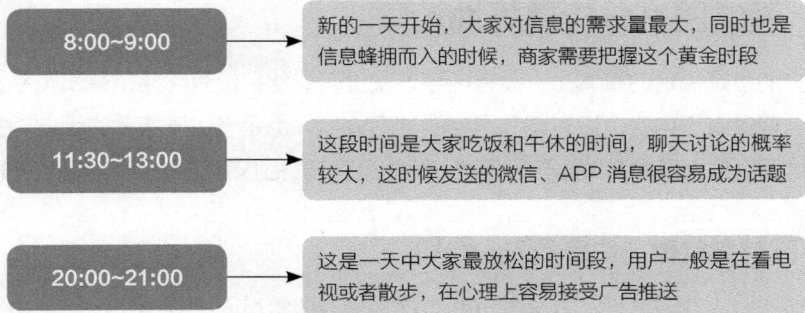

图 8-6　最适合运营者推送信息的时间段

006　准时推送：无须再等待和查询

在了解了最佳的信息推送时间后，运营者首先要做的是选择一个时间点固定、准时地推送信息，这样可以方便读者准时点击阅读，而不需要时刻去查看该平台账号是否推送了信息，从而形成读者的阅读习惯，有利于保持粉丝的关注度并增强用户黏性。

图 8-7 为"手机摄影构图大全"微信公众号的推文信息。

图 8-7　"手机摄影构图大全"微信公众号的推文信息

从图 8-7 显示的时间来看，选择的推送内容的时间为 12:10 左右，也就是 11:30~13:00 这一时间段。而具体的推送内容时间每天差别不大，基本上实现了准时推送，能让用户注意到你是固定在这一时间段推送的，从而会安排时间去关注，避免出现用户想关注新的内容信息而需要不时去查看导致最终失望的情况。

8.3 通过图文分析更好地运营

图文消息是平台的根本——没有内容，就没有粉丝；没有粉丝，就没有平台账号的运营，但是有了内容，没有图文内容的数据分析，也是无济于事的。因此，各平台后台为运营者推出了图文数据分析模块，帮助运营者对图文消息进行科学系统的分析。

007 推荐量分析：让更多的人看到

可能有些人会注意到，打开浏览器，就会看到搜索页面中列出了一系列的推荐阅读内容。对这些推荐内容的发送平台而言，你就是它们推荐量的其中之一，而且，这些被推荐的内容，在不同用户的手机浏览器页面上有不同的显示，一般与用户的浏览和阅读习惯以及添加的关注频道有关，如图 8-8 所示。

图 8-8 浏览器推荐内容页面和"我的频道"页面

其实，一看到推荐量，一般的运营者都会想到今日头条、一点资讯等平台。图 8-9 为平台原创文章管理页面和内容分析页面的推荐量呈现。

推荐量是这些平台根据文章内容，把它们推荐给对相应方面内容有需求的读者的一项指标。简单说来，就是平台通过机器，让你的文章题目能被多少读者看到。

在这些平台上，说到影响文章阅读的数据，推荐量是首先应该提及的。因为只有具备了高的推荐量，阅读量才有可能是高的。由此可见，拥有高推荐量是获得高阅读量的必要条件。

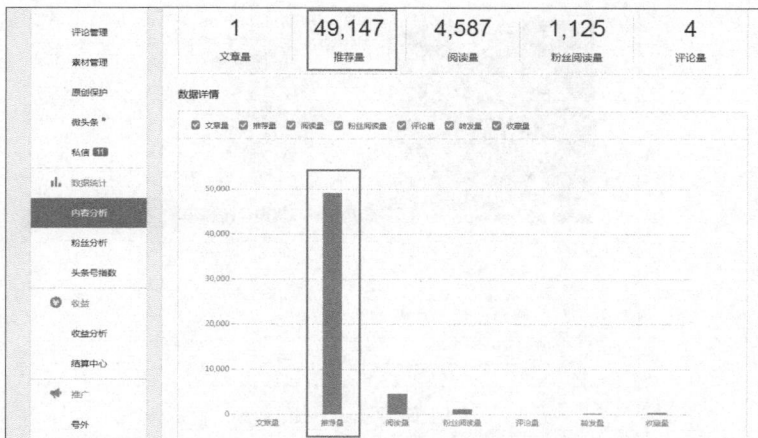

（1）"今日头条"平台

（2）"一点资讯"平台

图 8-9　平台原创文章管理页面和内容分析页面的推荐量呈现

但要记住，高推荐量与高阅读量之间是"必要非充分"的关系。也就是说，并不是推荐量高，阅读量也就高。在这里还有一个从推荐到打开的转化——只有当你的文章题目足够吸引人时，才能在有高的推荐量的情况下获得高的阅读量。

008　阅读数分析：让更多的人点击

在众多平台上，它们所呈现和提供的数据的种类是不同的。图 8-10 为微信公众号和今日头条平台的数据呈现。从图中可以看出，内容的阅读数据是这两个平台都具有的数据。其实，在其他平台也是如此，阅读数据是作为一篇图文的最基本的数据而存在的。

更重要的是，在一些平台上，阅读数据所呈现的内容还远不止这些，它还能反映各平台阅读数内部的一些问题，如读者阅读的渠道来源和深度等。就如上面提及的今日头条平台的阅读数包括应用内阅读和应用外阅读，就包含渠道来源的含义在内；而微信公众号平台的阅读数据包括图文页阅读和原文页阅读，则有着读者阅读深度的含义在内。关于它们的具体含义，如图 8-11 所示。

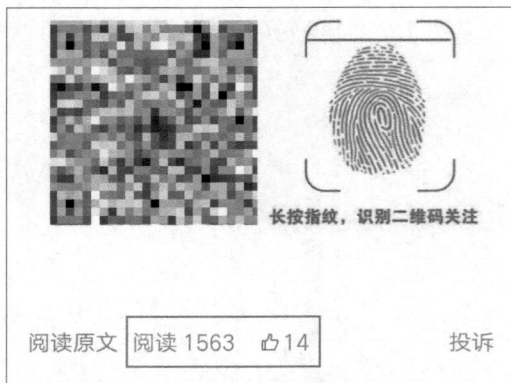

（1）微信公众平台

（2）今日头条

图 8-10　微信公众号和"今日头条"平台的各项数据呈现

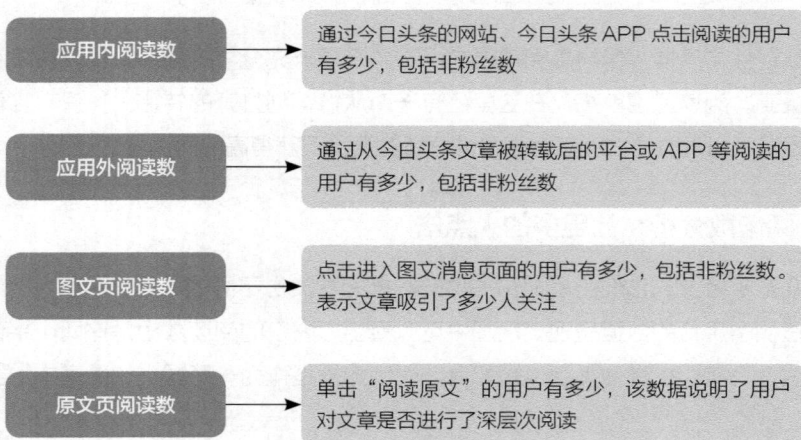

应用内阅读数	通过今日头条的网站、今日头条 APP 点击阅读的用户有多少，包括非粉丝数
应用外阅读数	通过从今日头条文章被转载后的平台或 APP 等阅读的用户有多少，包括非粉丝数
图文页阅读数	点击进入图文消息页面的用户有多少，包括非粉丝数。表示文章吸引了多少人关注
原文页阅读数	单击"阅读原文"的用户有多少，该数据说明了用户对文章是否进行了深层次阅读

图 8-11　各项阅读数举例解读

009　点赞数分析：让更多的人认同

在图 8-10 中，可以很明显地看到阅读数和点赞数这两个图文数据，其中的"点赞" 👍，顾名思义，就是读者们给你点了多少个赞。与阅读数不同，点赞数更能反映平台文章的质量和价值，它是粉丝们在阅读完文章之后，对其产生认同感的体现。

其实，点赞数不仅在平台文章中存在，它还存在于其他场景中。如文章后的评论，如图 8-12 所示；又如朋友圈中转发文章的点赞，如图 8-13 所示。

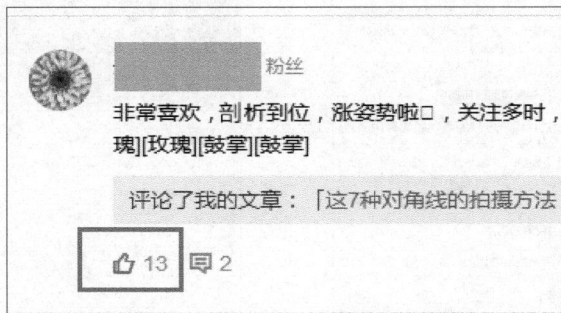

图 8-12　文章评论的点赞数

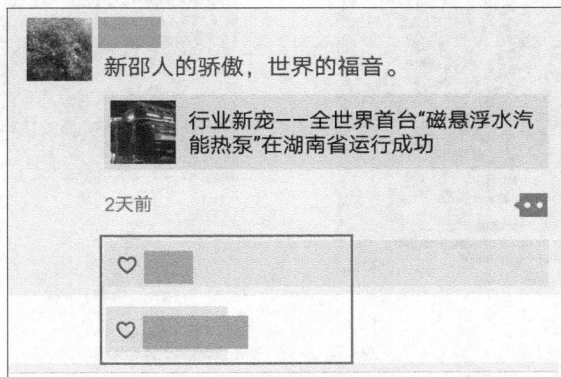

图 8-13　朋友圈中的点赞数

无论是平台上对文章的点赞，还是文章后的评论点赞，抑或是朋友圈中转发点赞，都是对文章内容的肯定。只有读者心中信服了、认可了，他才有可能给你点赞。因此，运营者可以从各种渠道的点赞数来分析文章标题的吸引力和内容的含金量。

010　分享量分析：让扩散范围更大

读者在阅读时，除了自身感受知识的魅力外，有时还会把自己认为好的文章分享给其他人阅读，这就是如今网络世界中分享的含义和运营者可利用的价值所在，如一些 APP 的内容平台、电商平台，都提倡分享，如图 8-14 所示。

（1）"今日头条"分享

（2）"手机淘宝"分享

图 8-14　各平台的信息分享

对于这些平台而言，分享量的大小可体现以下三个方面的内容：

（1）内容以及内容产品获得分享，原因是其价值和利益驱动或是因为质量足够好，如 8-14（1）所示；或是因为能获得某种利益，如图 8-14（2）所示。用户总是会基于某一方面的原因而把关注的信息内容通过各种渠道分享给他人知晓。

（2）这些被分享的信息送达的"他人"，对于那些主动分享的人而言，认为他们是需要这些信息的，能提供给他们需要的有价值的内容。而这些人就是平台一直在寻找的目标客户，通过这种途径所获得的目标客户，明显更便捷、更具黏性。

（3）正是因为上面提及的分享给众多渠道的其他人，意味着有更多的人能看到这一信息。此时，分享量越大，内容扩散的范围也就越大，能获得的用户或粉丝数也就越多。

综上所述，对各平台内容的分享量进行分析，不仅可以更好地了解文章内容的优劣，还能在有效策略的指导下免费、便捷、多途径地吸引到优质用户和粉丝。因此，对于运营者来说，图文分享量的分析是一个非常重要的方面，值得关注。

011 收藏量分析：被更多的人需求

说到收藏，小孩子会想到喜爱的玩具、糖果等，学生会想到一本好的书籍、美好的成长回忆，消费者会想到需要的商品、满满的"收藏夹"，古玩爱好者们当然是古董、字画了……如此种种，每个人都会想到要收藏，也会产生收藏行为。而那些被收藏的无一不是自己认为珍贵的、好的、值得的东西。

从这一点出发，我们在内容运营方面，如果能让读者情不自禁地产生收藏行为，认为这篇内容值得收藏和慢慢研读，或是这个技巧可能以后会用到，那就代表着这一次运营是成功的。在收藏行为产生的情况下，其所产生的效果在运营方面的成功并不仅仅是局限于这一篇文章，而是有着更大程度的影响的，具体分析如图8-15所示。

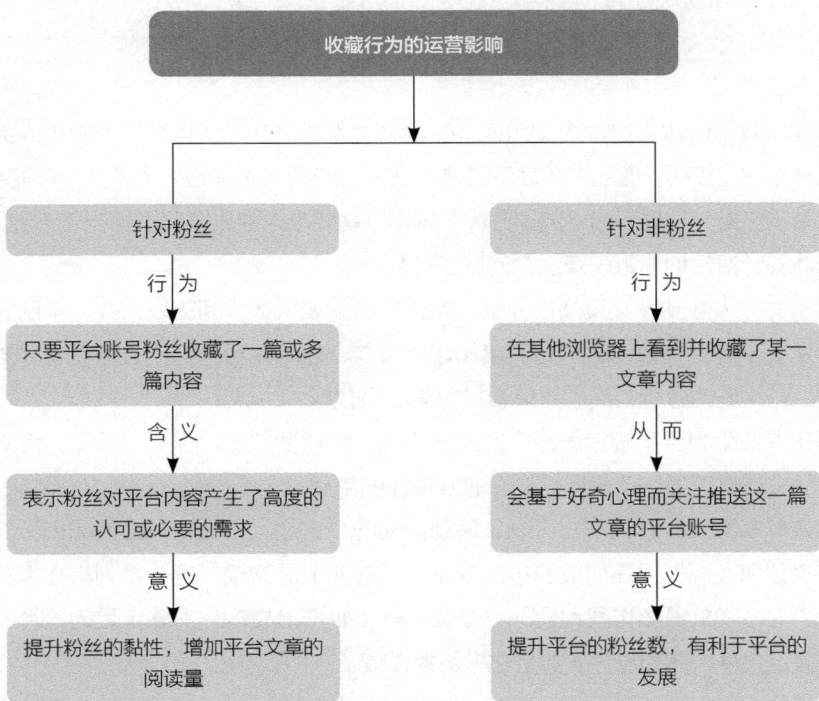

图8-15　内容运营中收藏行为产生的影响分析

因此，内容运营者对收藏进行分析，不仅可以确定忠诚度高的粉丝，进而对其进行有针对性的重点运营，有利于平台产品的推广和营销，还可以循着收藏行为的轨迹，有效地发展粉丝。另外，从内容运营方面来看，既然读者收藏了该文章，那就表示他们对于这一方面或这一类型的文章是有需要的，是有着极大兴趣的，因此，可以组织策划相关的专题，更好地满足内容需求。

012 单篇图文分析：窥探文章的秘密

由于"单篇图文"仅能统计 7 天内的图文数据，因此运营者在自定义时间的时候，所选日期跨度不能超过 6 天，否则就无法进行查看。下面以微信公众号为例分析单篇图文数据。

在"单篇图文"数据统计页面中可以看到以下几部分内容，如图 8-16 所示：

文章标题	时间	送达人数 ⇕	图文阅读人数 ⇕	分享人数 ⇕	操作
如何用最简单的手机，拍出不简单的照片？是2...	2017-12-28	26249	1847	42	数据概况 ▾ 详情
手机拍大片，6种构图体现你摄影功力的深与浅...	2017-12-26	26196	1847	64	数据概况 ▾ 详情

图 8-16 "单篇图文"数据统计内容

其实，除了送达人数、图文阅读人数、分享人数之外，还有原文页阅读人数和转发人数等数据。其中，送达人数表示的是公众平台的图文消息到达了多少用户的手中。运营者单击"操作"栏下的"数据概况"按钮，就能进入数据概况页面，在该界面中，运营者能够针对性地对每一篇图文消息进行数据分析。

而从送达人数到图文页阅读人数，到原文页阅读人数，到转发人数，再到收藏人数，体现出来的传播效率和传播深度是越来越广、越来越深的，因此运营者要对这几项数据进行系统的分析，而不是只看其中某一项数据。

运营者如果想要了解单篇图文的图文详情，就需要单击"详情"按钮，进入单篇图文的图文详情页面，了解图文信息的各项详细数据。

就如单篇图文的转化率，可以了解到图文的"送达""公众号会话阅读""从公众号分享到朋友圈""在朋友圈再次分享""在朋友圈阅读"等一系列转化率数据。图 8-17 为"手机摄影构图大全"的文章——《要拍出立体空间感十足的照片？关键你得掌握这几种构图姿势！》的转化率数据详情。

在转化率数据详情图下面，还有"图文页阅读次数" "图文页阅读人数"的趋势图。运营者可以根据趋势图，更加直观地分析在不同的渠道里这两个数据的总体趋势。

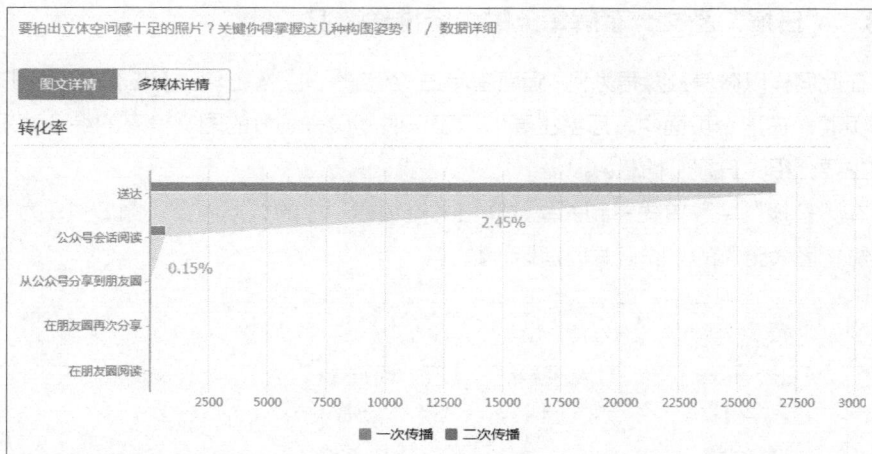

图 8-17　转化率数据详情

在趋势图下面，是单篇图文的用户分布图，包括两部分：性别分布和机型分布，如图 8-18 所示。

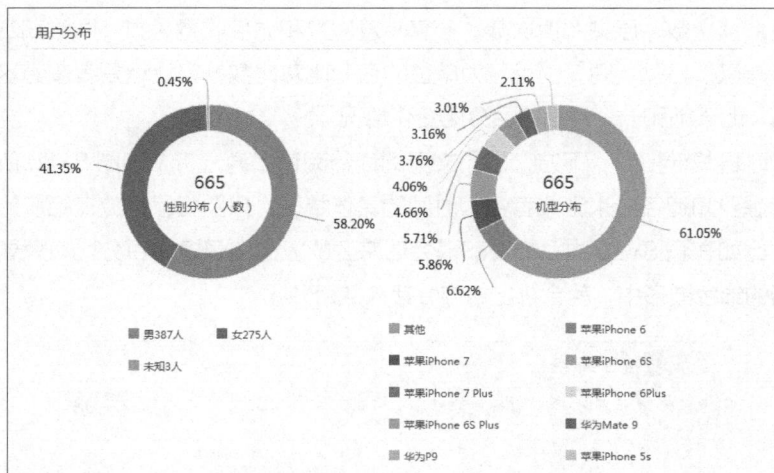

图 8-18　用户分布情况

从图 8-18 可以看出，男性用户要大于女性用户，但是比例相差不是太大。再回顾前面的文章标题——《要拍出立体空间感十足的照片？关键你得掌握这几种构图姿势！》，可以发现男性用户大于女性用户也在情理之中，因为对摄影这一技术感兴趣的人群中男性用户的比例应该要比女性用户高一点。

013 "日报"图文：了解每天的内容推送情况

在此同样以微信公众号为例，运营者单击"全部图文"按钮，就能进入"全部图文"分析页面。在这个页面中，后台主要展示了以时间段来划分的图文信息的综合情况，本节主要介绍"日报"信息。

在"日报"中，首先看到的是"昨日关键指标"中的数据内容。图 8-19 为"手机摄影构图大全"的"昨日关键指标"数据。

图 8-19 "昨日关键指标"数据

从该关键指标可以看出"手机摄影构图大全"昨日的图文信息中的相关数据，包括图文页阅读次数、原文阅读次数、分享转发次数和微信收藏人数。同时在各指标的下面，还有以"日""周""月"为单位的百分比对比数据，让运营者知道这些数据与一天前、七天前和一个月前的百分比变化情况。

在"昨日关键指标"下方，是图文页阅读的阅读来源分析，如图 8-20 所示。如果运营者想要知道各个来源或者各个时间的具体数据，只要将鼠标放在相应的地方就能知道。比如在图 8-20 中，想要知道会话来源的人数占了多少百分比，只要将鼠标放在会话的绿色图形中，就会跳出相应会话人数百分比。

图 8-20 图文页阅读的阅读来源分析

运营者可以了解"最近 7 天""最近 15 天""最近 30 天"的相关数据,或者自定义时间。如果运营者想要和某个时间的数据进行对比,单击右上角的"按时间对比"按钮即可。

在"图文页阅读"下面,能够看到各类渠道的"图文页阅读人数"和"图文页阅读次数"的趋势图,包括全部渠道、公众号会话、好友转发、朋友圈、历史消息和其他,如图 8-21 所示。

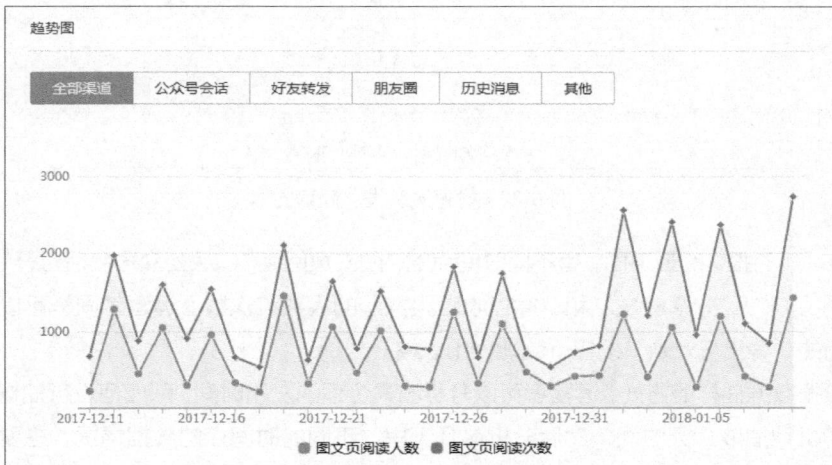

图 8-21　渠道趋势图

在"日报"的最下面,是一个数据表格,通过这个表格,运营者能够了解到不同日期的"图文页阅读""从公众号会话打开""从朋友圈打开""分享转发"和"微信收藏人数"的人数和次数。同时,运营者单击右上角的"导出 Excel"按钮,就能导出表格。

014　"小时报"图文:找到最合适的推送时间点

在此与上一小节一样,也以微信公众号为例来进行分析。图文的"小时报"是为了让运营者了解每个小时的图文页阅读人数和次数的。单击"小时报"按钮,就能进入小时报页面,首先看到的是图文页阅读的阅读来源分析,其中包含的参数类型与图8-21 相同,只是"小时报"的各项参数表示的是每小时的阅读来源数据。

在图文页阅读的阅读来源分析后面,和"日报"一样,是各个渠道"图文页阅读"的人数和次数的趋势图。运营者可以查看"全部渠道"的图文阅读人数和次数趋势图,也可以查看"公众号会话""好友转发""朋友圈""历史消息"和"其他"渠道的图文阅读人数和次数的趋势图。图 8-22 所示为"好友转发"的趋势图。

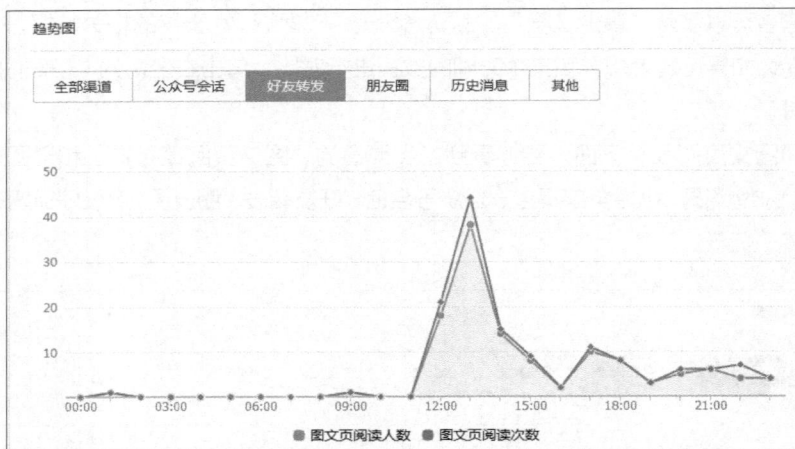

图 8-22　"好友转发"趋势图

在"小时报"的最下面，有不同时间点的"图文页阅读""从公众号会话打开""从朋友圈打开""分享转发"和"微信收藏人数"的人数和次数。运营者同样可以单击右上角的"导出 Excel"按钮，就能导出表格。

根据数据抽样的方式，运营者可以分析出最合适的发布时间。那如何进行抽样呢？就是随机地抽取几天时间，然后分析这几天里，不同的时间点的数据情况，主要分析用户阅读次数和收藏次数等数据。抽样可以多抽几组，能够避免特殊情况出现导致的结果不准确。

第 9 章

渠道开启：
练好运营的基本功

学
前
提
示

练好基本功，对于渠道运营来说，还是很有必要的。这是渠道运营工作得以顺利开展的先决条件。

本章从渠道运营的概况、运营的具体工作、运营三大阶段和运营人员选择等 4 个方面出发，一步步为你解读应该怎样开启渠道运营。

要点展示

- ≫ 基本功一：负责诠释运营概况
- ≫ 基本功二：负责运营具体工作
- ≫ 基本功三：负责运营阶段
- ≫ 基本功四：负责人员选择

9.1 基本功一：负责诠释运营概况

对运营来说，就是一个"知而后行"，而后又"行而后知"的过程。所谓"知而后行"，说的是只有对要做的事有了一定的了解和准备，才能更好地去做好这件事；而"行而后知"，说的是只有真正去做了这件事，才能更深刻地理解所做之事。

可见，想要做好渠道运营，首先就应该了解渠道运营的概况。本节就从这一角度出发，带领读者了解运营者需要了解的渠道运营基础知识。

001 渠道运营：架通产品从媒体到用户的通路

关于"渠道"的理解，可以追溯到传统商业领域内，即商品营销路线，也就是如今人们所说的分销渠道。而随着社会的发展和互联网行业的兴起，渠道被赋予了新的含义。

对产品而言，它只有进行了分发、下载、获取以至于到达用户手中，才算是完成了它的价值使命。而所有沟通产品分发、下载、获取、到达用户等过程的流通，就是渠道。

从这一点出发，关于渠道运营的理解也就简单了。所谓"渠道运营"，就是指把所有沟通产品分发、下载、获取、到达用户等过程的流通流线铺好、铺开的工作。简单地说，就是把产品从媒体到用户的通路嫁接好的过程和工作。

做好了"通路式"的渠道运营工作，运营者想要获取的价值也就来了，如图 9-1 所示。

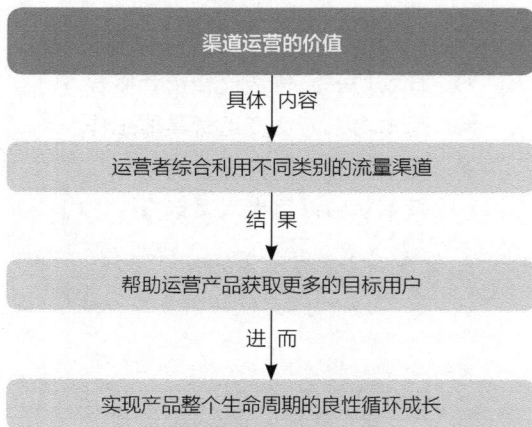

图 9-1 渠道运营的价值解读

002 3 大主流渠道：付费＋自媒体＋口碑

上面已经对渠道的含义进行了讲解，可能人们仍然会心存疑惑，想要从更具体、形象的层面理解渠道，从渠道的种类出发，一步步解开渠道之谜。一般来说，渠道运营主要是用于推广宣传的，从这一方面来说，可按照推广宣传的方式和形式的不同分为 3 类，具体如下：

1. 付费渠道

所谓付费渠道，就是需要花费一定的成本来进行宣传推广的渠道。具体说来，它主要包括 6 类，这些付费广告各有其优点，如图 9-2 所示。

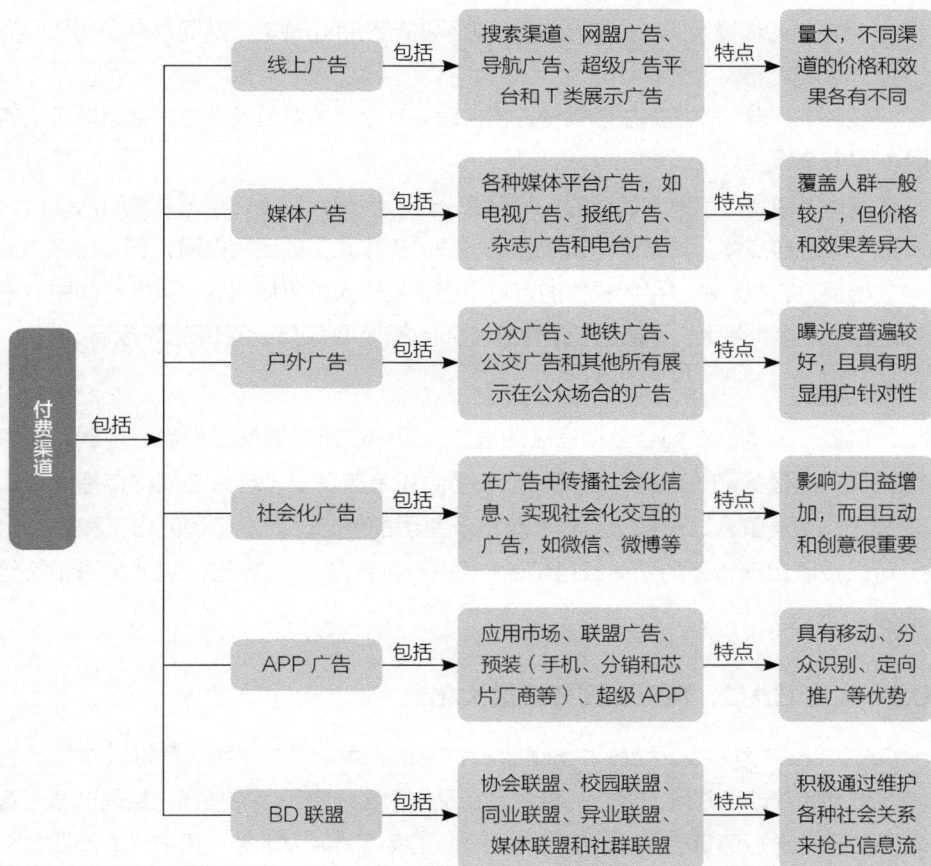

付费渠道	包括				特点	
		线上广告	包括	搜索渠道、网盟广告、导航广告、超级广告平台和 T 类展示广告	特点	量大，不同渠道的价格和效果各有不同
		媒体广告	包括	各种媒体平台广告，如电视广告、报纸广告、杂志广告和电台广告	特点	覆盖人群一般较广，但价格和效果差异大
		户外广告	包括	分众广告、地铁广告、公交广告和其他所有展示在公众场合的广告	特点	曝光度普遍较好，且具有明显用户针对性
		社会化广告	包括	在广告中传播社会化信息、实现社会化交互的广告，如微信、微博等	特点	影响力日益增加，而且互动和创意很重要
		APP 广告	包括	应用市场、联盟广告、预装（手机、分销和芯片厂商等）、超级 APP	特点	具有移动、分众识别、定向推广等优势
		BD 联盟	包括	协会联盟、校园联盟、同业联盟、异业联盟、媒体联盟和社群联盟	特点	积极通过维护各种社会关系来抢占信息流

图 9-2 付费渠道介绍

在付费渠道的运营中，运营者首先要考虑的是自身的经济实力与广告成本的问题，然后才能在一定的预算范围内选择最合适的渠道加以宣传推广。当然，付费渠道的选择既可专注于某一类别，也可综合选择性价比较高的多种渠道来运营，这样，可以在更广范围内、更深程度上来实现运营目标。

2. 自媒体渠道

自媒体，是一种新媒体形式，具体是指具有私人化和自主化特点的传播者向外传播信息的媒体类别。在这一概念中，要注意三个问题，具体如下：

- 自媒体的传播人群：主要包括两类，没有特定目标的多数人以及有特定目标的单个人。
- 自媒体的传播内容：一般内容种类比较杂，质量参差不齐，从而有了规范和不规范之分。
- 自媒体的传播手段：主要是随着互联网的产生而出现的，从而具有现代化、电子化的特征。

一般说来，自媒体渠道按照其特征和性质来划分，主要包括官方渠道、论坛渠道和社群渠道 3 大类。

自媒体渠道是目前非常普遍的一种运营选择。假如你想要在运营领域有所建树，就不能不考虑自媒体。如果说付费渠道是一种"贵族式"的运营渠道，那么自媒体恰好与之相反，它是一种"平民式"的运营渠道。任何人都可加入这一运营行列中，不管你的企业规模有多大，你能用于运营的资金有多少，都可选择它来进行运营。

3. 口碑渠道

"口碑"一词，在如今各种领域的推广、营销策略中屡屡被提到、用到，其泛指众人口头的颂扬和议论等。可见，口碑主要还是存在于人与人之间的传播中，从而形成了来源于群众、形成于共识和传颂于基层的特点。而从口碑的含义和特点出发，可以按照口碑传播的个体或组织的性质不同而分为名人渠道、媒体渠道和粉丝渠道等。

003 优化 CAC，真正实现量级最大化

CAC，全称为 Customer Acquisition Cost，意为"单个用户获取成本"。在传统互联网和移动互联网的推广环境中，它是一个会经常用到的指标，也是渠道运营中需要应用和进行测算的指标。它常与 LTV（Life Time Value，用户生命周期贡献值）和 PUR（Payment User Ratio，付费用户占活跃用户比例）一起使用，如图 9-3 所示。

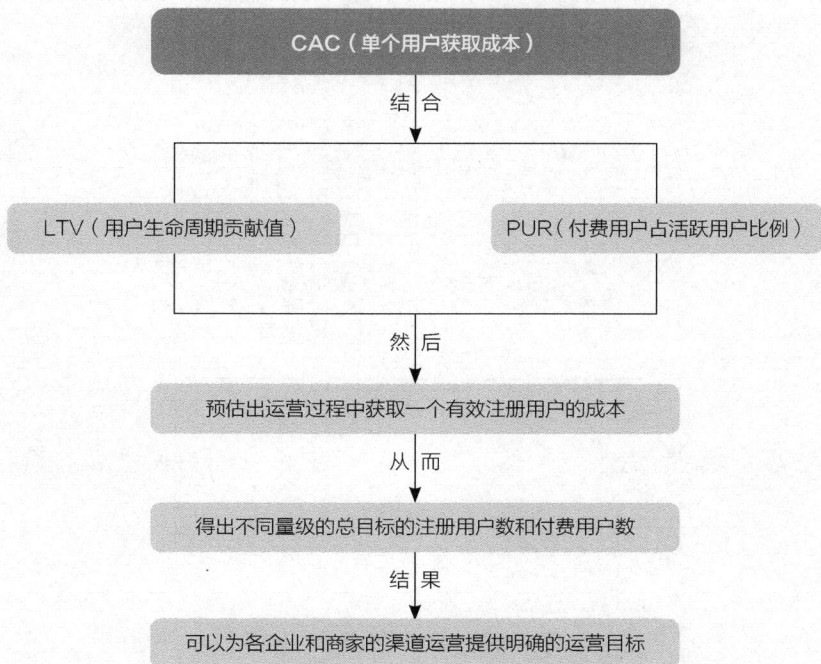

图 9-3　CAC（单个用户获取成本）解读

　　在渠道运营有了明确的目标之后，其后的关于各个分阶段目标的制定和渠道的选择就更是离不开 CAC 了。从某种程度上来说，渠道运营其实就是围绕 CAC 来开展的运营。

　　而这一运营过程的精髓就在于怎样让运营更加精细化——在保持整个运营的渠道体系低成本的情况下，不断对 CAC 进行优化，实现利用最少的成本获取更多流量的目标，最终做到量级最大化。

004　渠道运营目的：从当下到未来流量的增长

　　说到渠道运营的目的，我们就不得不提到流量了，它的最基本的目标就在于促进流量的增长。而渠道运营的流量的增长，不仅是当下的，它还能延续到未来，具体分析如下：

　　渠道运营的当下的流量增长这一目的，指的是运营者通过各种技巧和方法，让产品逐渐曝光，并获得足够多的曝光量。此时，自然而然地，流量也就增长了。可以说，这是渠道运营的第一层目的，也是最基础的目的。

　　而渠道运营的延续的流量增长这一目的，指的是在渠道完全打通的情况下的目的实现，具体分析如图 9-4 所示。

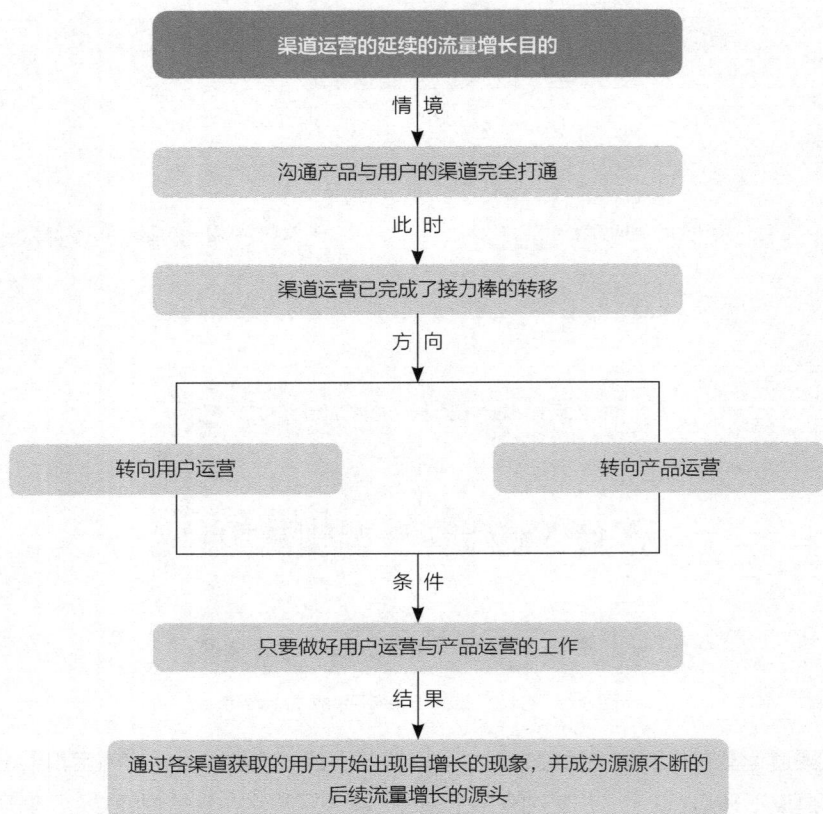

图 9-4　渠道运营的延续的流量增长目的

9.2　基本功二：负责运营具体工作

互联网在不断的发展和变化，因而平台账号的运营渠道也是在发生变化的。然而，不管渠道怎样变化，还是可以把它们分为两类，一是新渠道，二是现有渠道。因此，渠道运营的具体工作也可据此分为新渠道的推广和现有渠道的维护。

005　新渠道推广：从无到有、从少到多

对产品和品牌而言，只有拥有了足够多、足够畅通的渠道，才能在传统互联网和移动互联网环境中取得推广的胜利，而这种渠道都是从无到有、从少到多的，而这恰恰是新渠道推广的具体工作和结果，具体分析如图 9-5 所示。

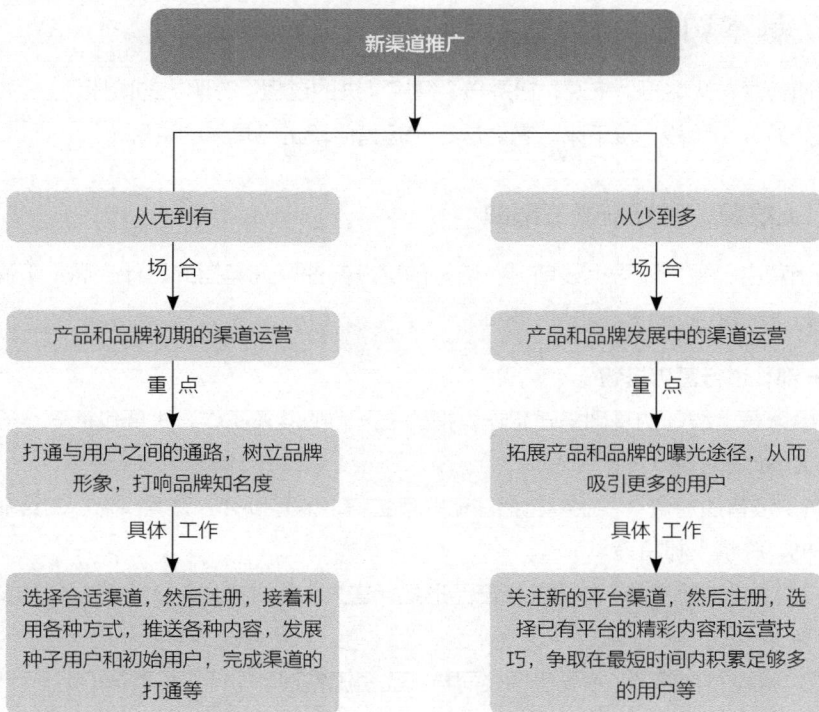

图 9-5　新渠道推广解读

006　现有渠道维护：实现流量的持续引导

与渠道推广不同，现有渠道的维护是一项长期的、日常的工作，不能无节奏地中断——按照日常的频率进行内容推送、用户分析和消息互动等。如果你是 5 天推送一次文章，那么就不能相隔 5 天以上去推送。

现有渠道的维护，其工作的重点就在于保证产品和品牌信息快速、准时达到用户手中，积极与用户互动，对平台账户的运营状况进行监督与分析，从而让渠道有序地继续引导流量或以更强劲的姿态引导流量。具体说来，现有渠道的维护，主要包括两个方面的工作，如图 9-6 所示。

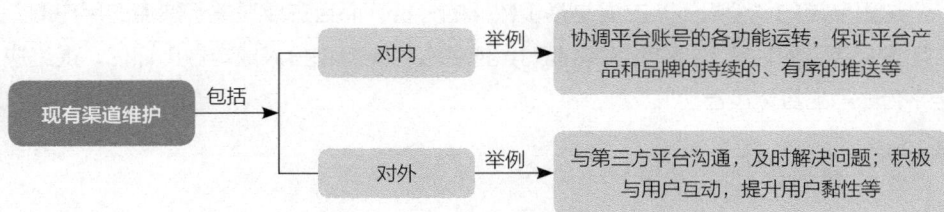

图 9-6　现有渠道维护解读

151

9.3 基本功三：负责运营阶段

渠道运营，从性质上来说，它是一个循序渐进的过程，有明显的阶段划分。在此，将其划分为 3 个阶段，接下来笔者对这 3 个运营阶段进行具体的讲解。

007 上线前：谱好前奏三部曲

在运营中，平台账号上线前，"谱好前奏三部曲"究竟指的是什么呢？下面将为大家进行详细解说：

1. 第一部：进行基础搭建

平台账号上线前的基础搭建工作，指的是所有的准备工作，主要包括 3 个方面的内容，具体如下：

（1）准备注册资料：主要包括注册账号名称、账号简介、账号头像、二维码、联系人手机、联系人邮箱等。

（2）准备注册产品：主要包括产品形象代言人名称、产品 icon、产品宣传文案、关键词等。

（3）准备推广资料：主要包括公司与产品资源整理、同行账号整理（用于互推）、相关编辑器账号注册与开通等。

除了上述所说，还有其他的众多基础搭建工作需要准备，如想要在账号开始运营期就获得好的效果，运营者可选择加一些相关的互联网交流群，这样，一方面可积累经验和开阔视野，另一方面也可以考虑在群内发展潜在的目标用户。而关于上线前的具体准备工作，大家可根据选择的注册平台的实际情况来进行准备。

2. 第二部：制定运营策略

在平台账号运营前，就制定相关的运营策略，才能有备无患，在运营过程中才能得心应手。那么，制定运营策略，需要从哪些方面着手呢？具体说来，也包括 3 个方面的内容，如图 9-7 所示。

3. 第三部：分析运营渠道

这里所说的"分析"，主要是基于数据的分析，而且主要是关于渠道的用户的，如用户来源、属性等，以便运营者能对渠道的吸粉能力和投入成本做出评估，最终决定平台账号的具体运营投入。

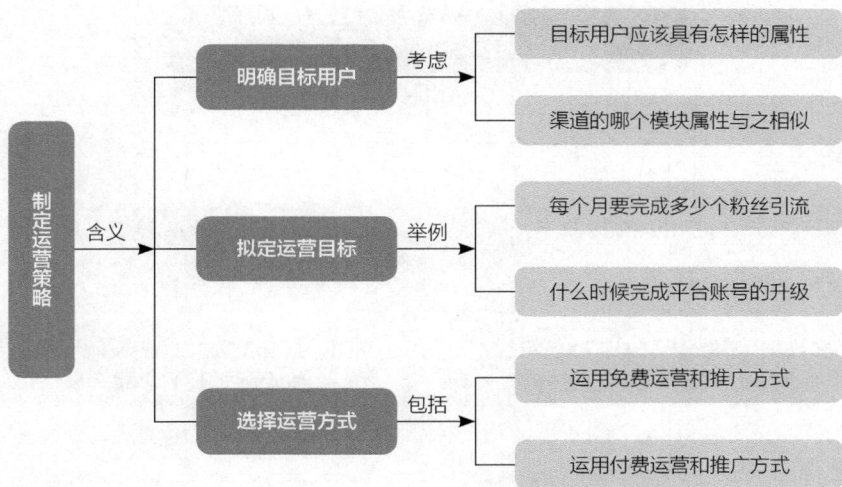

图 9-7　制定运营策略解读

008　上线中：审核过关与拓展

平台账号的上线，一是要保证审核过关，二是要积极与其他平台账号合作促进运营与推广。

在审核阶段，我们需要做的是从自身产品和竞争对手产品两个方面来考虑，具体分析如下：

- 自身产品：应该不断优化，并用与之匹配原创内容来进行包装和宣传。
- 竞争对手产品：应该积极借鉴竞争对手的产品功能和产品推广的策略。

在拓展阶段，与其他平台进行合作，对运营与推广来说，是非常有效的。这里所说的与其他平台的合作推广，也是包括自身平台和同行业平台的，具体分析如下：

- 自身平台：我们如果是同时选择了多个渠道进行推广，那么可以利用跨平台的方式来开展工作。
- 同行业平台：我们可以关注同行业的平台账号，寻找与之合作的机会。如果对方缺乏内容，那么就提供内容和要求署名，这样就能吸引粉丝，实现双赢。

009　上线后：素材与数据并行

在平台账号上线一段时间并产生了一定的流量后，接下来我们就应该重点着手进行关于怎样提升平台流量和粉丝的工作了。在这一阶段，我们不仅要在产品内容上下功夫，还应该同时关注平台账号的后台数据，利用数据分析更好地指导渠道运营，具体内容如图 9-8 所示。

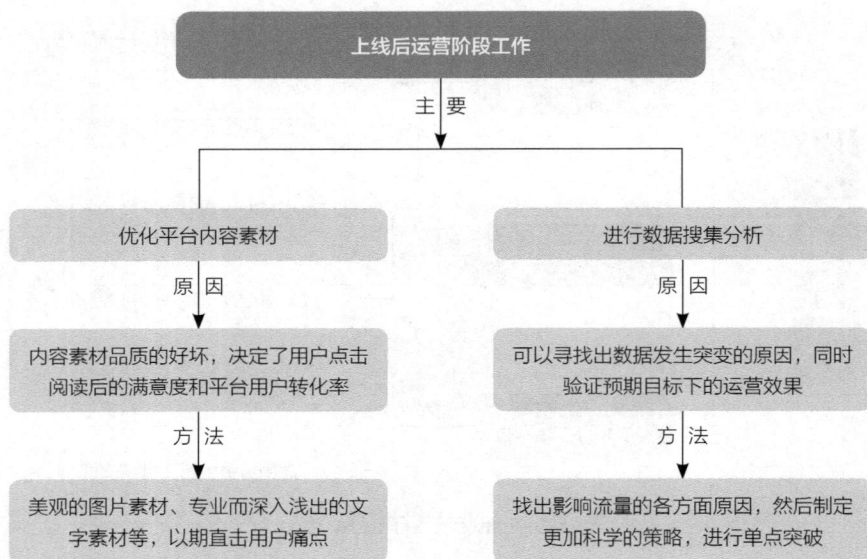

图 9-8　上线后运营阶段工作分析

9.4　基本功四：负责人员的选择

对运营这一领域，在人员选择上，更多的是重视内容运营方面——文案编写人员的选择。其实，渠道运营同样也是需要专业的人员来维持日常运营的。本节就来说说渠道运营人员应该具备的能力。

010　沟通协调能力强：打好关系，扩大推广效果

作为一个渠道运营人，其工作内容涉及公司各个部门的工作成果，如文案编辑、美工设计、程序设计等，这就决定了渠道运营人必须与这些部门打交道。而怎样进行协调沟通以及沟通协调结果的好坏，最终会影响整个渠道运营结果，进而影响公司的产品和品牌运营、推广效果。

因此，在选择渠道运营人员时，还必须考虑其是否具有较强的沟通协调能力，是否能很好地处理人际关系。只有沟通协调能力强，人际关系处理能力强，才能相互之间沟通顺畅，也才能保证网站正常运作和渠道正常运营，最终为产品和品牌的运营、推广提供流量源头。

011　精通网站策划：搭建好渠道运营的前端

策划能力是一个运营人员的基本能力之一，而在渠道运营方面，更重要的是网站策划能力，具体内容如图 9-9 所示。

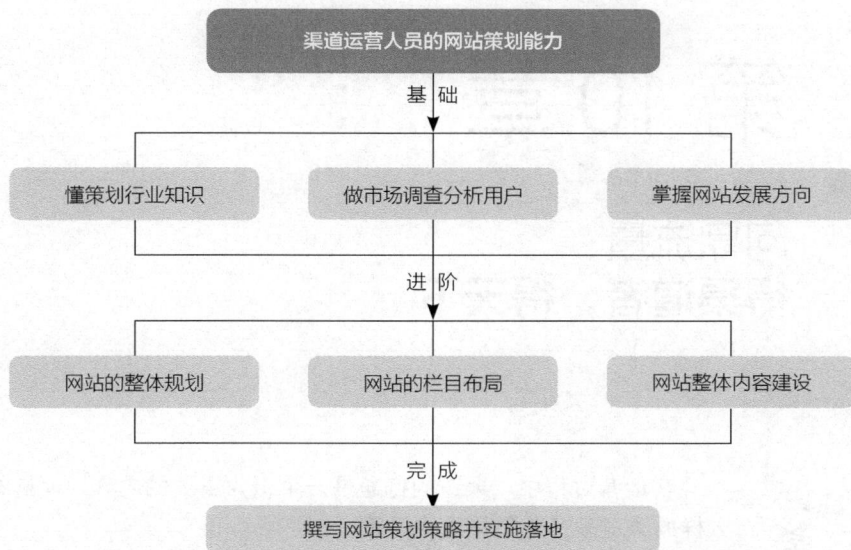

图 9-9 渠道运营人员的网站策划能力分析

012 熟悉市场运作：保障方向正确和运营畅通

要做好渠道运营，就不能不对产品和品牌市场非常熟悉，否则就会让运营的渠道偏离最初的产品运营目标。而市场，不仅是与渠道运营紧密相关的网站运营需要的，也是与营销不可分离的。因此，必须在渠道运营、网站和市场间，串联起一个畅通的运作流程，而这恰恰是需要懂营销的人员来完成的，如图 9-10 所示。

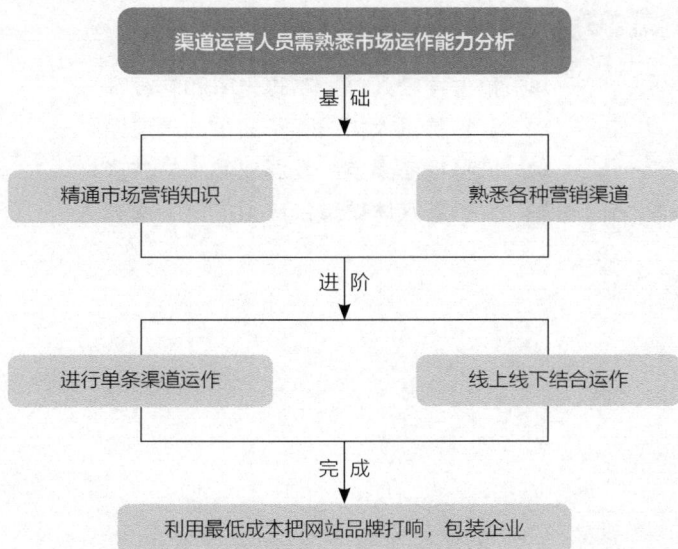

图 9-10 渠道运营人员需熟悉市场运作能力分析

第 10 章

问鼎流量：
得渠道者，得天下

学前提示

在运营过程中，渠道的打通是一个极为重要的内容，而选择什么样的渠道来打通更是重中之重。

本章从 4 大流量主体渠道出发，具体介绍它们在运营中的获得方式和推广技巧，为运营者迅速抢占有利运营渠道提供借鉴。

要点展示

>> 抢占搜索入口：高曝光率和转载率
>> 背靠腾讯大树：不可缺少的渠道助力
>> 借势电商渠道：发展成熟＋方式多样
>> 发力新媒体渠道：应用广泛＋潜力大

10.1 抢占搜索入口：高曝光率和转载率

在渠道运营中，关键词有着极为重要的作用，而且关键词搜索是网络搜索索引的主要方法之一。因此，巧妙地设置和布局关键词，能够使搜索排名更靠前，有利于提高曝光率和转载率，从而更好、更快地抢占搜索入口。

001 关键词：循着用户的思路去设置

在网络时代，我们经常搜索：遇到什么不懂的问题时搜索，想要寻找某一方面的信息时也会搜索……生活中的衣食住行等各个方面的问题，我们都可以通过搜索找到需要的答案。人人是用户，从用户的角度去思考和选择关键词，是设置关键词的主要思路，那么，我们可以从哪些方面着手呢？

1. 搜索习惯

用户的搜索习惯，从关键词的角度来说，就是用户在搜索引擎中搜索时使用的关键词组合形式。从用户角度来说，不同类型的产品，用户的搜索习惯会有一定的差异，而且用户使用不同的关键词进行搜索时，也会获得截然不同的搜索结果。

在此种情况下，如果你设置的关键词表达形式不符合用户的搜索习惯，那么运营的内容出现在搜索结果中的概率和排名就会大大降低，甚至有可能会被排除在外。

因此，我们在内容中进行关键词设置时，首先要做的是从用户的搜索习惯出发，找出用户使用的关键词形式。当然，这一技巧并不是到处都适用的，它需要根据产品、专题内容的不同而区别对待。

例如，要分析用户在寻找与"构图"有关的信息时的搜索习惯，可以输入"构图"进行搜索，如图 10-1 所示，然后分析出各项的搜索量，搜索量大的是比较符合用户搜索习惯的。

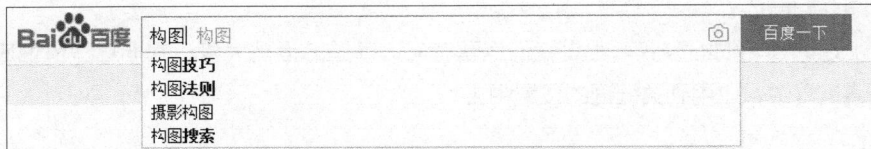

图 10-1 与"构图"相关的搜索

2. 浏览习惯

一般来说，在大部分情况下，我们浏览网页时，更多的是对页面信息的扫描阅读，而且这种扫描阅读还存在着一定的浏览轨迹——浏览者都不由自主地以"F"形的模式浏览网页，如图 10-2 所示。

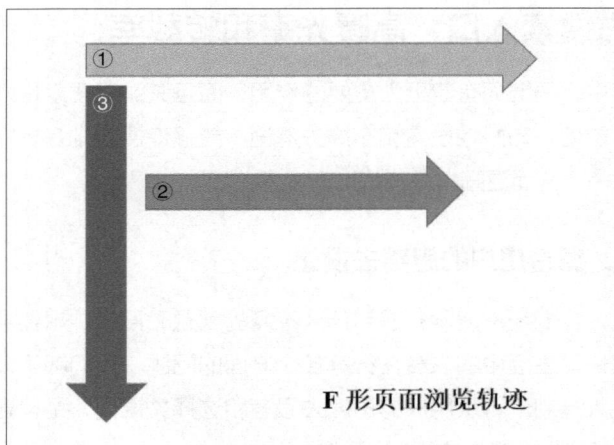

图 10-2　F 形页面浏览轨迹

①水平移动。用户会先把目光放在页面最上部，并完成顶部水平方向的浏览。

②短范围水平移动。然后用户会将目光向下移动，此时进行的仍然是水平方向上的浏览，只是浏览的区域在横向距离上比上一步短。

③垂直浏览。用户完成以上两步后，目光的浏览方向会发生变化，转向垂直，将会沿页面左侧垂直浏览。

在研究了大多数浏览者的浏览习惯后，运营内容的关键词就可以沿着该轨迹进行设置，这样可以成功地吸引用户的眼光。

3. 阅读习惯

当阅读的媒介和载体发生了变化时——从纸张到传统互联网再到移动互联网，毋庸置疑，人们的阅读习惯发生了变化。基于互联网的海量信息和人们注意力的分散，用户的阅读需求也向着精品内容方向发展。电子书籍也因为客户终端的多样化而成为人们阅读的首选。

上述阅读习惯的改变，也是我们运营者应该掌握的运营大势，并把它积极地应用到渠道运营中，应用到关键词的设置中去。

002　标题关键词：加大搜索精准度

总的来说，推送信息是渠道运营的主要目的，而要把企业、商家信息精准地传达给目标消费者，就有必要把与信息相关的关键词作为重点进行展示。其中，在内容标题中把关键词嵌入进去是一种比较有效的方法。

图 10-3 为一个名为"手机摄影构图大全"的微信公众平台的软文。

图 10-3 推送信息中包含关键词的平台信息

图 10-3 中标题为《7 种三分线构图，这下拍摄日落日出你要忙不赢了！》和《怎么样将墙壁的图拍平整？多用这两种构图！》的两篇文章，都分别在标题中嵌入了"构图"这一关键词。在加入辅助关键词的情况下，在其他媒体平台上进行搜索时，既可以让读者通过标题了解文章内容，又能精准地进行相关信息推送。即使改换了文章名称，也能精准地让用户快速、准确地搜索到。

003 标题词根：清晰展现内容并引流

在运营过程中，标题是一个需要精心设置的重点区域。一个设计得好的标题，不仅可以吸引用户注意，还能清晰展现内容，完成用户从搜索引擎到自身平台的转化。因而，实现标题的巧妙设计，可以在两个方面提升文章的关注度，具体内容如下：

- 从审美角度来看，标题在某一方面具有吸引读者的关注点，最终让读者产生共鸣的作用。
- 从搜索角度来看，如果标题抓住了某一关键点，在词汇曝光率上就能被搜索引擎轻易搜到。

我们重点从搜索角度分析一下软文标题的词语组成。众所周知，一个标题一般是由多个词语组成的，这些词语构成了文章的中心思想和主体内容。而从词汇构成上来说，词根是能表达词汇意义的主要组成部分，是具有实际意义的语素。可以说，在标题结构中，能承担词汇意义的词根辅以承担结构意义的词缀，它们共同构成了文章标题，即文章主旨，如图 10-4 所示。

图 10-4　"简书"自媒体平台的文章标题

图 10-4 所示的文章标题，在结构上就是由词根构成的，读者通过标题可以清楚地了解文章的主要内容。

另外，在平台账号的命名上，也同样要求含有确定的词根因素，特别是一些能够触及平台运营主要内容的词根，这是提升平台账号和文章搜索率的重要技巧。

例如，"手机摄影构图大全"这一公众号名称，主要是由"手机""摄影""构图"和"大全"4 个词组成，它们与平台内容紧密关联。读者在微信上搜索公众号时，只要涉及了这些词语中的一个或几个，就会很容易地搜索到该公众号，并最终完成搜索引擎到自身产品的渠道构建，形成流量自增长的渠道。

004　加入地域因素：让排名更靠前

一般来说，人总是生活在一定的地域范围内的。在信息选择机会较多的情况下，人们会对所处区域的信息更加感兴趣。这样的区域信息可以是常住地区的信息，也可以是短暂停留地方的信息，抑或是家乡或其他曾经去过的地方的信息。当他们看到这些信息时，都会有兴趣去了解一下。

因此，在自身产品到搜索入口的渠道构建中，可以有效地利用这一因素——无论是在平台名称的设置上，还是在文案内容标题的设置上，都可以把地域因素考虑进去，以提升其文章搜索率，并成功打通和拓宽自身产品到搜索入口的渠道。

图 10-5 为在名称中加入地域因素的微信公众平台搜索。

另外，在其他一些平台上，也可以看到一些在名称中加入了地域因素的推送信息。这些都是有效的让排名靠前、让关注度提升的渠道运营策略。

图 10-5　名称中含有地域因素的微信公众平台搜索

005　投放品牌专区：限制少的首屏展示

品牌专区，俗称"品专"，它是一种常见的广告形式，也是主流的搜索渠道推出的一种广告产品。不管是免费的还是付费的，企业和商家的运营者都可根据具体情况选择，人们比较熟悉的有百度品牌专区、360品牌专区。下面就以百度品牌专区为例进行具体介绍。

百度品牌专区，指的是人们在搜索某一信息时，显示在搜索结果首位的企业品牌信息。这种品牌信息推广形式具有鲜明的特点和价值，如表10-1所示。

表 10-1　百度品牌专区的特点和价值解读

方面	特点	价值
位置方面	超大黄金首屏展示	可以减少搜索的流失量
形式方面	包含了文字、图片、视频等多种广告形式	可以全方位推广品牌信息
信息方面	展示最为精华和直接的品牌内容	提供了非常便捷的销售通路
产品种类	包括PC品专、无线品专、NS品专、明星品专等	可以满足企业推广不同品牌、产品的需求

由表10-1可知，百度品牌专区这一渠道的推广效果无疑是不错的，只是在不错的推广效果上也需要不菲的推广费用。它一般是根据关键词的流量来收取费用的，因此，考虑百度品牌专区这一渠道的，一般是品牌知名度比较高且消费者的复购率（即

消费者的重复购买次数）也比较高的公司或企业。

在百度搜索平台上，关键词的流量并不是固定不变的，而是经常随着时间的变化而变化，从而使得百度的品牌专区投放报价也是浮动的。因此，企业和商家投放百度品牌专区时，可以选择在淡季申请品牌专区报价，并把签约时间适当延长，这样推广的费用可以大大减少。

当然，选择这一渠道，也是有着巨大的优势的，可以不受其他出价高的竞争品牌的关键词搜索率影响——因为它本身就是在自身品牌下的。另外，投放的关键词所受的限制比较少——它不限于品牌词，而是所有与品牌相关的词。

上面说了这么多，可能读者对百度品牌专区的认识还是比较抽象的，百闻不如一见，下面就以奥迪汽车品牌为例，展示一下其在百度品牌专区的设置和样式，如图10-6所示。

图 10-6 百度品牌专区的奥迪信息

百度品牌专区投放的样式是多种多样的，包括标准样式和高级样式，在这两种类别基础上又有不同的细分。图10-6为百度品牌专区投放的左侧视频样式中的一种，具体描述如下：

①标题描述区：对搜索结果首位的标题，用文字进行描述，将品牌特点和重要信息展示出来。

②左侧视频区：可以满足企业和商家推广视频的需求，同时可以对电视广告实现

完美的无缝集成。

③图片、文字链接区：这是对左侧视频内容的诠释，不同的视频有不同的文字、图片匹配。

④ Button 区域：位于搜索结果首位信息的底部，经常用于展示企业的多种产品和多种服务信息。

006 借势网盟广告：计费低 + 曝光量高

网盟也是一种常见的广告形式，与品牌专区一样，它也是主流搜索引擎的广告产品，如百度网盟、谷歌展示、搜狗联盟就是其中比较常用的推广产品。

借势网盟广告，归根结底，其实就是通过庞大的网站来抢占搜索入口，以便推广和宣传信息。其中，网民点击次数与推广费用相关，网盟就是根据点击的次数来赚取佣金。

> 💡 专家提醒
>
> CPC，全称为 Cost Per Click，意为"以每点击一次计费"，这是一种比较成熟的网络广告收费模式。其优点就在于广告主只为网民的点击行为付费，从而避免了网民只浏览不点击的风险。

网盟广告这一渠道推广方式，既有它的价值所在，又存在一定的缺陷，具体如图 10-7 所示。

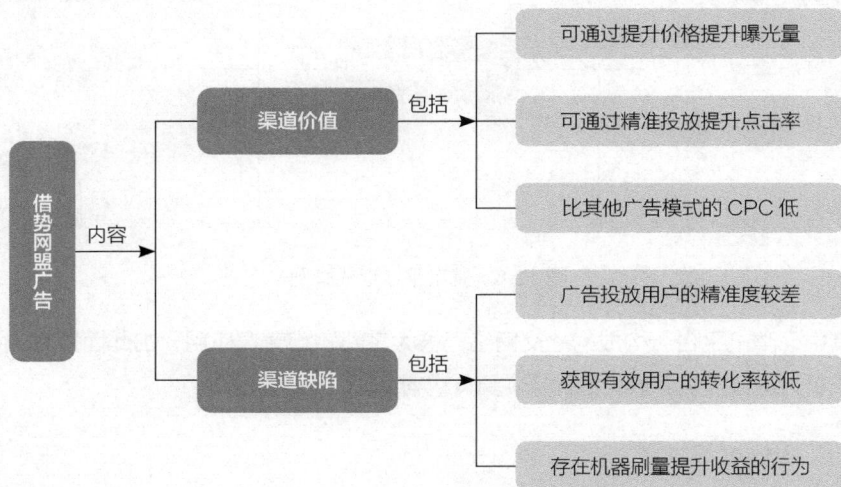

图 10-7 借势网盟广告的价值和缺陷

> **专家提醒**
>
> 　　广告主利用网盟广告来推广，是通过点击量来付费的，因而有些网站利用机器来刷点击量，以便从广告主那里获取更高的收益。
>
> 　　在这一缺陷的弥补上，谷歌有着更加明显的优势，它能识别恶意刷点击量的行为。如果谷歌广告主消耗的费用中，被识别出有恶意刷量造成的部分，那么这一部分的费用将会返回给广告主。

10.2　背靠腾讯大树：不可缺少的渠道助力

在各种运营渠道中，除了搜索引擎入口外，腾讯系列平台也是众多企业和商家乐于选择和拥护的渠道，特别是随着微信、微博等的发展，更是为渠道的拓宽提供了强大的助力。

007　腾讯社交渠道：清晰认识网络组成和优势

说到腾讯，我们接触较多的是腾讯 QQ、腾讯微信、腾讯微博等。其实，仔细地在脑海中搜索一遍，就能发现生活中有关于腾讯的相关平台还是很多的，部分腾讯平台举例如图 10-8 所示。

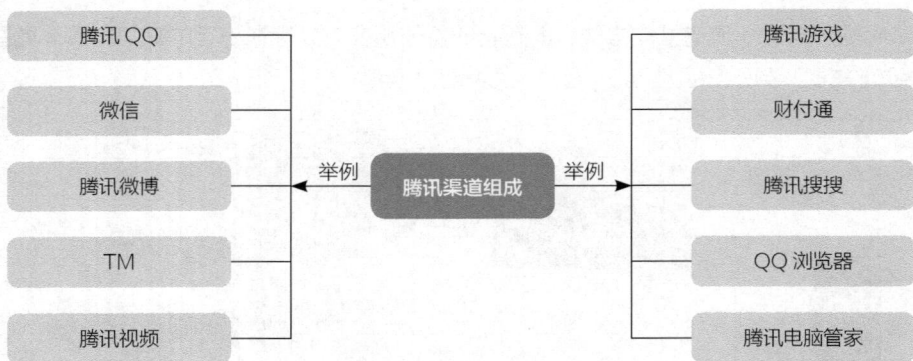

图 10-8　腾讯平台组成举例

其中，腾讯平台所构成的社交网络已被大家熟知和普遍应用，由此而拥有的海量优质流量为运营提供了极大的优势，具体内容如图 10-9 所示。

```
┌─────────────────────────────────────┐
│           腾讯渠道运营的优势            │
└─────────────────────────────────────┘
```

坚实基础	准确导向	有力核心	多样平台
具体	具体	具体	具体
QQ、微信、微博等留存了海量用户	可以实现智能定向推广产品信息	可以依托大数据洞察诸多运营详情	广点通、微信广告等一系列广告平台

从而

```
┌─────────────────────────────────────┐
│  为广告主提供一个跨平台、跨终端等多项服务的一站式 │
│         运营渠道和网络推广方案           │
└─────────────────────────────────────┘
```

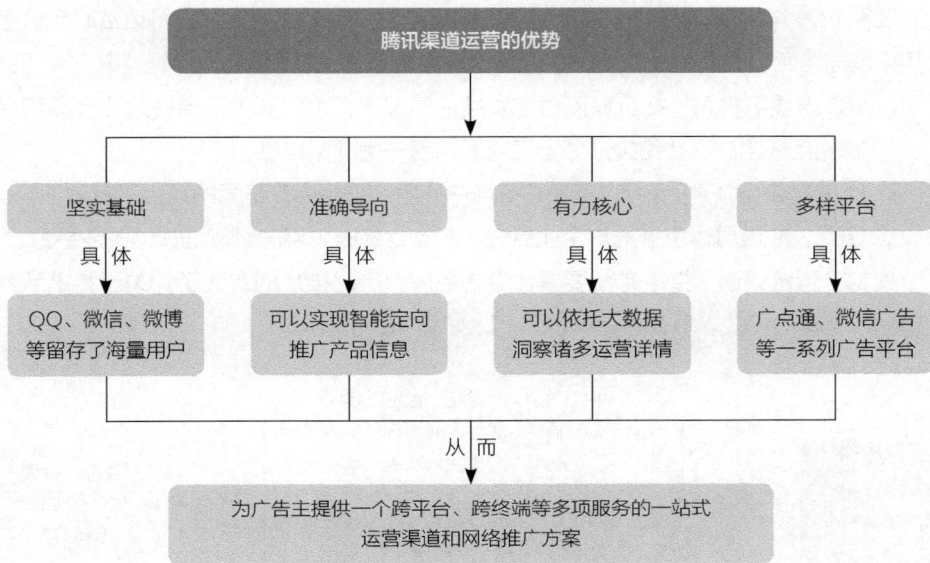

图 10-9　腾讯渠道运营的优势

008　确定渠道和推广方式：明晰怎样选择渠道

对腾讯这一运营渠道来说，要做的事就是明确你要从中选择哪些渠道来进行运营和推广。而要想选择得好，首先就应该对选择的事物有充分的了解。对腾讯，我们应该有一个跨平台、跨终端运营的认知。这在图 10-8 中已经提及了，在此做进一步了解。图 10-10 就是运营者要了解和认识的腾讯广告平台。

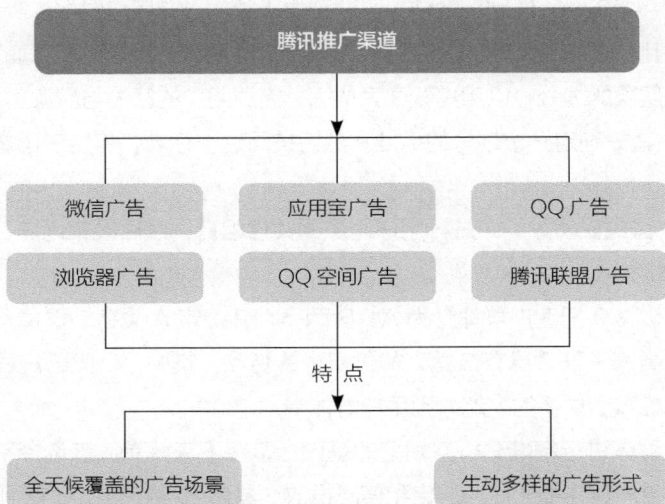

```
┌─────────────────────────────────────┐
│           腾讯推广渠道                 │
└─────────────────────────────────────┘
```

微信广告	应用宝广告	QQ广告
浏览器广告	QQ空间广告	腾讯联盟广告

特点

全天候覆盖的广告场景	生动多样的广告形式

图 10-10　腾讯推广渠道介绍

在图 10-10 提及的多样、独具特色的腾讯广告平台中，我们在进行运营时应该考虑用户群与各平台之间的关联度，以此来确定运营渠道，举例如下：

- PC 端或手机端：在互联网通信发展的情况下，首先要关注自身企业产品和品牌的目标用户，在终端选择上更习惯用哪一类浏览信息。

- 微信端或 QQ 端：在社交网络中，用户使用的软件会在不同的场合下有所不同。因此，应该具体思考推广企业品牌、产品信息时，用户可能选择的关注平台。

确定了运营渠道，接下来就要具体考虑品牌、产品推广的方式了。关于腾讯运营渠道的广告定向投放，具体包括两种形式，如图 10-11 所示。

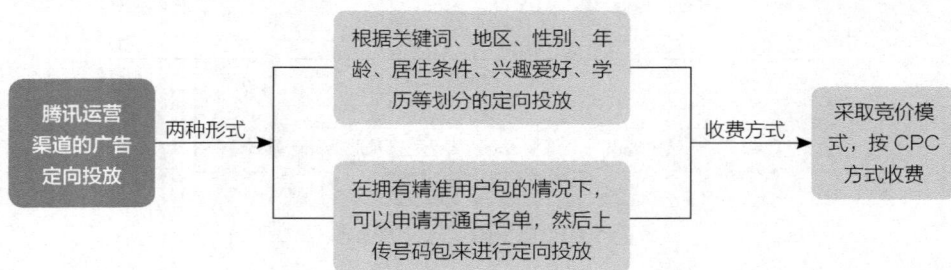

图 10-11　腾讯运营渠道的广告定向投放解读

009　精准分析目标客群：形成完整用户画像

在渠道和推广方式确定的同时，用户的确定和精准分析也是其中极为重要的运营内容。在运营初期，目标用户是一个作为整体的群体，而这一群体中的个人又各有不同的基本属性，如年龄、性别、地域、职业和学历等，形成用户画像。

接下来对用户的确定和精准分析工作主要在于对这一整体按照不同的基本属性和行为进行不同层次的划分，以用户画像为依据，完成用户的区分与聚集：

- 区分：首先确定一个划分的标准，然后按照这一标准，将用户画像进行两大类的区分。

- 聚集：首先在两大类中进行用户画像的共性组合，然后聚集用户，选择合适的行业渠道。

运营者可以试着把客户群体分为 A、B 两类，并确定 A 类客户群体对渠道的付费贡献最大，B 类客户群体具有数量大却付费少的特点。其中，B 类客户群体分布范围广、基数大，能吸引更多的人加入到用户群体中。

在对用户群体进行精准分析并划分的基础上，接下来就是应该选择不同的渠道进行推广。针对客户群体细分后的广告和信息投放，具体内容如图 10-12 所示。

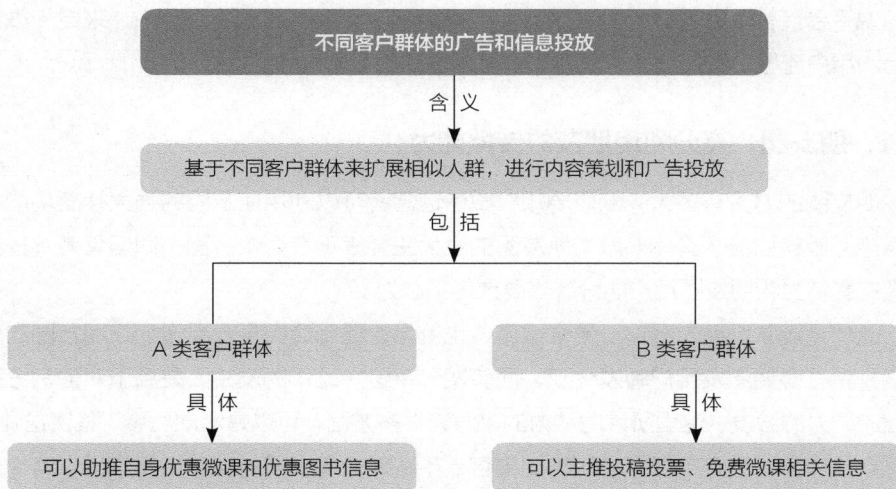

图 10-12　不同客户群体的广告和信息投放

010　微信商城：社交平台的移动电商功能

微信商城又可以称为微商城，它主要是将微信作为媒介，并通过其方便的移动支付功能，实现电商企业与消费者的在线互动，及时推送最新的商品内容给微信用户，实现移动电商功能。

微信商城有两种，一种是开通微信支付的，另一种是没有开通微信支付的，具体如图 10-13 所示。

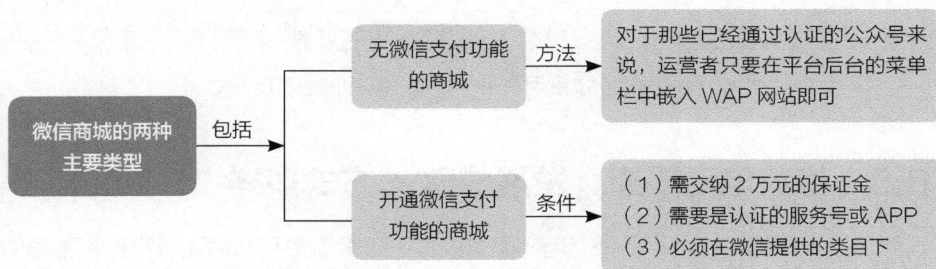

图 10-13　微信商城的两种主要类型

例如，美丽说在成为微信平台上的一个第三方服务平台后，同时打造微信商城向广大微信用户开放电商购物渠道，用户在微信平台上的个人钱包中就可以进入美丽说平台。

用户通过微信进入美丽说平台，可以直接使用美丽说平台的所有购物功能。对于美丽说平台而言，开通微信的入口，相当于拥有了微信的数亿活跃用户。来自于微信平台的用户流量，帮助美丽说获得了更可观的利润和影响力。

011　朋友圈：充分利用朋友的传播能力

朋友圈的力量有多大，众所周知，微信运营者可以利用朋友圈的强大社交功能为自身产品吸粉引流。具体说来，朋友圈的强大主要表现在两个方面，即运营者本身朋友圈的影响力和朋友圈用户的分享与高效传播能力。

而想要运营好朋友圈这一重要渠道，也就是说要想让自身产品增加在朋友圈的曝光度，就有必要激发用户转发分享。而转发分享这一动作的发生，是源于对他们分享传播的动力的激发。这里所说的动力的来源有很多方面，可以是活动优惠、集赞送礼，也可以是非常优秀的能够打动用户的内容。不管怎么样，只有能够给用户提供有价值的信息和产品才会引起用户的注意和关注。

具体说来，在朋友圈渠道运营中，用户乐于转发分享的信息和产品一般是这样的，如图 10-14 所示。

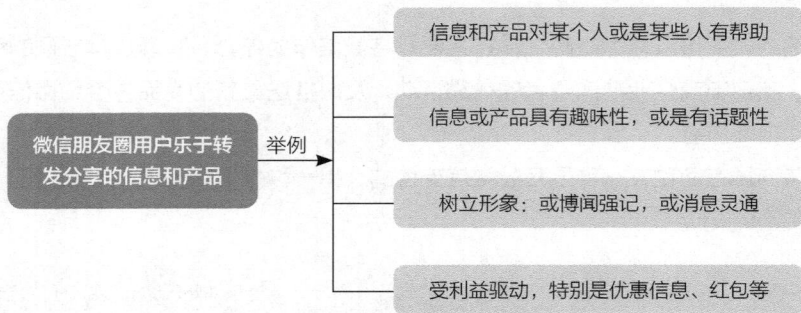

图 10-14　微信朋友圈用户乐于转发分享的信息和产品举例

10.3　借势电商渠道：发展成熟＋方式多样

除了搜索引擎和腾讯平台外，电商渠道同样是获得流量和利用流量推广和营销的主要渠道之一，特别是在移动电商高速发展的情况下，淘宝、京东等电商平台被更多的运营者考虑到推广领域中，而且策略越来越成熟，方式多样化越来越明显。

012　淘宝直播：更低的成本，更高的转化率

在互联网时代，对于运营者来说，如果选择电商变现的方式，则需要学会用互联网思维销售的技巧。本小节以淘宝直播为例，具体介绍一下电商渠道的运营技巧。

手机淘宝中的淘宝直播带来了全新的消费直播热潮，具体表现在以下3个方面：

- 对网红明星来说，又多了一个全新的变现渠道。
- 对淘宝商家来说，可以更好地将直播内容转化为消费者的消费行为，从而增加店铺销量。
- 对消费者来说，淘宝直播让他们摆脱了简单的文字、图片等形式的消费渠道，通过视频直播更加直接地了解商品特点，从而选到更适合自己的商品。

在淘宝直播平台中，发布较多的大多是美妆、潮搭、母婴、美食、旅游类产品以及相关的内容形式。每到一些购物节日期间，淘宝都会开一个直播专题并邀请一些明星和网络红人来加盟直播。

对于商家来说，如果有合适的产品，可以联系淘宝达人来协助宣传，让他们来为店铺引流，一般的运营技巧如图10-15所示。

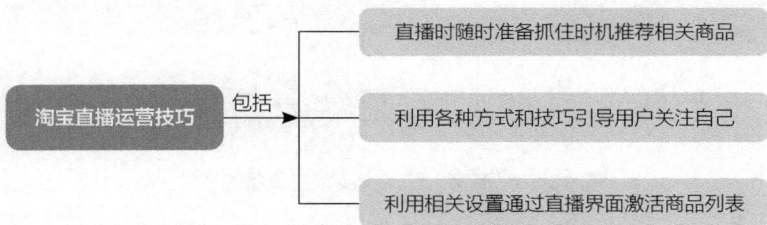

图10-15　淘宝直播运营技巧

当然，对于那些没有开店只是帮助商家推荐商品的淘宝达人而言，也可以从商家处获得佣金收入。在这种互联网电商模式下，直播视频内容充当了流量入口，为商家或自己的店铺提供推广渠道。

这种用互联网思维运营的内容电商模式，可以更加精准地把握客户需求，流量成本更低，转化率更高，具有更多的变现优势。

013　淘宝头条：最受欢迎的生活消费资讯

淘宝未来的发展方向是"内容化＋社区化＋本地生活服务"，在这些前提的驱动下，推出了"淘宝头条"（又称淘头条）平台。除了手机淘宝中的淘宝头条流量入口外，用户也可以通过下载专门的"淘宝头条"APP来使用其中的功能。如今，淘宝头条已成为国内最大的在线生活消费资讯媒体平台。

当然，想要入驻淘宝头条，商家还需要具备一定的资格（下面引用淘宝头条官方发布的入驻要求），如图10-16所示。

在淘宝头条中，新潮流趋势相关的资讯内容是最受欢迎，也是最容易通过的内容形式，而且这种内容的覆盖范围非常广泛。而运营者要借助淘宝头条进行营销与推广，就必须要清楚淘宝头条的 4 种内容形式，具体内容如下：

（1）明星话题：包括剧情速递、明星同款、明星爱物和明星代言等。

（2）热点话题：包括社会热点、节日热点和季节热点等。

（3）商品盘点：包括奇特单品、性价比商品推荐、潮流单品和不同适用类型商品推荐等。

（4）经验技巧：典型的有美容美体技巧、穿搭技巧、怀孕育儿技巧和生活家装技巧等。

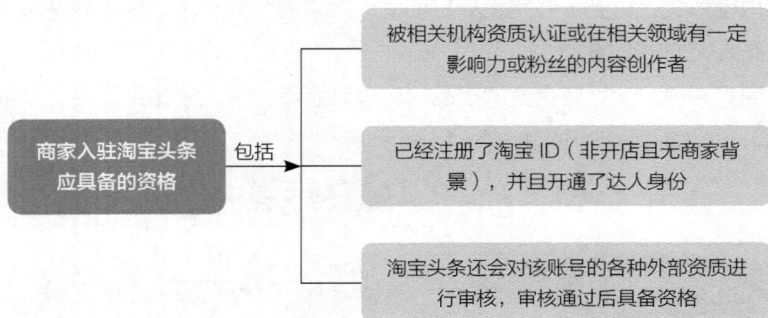

图 10-16 商家入驻淘宝头条应具备的资格

💡 **专家提醒**

需要注意的是，在创作经验技巧类内容时，一定要巧妙地将商品融入这些经验技巧中，不能太过于直白，更不能先讲技巧，然后放一堆商品，这样消费者在面对这些商品时，会显得无所适从，应该突出内容给用户带来的实用价值，而且必须是切实可用的。

对于商家来说，要想在淘宝头条上发布内容，首先需获得头条白名单资格。商家只需在一个自然月内按照要求发布 15 条内容，只要其中的 12 条内容被审核通过，即可获得头条白名单资格。之后，商家即可进行头条投稿，每天最多可以发布 5 条头条内容。

💡 **专家提醒**

运营者需要注意的是，不管是什么样的平台，它们对广告大多是采取屏蔽策略的，因此，商家在利用评论引流时切忌不可在评论中直接附带链接，而需要利用文章的形式来进行评论。

发布淘宝头条内容后，还需要多对其进行优化，力求让内容更加优质，这样才能更好地吸粉引流。接下来，笔者将为大家介绍淘宝头条引流的技巧，如图 10-17 所示。

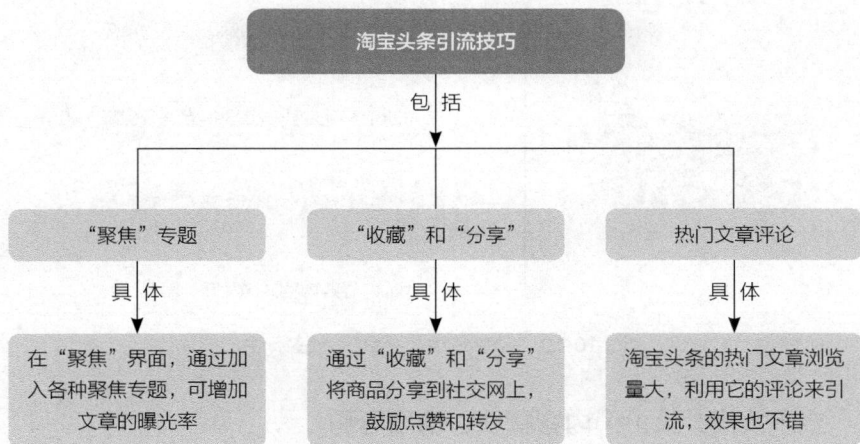

图 10-17　淘宝头条引流技巧介绍

014　有好货：成就有潜力的单品

淘宝平台上有一个"有好货"流量入口，"有好货"对于达人的依赖性并不强——达人只是产品进入"有好货"平台的入口，而它的主要流量来自淘宝网首页、手机淘宝首页以及系统消息推荐。由此可见，"有好货"平台本身就具备了独特的优势，如图 10-18 所示。

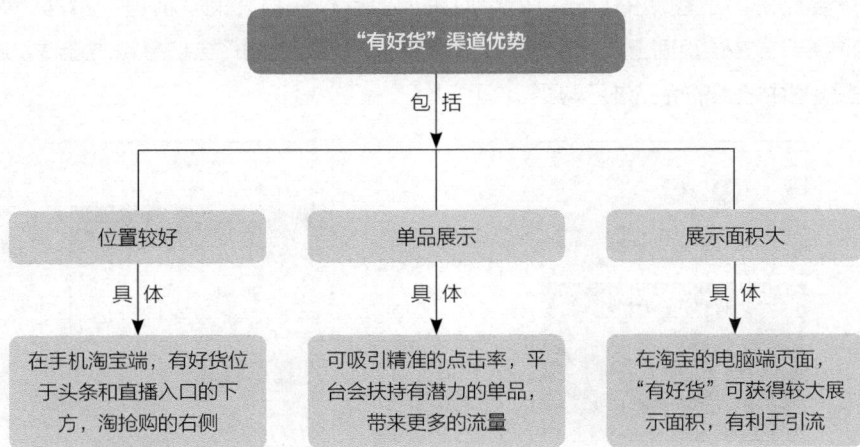

图 10-18　"有好货"平台的优势介绍

需要注意的是，有好货不是发布后就会一直保留在上面，系统每隔一段时间都会排除一些质量不佳的产品和图片，因此，在入驻有好货平台前，商家必须先了解加入"有好货"平台的条件，具体内容如图 10-19 所示。

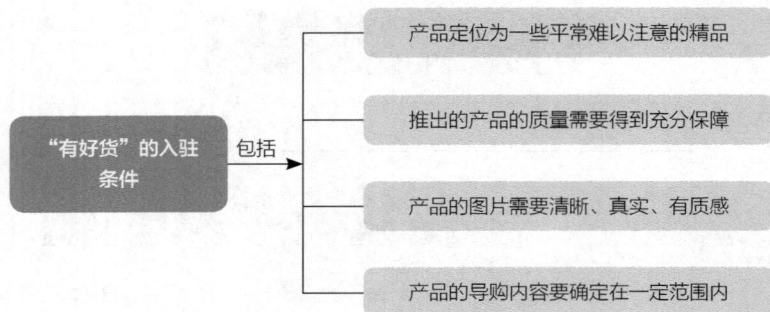

图 10-19　"有好货"平台的入驻条件

015　京东快报：大价值内容模块，精准导购

京东是中国国内一家数一数二的电商平台，京东旗下拥有京东商城、京东金融、京东云等产品品牌。在传统电商领域，京东商城拥有数一数二的行业地位。在粉丝经济时代，京东为寻求更好的发展，推出了各种形式的运营策略和功能，京东快报就是其中之一。

在手机京东 APP 的首页界面上，大家可以看见一个"京东快报"模块，该模块是一个向上翻滚的广告栏，如图 10-20 所示。同时它也是手机京东商城上的一个流量入口，更是一个有巨大价值的内容模块。

在"京东快报"模块中，用户可以看见那些比较热门或者正在进行促销活动的商品。只要点击向上翻滚的广告，就可以进入"京东快报"的"精选"页面，如图 10-21 所示。在该页面上，用户可以选择需要的或感兴趣的广告信息点击查看，还可以点击信息中插入的商品进行购买。

图 10-20　"京东快报"模块

图 10-21　"京东快报"的"精选"页面

> 💡 **专家提醒**
>
> "京东快报"通过简短但是极具吸引力的一行内容，向用户传递了手机京东
> 商城中的有价值的信息，并且将用户引导到相应的购买界面，实现了精准导购，
> 从而促进用户购买，实现电商盈利。

10.4　发力新媒体渠道：应用广泛＋潜力大

一提到运营，新媒体平台是必不可少的，它是如今互联网中一个有着巨大潜力和
机会的运营渠道。本节将以案例分析的方式，具体介绍一下各大新媒体平台是怎样进
行渠道运营的。

016　今日头条：优质内容拴住用户的"心"

今日头条媒体平台，可以帮助各种企业、个人创业者以及机构等内容电商运营者，
扩大自身影响力，增加产品曝光率和关注度。企业和商家注册了"头条号"后，要想
把这一渠道运营好，就必须在多个模块上下功夫，举例介绍如图 10-22 所示。

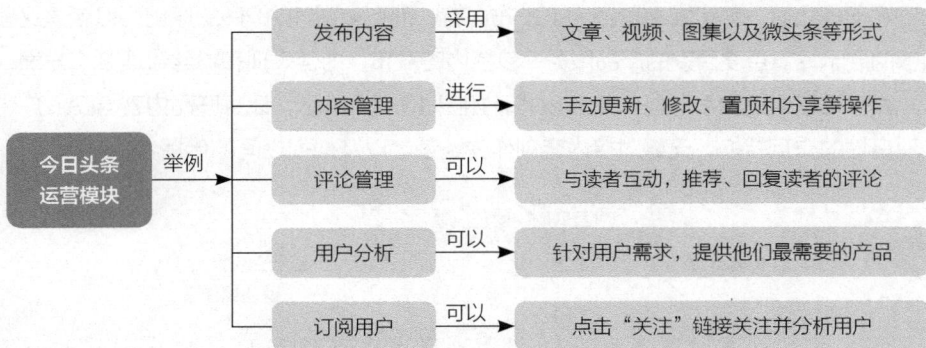

图 10-22　今日头条运营模块举例介绍

如今，很多已经成为超级 IP 的网络红人都开通了头条号来传播自己的品牌，以实
现内容变现的目标。

另外，在拥有海量用户的"今日头条"APP 中，头条号为其带来了更多的优质内
容。对于用户来说可以获得更好的使用体验，而对于创业者和企业来说，可以拴住更
多用户的"心"。同时，"今日头条"APP 采用大数据算法，让你创作的内容可以快
速、精准地推送到目标用户的手机上。

017　百度百家：内容与广告的无缝对接

百度百家是百度针对互联网内容创业者开发的一个新媒体渠道，囊括了来自互联

网、时政、体育、人文等多个领域的自媒体人。

对百度百家自媒体平台来说，如果你是普通用户，那么它是不会接受你的投稿的。只有当你成为注册用户后，才能在该平台上发布文章。用户可以注册百家账号来实现内容发布、内容变现和粉丝管理等操作。

百家账号有个人与机构两个主体类型，它们各有其适用范围，具体如图 10-23 所示。

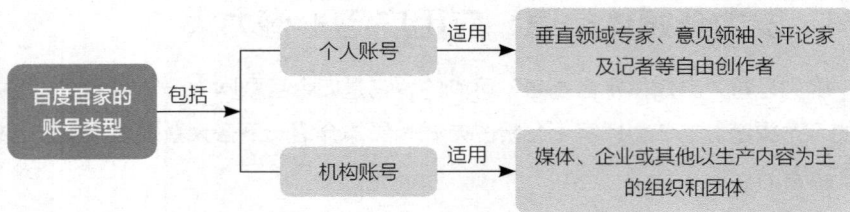

图 10-23 百度百家的两种账号类型适用范围

用户需要根据自己的真实情况选择账号类型，填写相关信息，完成后提交，等待系统审核即可。当系统审核通过后，会通过用户注册时填写的手机号码或者邮箱号码发送审核结果通知。

注册成功后，即可在百度百家上发布内容，而百度新闻 APP 的原创栏目就是这些内容的展示地。百度百家的产品服务，包括内容发布、内容表现和粉丝管理 3 个方面。

百度百家通过百度联盟的商业模式，如图 10-24 所示，让互联网内容与企业广告实现良性的交互转换，无缝对接内容创作者、读者以及他们之间的传播者。

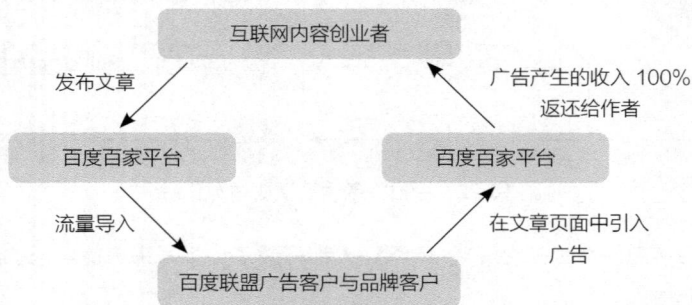

图 10-24 百度百家的百度联盟商业模式

百度百家也是一个去中心化的新媒体平台，只要是好的内容，就可以在百度百家中得到大力的推荐，而且可以在自媒体群中引发震动效应。

018 简书：原创内容＋专题投稿

简书平台是一款集写作与阅读于一体的社交型互联网产品，同时也是一个内容分享的社区。简书平台在推文引流方面有自己独特的优势，运营者可以在该平台上进行内容推广。

在新媒体平台上，发布文章是进行运营和推广的核心内容。与其他新媒体平台不同，简书是一款优质的写作软件。运营者登录简书平台后，可进行文章推送。

要注意的是，在简书平台上，文章编辑完成后，内容的发布并不是单击"发布文章"按钮就表示完成了全部操作，而是需要运营者对文章进行专题投稿，然后等待专题的作者收录。收录后简书的用户才能看到运营者发布的文章。

在数据查看和分析方面，相对于其他平台渠道而言，简书就简单得多，它的文章数据就只有阅读量、评论数和喜欢量 3 个方面，而且查看的方法也很简单。运营者登录简书后，①单击右上角头像图标下的"我的主页"按钮，②就可以查看所有发布的文章和相关数据，如图 10-25 所示。

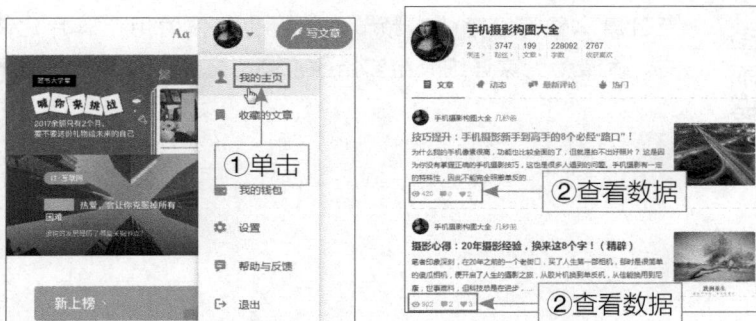

图 10-25　简书平台的文章数据查看

在简书上，"赞赏"是平台特色的功能之一。运营者启用赞赏功能后，"赞赏"按钮会出现在文章的底部。运营者可以设置赞赏功能，①单击右上角头像图标下的"设置"按钮，进入设置页面，②单击"赞赏设置"按钮，即可进入相应的赞赏设置页面。图 10-26 为简书平台的赞赏设置。

图 10-26　简书平台的"赞赏设置"操作

第 11 章

直观形象:
借助视频音频渠道

学前提示

在各种移动场景中,视频节目不仅满足了用户的碎片化需求,而且原本显得没落的音频节目恰好也能作为用户碎片化需求的补充。本章为大家详细介绍实用的视频、音频运营渠道运营的内容。

要点展示

>> 借助视频渠道:直观呈现提升信任
>> 借助音频渠道:亲和力引导大流量

11.1　借助视频渠道：直观呈现提升信任

随着各种视频平台的兴起与发展，运营矩阵也发生了巨大的、可喜的变化——多了一个有着巨大作用的渠道运营新成员——视频渠道运营随之兴起，并成为广大运营者经常采用的一种方法。

我们可以借助视频运营，近距离接触自己的目标群体，将这些目标群体开发为自己的客户。接下来将为大家介绍常见的视频渠道。

001　优酷视频：介绍产品，打消用户疑虑

优酷是国内成立较早的视频分享平台，其产品理念是"快者为王——快速播放，快速发布，快速搜索"，以此来满足多元化的用户需求，并成为互联网视频内容创作者（在优酷中称为"拍客"）的集中营。

优酷的官网首页有许多频道，具体包括剧情、电影、综艺、音乐、烧热、直播、咨询、拍客、纪实、公益、体育、汽车、科技、财经、娱乐、原创、动漫、搞笑、旅游、时尚等。

在优酷平台上，不管你是一个资深摄影师，还是一个摄影爱好者，也不管你使用的是专业的摄像机，还是一部手机，只要是喜欢拍摄视频的用户，都可以成为优酷的"拍客"。

另外，优酷还推出了"原创"和"直播"等频道，来吸引那些喜欢原创并且热爱视频的用户。在优酷"原创"频道中，有很多热爱视频短片的造梦者，他们不断坚持并实现自己的原创梦想，不少人成为网络红人，同时他们也为优酷带来了源源不断的原创短片。

在优酷平台上，还有一个"科技"频道，如图 11-1 所示。在该频道，用户可以观看各种科技产品的视频，比如图中的手机测评、概念机曝光等视频内容。而对于经营与科技相关产品的企业来说，优酷平台的"科技"频道是一个非常不错的产品宣传渠道。

首先，企业可以通过视频形式展示品牌文化，通过企业品牌文化的宣传推广，能使用户更为认可企业产品。这种形式的渠道运营和营销方式具有特别的意义，所以大型的互联网公司，对于通过视频形式宣传企业文化向来都十分重视。

例如，苹果公司推出了"iPad 改变一切"的视频短片。该视频的画面内容宣传了苹果产品 iPad 对生活各方面的改变，从侧面展示了苹果公司的品牌文化追求，如图11-2 所示。

图 11-1　优酷"科技"频道

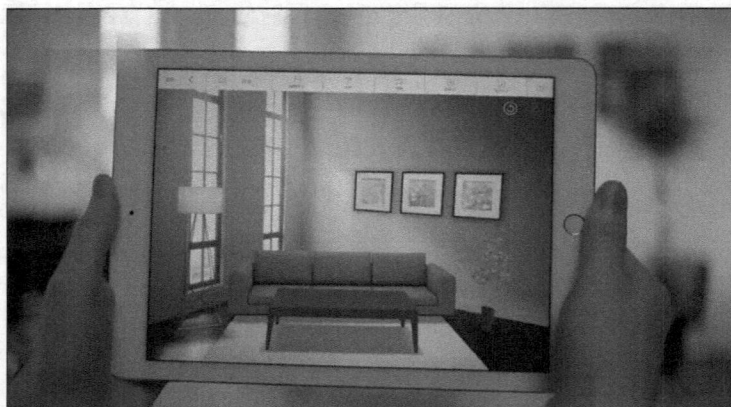

图 11-2　苹果公司"iPad 改变一切"视频短片

其次，企业可以利用视频宣传企业的产品，介绍产品的用法，这样不仅能使企业的产品介绍更全面，也能在一定程度上打消用户的疑虑，进一步激发用户的购买欲望，从而实现运营和营销目的。

例如，小米公司推出的智能硬件产品——九号平衡车，在小米商城的九号平衡车介绍中，就有视频短片来介绍它的用法，如图 11-3 所示。通过该视频，用户能在短时间内熟悉前进、后退、过颠簸路面或缓坡等技能。

（1）前进和后退

（2）过颠簸路面或缓坡

图 11-3　小米九号平衡车视频短片

002　美拍：话题 + 社交元素，积累粉丝力量

"美拍"原本只是一个用来拍手机视频的免费 APP，在上线后便受到用户欢迎，而且还取得了 App Store 全球非游戏类下载量第一的成绩。

进入美拍后，能看到上方有很多短视频的分类，如直播、热门、高效、美妆时尚、美食、音乐、舞蹈、旅行等，这些都是其他用户拍摄并上传的短视频。用户可以在美拍上欣赏各种视频作品。图 11-4 是美拍平台中的"宠物"模块，在该模块用户可以看见许多跟宠物相关的视频。

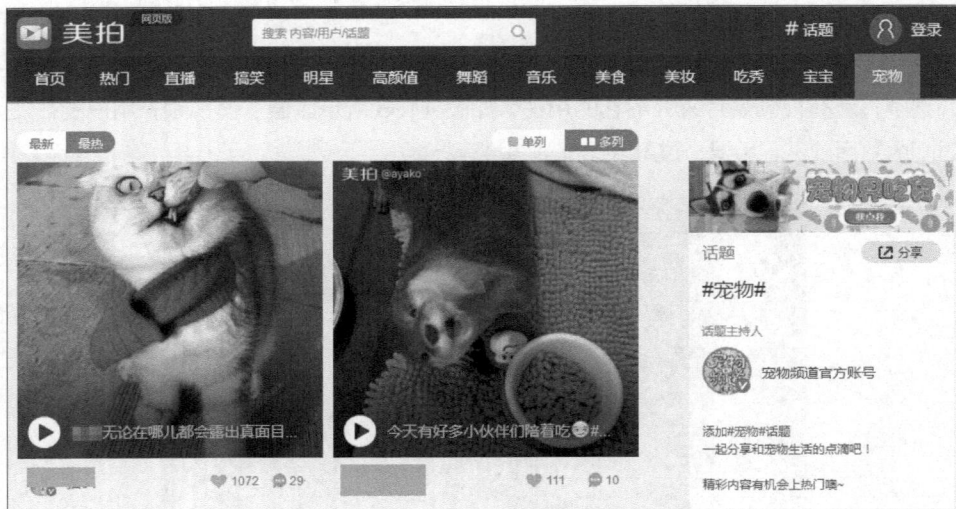

图 11-4　美拍平台"宠物"模块

相对于其他平台而言，美拍的特色主要表现在四"最"，如图 11-5 所示。

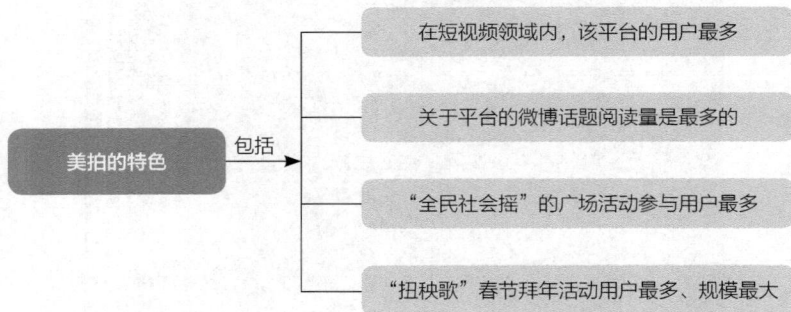

图 11-5　美拍的特色

说到话题，美拍无疑是成功的。它运用话题来推广自己，充分抓住了当下女性用户的心理，并搭载微信朋友圈、微博等社交元素。这些都是"美拍"的成功之道。例如，在电影《前任 3：再见前任》热播期间，它不仅参与了话题"前任 3 再见前任"的讨论，还推出了"给前任捎句话"的话题，如图 11-6 所示，引发了众多用户评论和留言。

此外，美拍 APP 主打"美拍＋短视频＋直播＋社区平台"。这是美拍 APP 的第二大特色，从视频开拍到分享，一条完整的生态链，不仅可以为用户积蓄粉丝力量，还能逐渐发展为一种运营和营销方式。

基于美拍 APP 的特色，对于想要借助视频平台进行网络营销的企业来说，它是

一个非常不错的渠道选择。企业可以在美
拍平台上培养专门的人员，对企业经营的
产品进行推广、宣传。

就拿话题来说，在美拍推出微博话题
讨论的情况下，企业和商家可以就相关话
题推出产品，特别是"美食""吃秀"等
模块。图 11-7 所示的"自制蜂蜜柚子
茶"，就是一个很明显的结合美拍的话题
和视频来助力运营的例子。

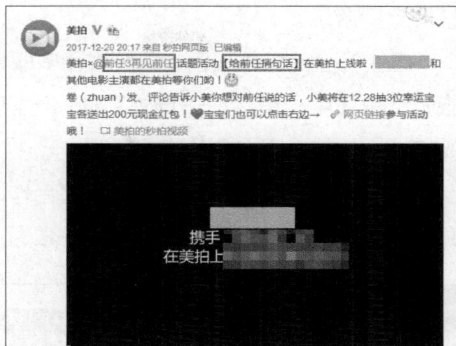

图 11-6 美拍运用话题来推广

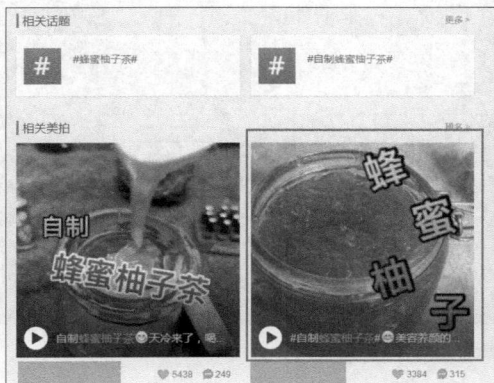

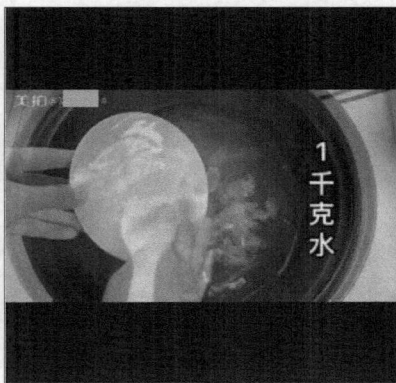

图 11-7 美拍话题与产品制作结合的运营

借助话题的影响力，将产品制作过程整合成视觉展示，这种运营方式对于有消费
意向的用户，影响不可谓不大——它能加深用户对产品的认识，有助于打造产品文化，
从而吸引用户关注和购买。

003 花椒直播：上百万点击量，就在这里

花椒直播是我国一款日活跃用户数突破 500 万的超大型移动社交直播平台，它的
最大特色就是具有其他直播软件无法比拟的明星属性。此外，花椒还专门打造多档自
制直播节目，包括文化、娱乐、体育、旅游等多个方面。

在此，以旅游为例，介绍如何通过视频直播渠道来运营旅游行业。在直播出现之
前，旅游行业主要通过风景图、旅游宣传片来吸引用户旅游，这并不能很好地达到宣
传的效果，比如有些网友会怀疑图片的真实性，担心亲临目的地后，图片与现实不符。

而随着直播行业的不断深入发展，"直播 + 旅游"模式兴起——利用直播宣传
旅游，可以让用户对产品有更清晰、真实且全面的感受和体验，从而使用户情不自

禁地出门游玩。

在由齐全的场外设备、取好景和多取景、创新互动方式等3大要素构成的"直播＋旅游"模式中，重点在于场外直播。将自然风景直接呈现在用户面前，并结合专业性的解说，让用户明白你的产品优势。

基于此，途牛选择了与花椒直播合作，携手共同打造"直播＋旅游"的全新模式，并专门建立了旅游直播频道。图11-8为途牛旅游的相关视频。

图11-8　途牛旅游的相关视频

2016年5月，途牛影视联手花椒直播，对王某蓝夫妇在马尔代夫见证的一场集体婚礼进行了全程直播。这种"直播＋旅游＋明星"的模式更加容易吸引用户的关注，直播当天收获了上百万的点击量，火热程度可见一斑。

花椒直播和途牛影视此次达成跨界合作，对于花椒直播来说，获得了很多优质、多元化的内容；对于途牛影视来说，则助力其宣传推广；而对于两者携手打造的"直播＋旅游"的新生态模式来说，则带给了广大用户突破时间和空间限制的新鲜感。另外，还使得旅游行业发展的脚步又向前跨越了一大步。

11.2　借助音频渠道：亲和力引导大流量

除了视频平台之外，一些音频平台也是进行运营的好渠道。接下来将为大家详细介绍几个常见的音频渠道。

004　喜马拉雅FM：搭建自媒体产品＋合作

喜马拉雅FM是国内顶尖的音频分享平台，用户可以在平台上传、收听各种音频内容，它支持手机、电脑、车载终端等多种智能终端。图 11-9 是喜马拉雅 FM 平台官网首页的热门推荐。此页面推荐了 6 个比较热门的音频节目，在热门推荐下还有平台的小编推荐频道。

图 11-9　喜马拉雅 FM 首页热门推荐页面

喜马拉雅 FM 平台上有很多不同种类的音频节目，具体包括有声书、音乐、娱乐、相声评书、儿童、资讯、历史、人文等。图 11-10 是"儿童"分类中的一些音频节目，里面有一系列适合儿童收听的音频内容节目。

图 11-10　喜马拉雅 FM"儿童"分类中的音频节目

在喜马拉雅 FM 平台上，用户除了可以收听音频节目外，还可以进一步申请成为主播，从而发布自己的音频内容到平台上。图 11-11 是喜马拉雅 FM 平台主播的具体演播流程。主播可以在平台上领取音频任务，从而获取收益。任务的收益有分成、保底等多种方式，主播拥有有声作品的广告收益和打赏分成。

喜马拉雅 FM 的音频任务有很多，例如实体书籍、网络书籍、绘本读物、报纸杂志等，都是常见的发布演播任务的来源方。领取任务后演播的音频被发布方认可，那么收入大多会比较丰厚。在喜马拉雅 FM 平台的"找任务"页面，主播录制音频内容上传参选并被选中的话，即可进一步与任务发布方合作。

图 11-11　喜马拉雅 FM 主播的演播流程

图 11-12 所示是一个名为"纳兰词全译"的音频任务详情页面，任务发布方要求参选者按照提供的素材，进行一段时长 5 分钟左右的演播，目前该音频任务已经有众多人参加海选任务了。

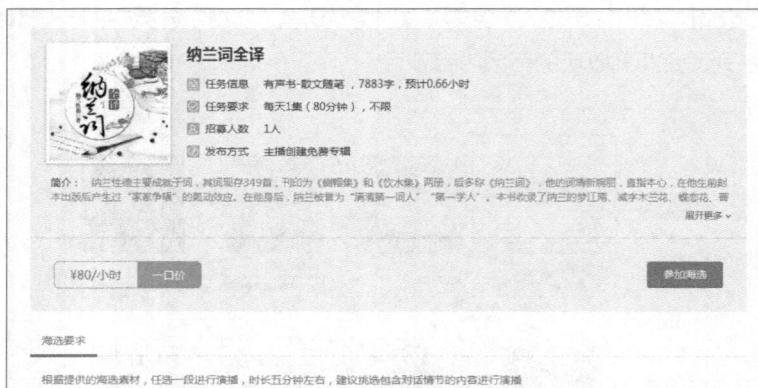

图 11-12　喜马拉雅 FM"纳兰词全译"的音频任务详情页面

对个人或企业而言，可以利用喜马拉雅 FM 平台来搭建自己的自媒体平台，也可以通过与其中的自媒体合作来推广产品。例如，上文提到的"纳兰词全译"，就是通过发布音频悬赏来寻求合作，通过打造音频产品来扩大运营和营销效果。

005　蜻蜓 FM：选择自媒体，精准广告投放

蜻蜓 FM 是一款强大的广播收听应用，用户可以通过它收听国内、海外等地区上千个广播电台。蜻蜓 FM 相对于其他音频平台，具有如图 11-13 所示的功能特点。

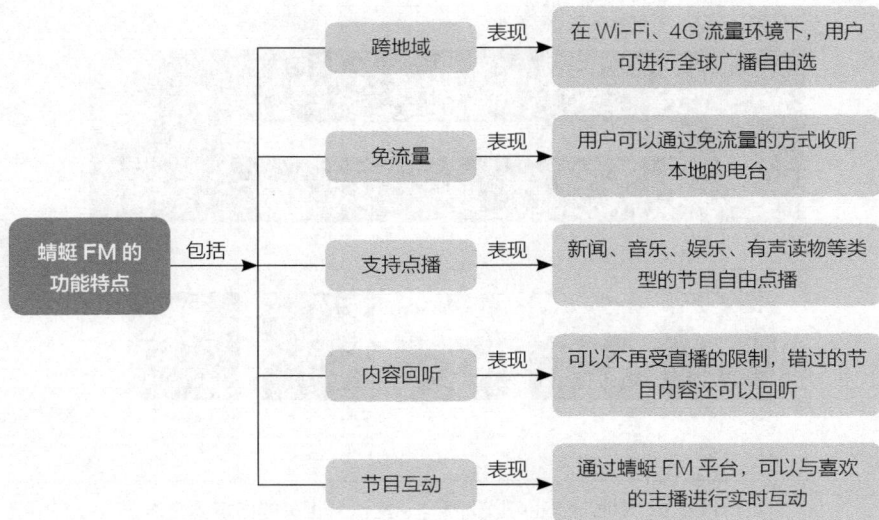

图 11-13　蜻蜓 FM 的功能特点

蜻蜓 FM 的内容分类十分丰富，包括小说、音乐、相声小品、脱口秀、情感、历史等多种类别，具体如图 11-14 所示。用户可以直接通过搜索栏寻找自己喜欢的音频节目。

图 11-14　蜻蜓 FM 内容分类页面

企业应该充分利用用户碎片化需求，通过蜻蜓 FM 平台来发布产品信息广告，音频广告的营销效果比其他形式广告要好，广告投放更为精准，而且，音频广告的运营成本也比较低廉，十分适合中小企业用来进行长期推广。

例如，房地产企业就可以选择与"房价"相关的音频自媒体进行合作，如图 11-15 所示。因为这些平台通常有大批的关注房价的用户收听，广告的精准度和效果会非常好。

图 11-15　房地产行业可以选择与"房价"相关的自媒体合作

　　当然，企业也可以通过在平台上策划音频专题节目来进行宣传推广。策划专题节目，就是通过专题节目来促进营销，它是粉丝参与度较高的运营形式，也是一种未被经常使用的音频运营形式。完整的音频专题节目策划和营销，要经历3个阶段，如图11-16所示。

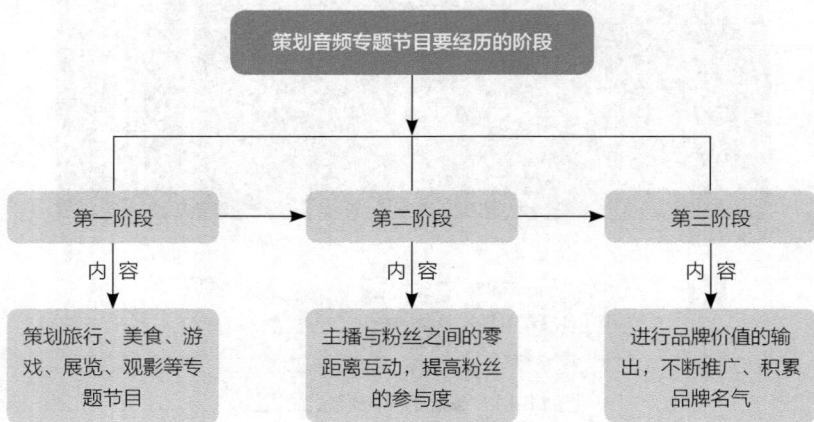

图 11-16　策划音频专题节目要经历的 3 个阶段介绍

> 专家提醒
>
> 　　内容中植入广告营销、创建音频自媒体营销和通过专题节目营销这三种核心的音频运营方式，可以有很多形式的创意玩法。企业要根据公司和产品的情况，选择一种或多种方式结合起来灵活运用，发挥音频节目营销的潜能。

006 荔枝FM：手机终端的自媒体电台

在音频渠道中，荔枝FM无疑也是一个值得运营者关注的语音直播平台。在这个平台上，用户不仅可以收听各种优秀的电台节目，更重要的是，就如其宣传语"人人都是主播"一样，它是一个支持在手机终端推出自媒体电台的平台。同时，荔枝FM打造了一条从节目录制到一键分享至各社交平台的完整的生态链。

要想进入荔枝FM平台的节目录制界面，只要在首页单击右上角的 ⬤ 按钮，进入"我的"页面，然后选择要推出的节目类型"录音"或"直播"，即可开启节目的录制，如图11-17所示。

图11-17　进入荔枝FM的节目录制界面

可见，运营者如果选择荔枝FM这一音频渠道进行运营，可以通过创建音频自媒体的方式来实现运营目标。

其实，运营者搭建自己的音频自媒体平台，也是一种很好的拓展营销渠道的方式，它对于推广品牌、提高粉丝黏性具有积极效果。当然，企业在荔枝FM平台上建立自己的音频自媒体平台的时候，有些问题也要多加注意，如图11-18所示。

图11-18　企业搭建自身的音频自媒体平台要注意的问题分析

第 12 章

活动解码：
如何做好运营的"敲门砖"

学前提示

在进行活动运营之前，首先我们要清楚地了解活动运营，如含义、类型、目的、形式、胜任人员和最佳运营时间等。只有有了充分的准备，才能在活动这一运营的"敲门砖"上获得运营成果，摘取成功的桂冠。

要点展示

>> 简要概述：含义＋特点＋分类
>> 为什么展开活动运营？4 大作用显神通
>> 怎样选择活动运营？4 种形式任你选
>> 选择什么样的人运营？胜任人员要如此
>> 选择什么时间点？最佳时间要抓住

12.1 简要概述:含义 + 特点 + 分类

什么是活动运营,活动运营有什么特点,活动运营中的活动又包括哪些种类? 这些都是本节要解答的问题。

001 认识:什么是活动运营?

所谓活动运营,其实就是一种品牌和产品的推广和营销工作。只是与其他运营工作不同,它是利用活动来进行的,除了在策划阶段要用文字表现之外,还需要在实际生活中进行兑现、实操。

一个好的活动运营,可以进行品牌推广、提高企业声誉,更是提高市场占有率的有效行为。一般来说,活动运营大致分为两类,如图 12-1 所示。

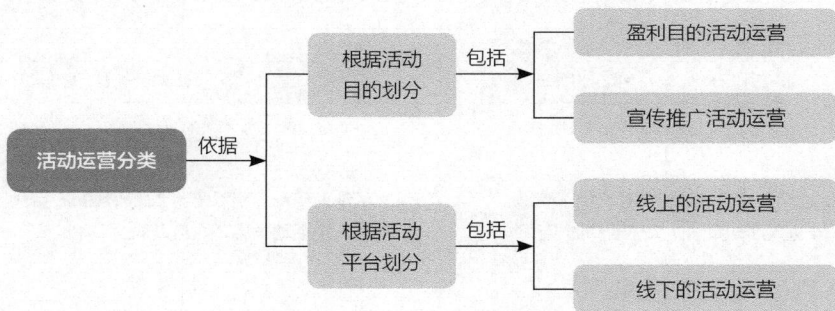

图 12-1　活动运营的分类介绍

002 解读:活动运营的强目的性

在用户运营、内容运营、渠道运营和活动运营这 4 大分支中,活动运营有着明显的不同,具体分析如下:

相对于用户运营和渠道运营而言,活动运营可以说是支撑这两大运营的一种方式,如利用活动来吸粉引流、利用活动来打通和拓展渠道等。

而活动运营与内容运营,更确切地说,都是表示一种运营的方式,只是它们之间还是有着很大的区别的。因为内容运营是必需的,无论是关于什么的运营,都包含内容在内。而活动运营却并非如此,并不是所有的运营都有活动运营的,因此,可以说它是一种额外的运营工作。

这就决定了活动运营具有其他运营特别是内容运营所没有的特点——强目的性。当然,并不是说其他运营就是没有目的的运营,而是指相对于其他运营工作而言,活动运营的目的性更强。关于活动运营的强目的性,解说如下:

- 性质方面:不是日常的工作,而是带着有目的的额外的工作任务和资源损耗。

- 重要性方面：以目的为导向，其中的所有工作和细节都是围绕活动目的来展开的。

- 必要性方面：如果没有明确的目的，那么活动也就没有举办的必要了。

003 拉新活动：从潜在到注册，再到消费

拉新活动，顾名思义，就是通过活动的开展，让受众成为平台账号的新用户或成为产品或品牌的新客户，由此可见拉新活动包括两种情形，具体分析如图 12-2 所示。

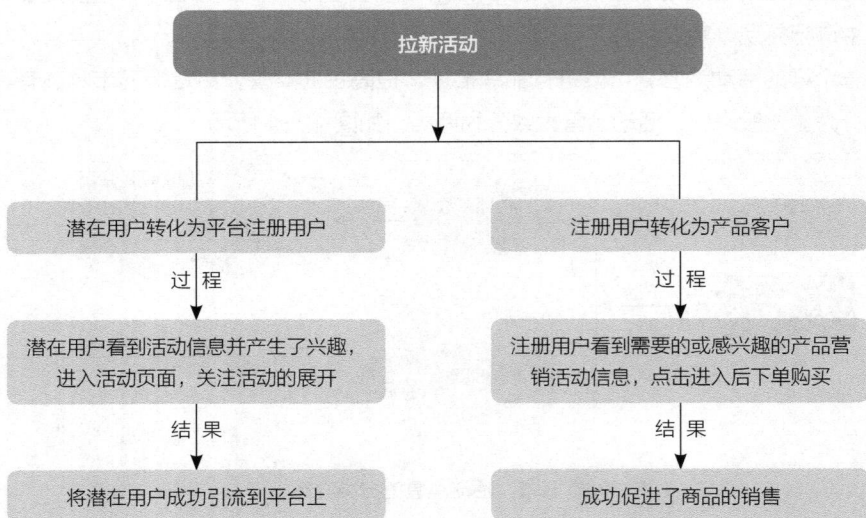

图 12-2 拉新活动解读

从图 12-2 可知，实现拉新目标的活动主要包括两种情况，它们都是非常有效的运营方式，而且这种情况是前后承接的，先有潜在用户转化为平台注册用户，然后再由注册用户转化为产品用户。

摄影类公众号"手机摄影构图大全"在这一方面就运营得很好。它首先通过平台发布了一条为出版图书而征集照片并评比投票的活动内容给潜在用户，在这一过程中充分利用投票来吸引更多人关注，从而完成从潜在用户到平台注册用户的转化。其次，在图书出版后，一方面在平台上推送摄影书籍上的精彩内容，另一方面又通过留言送书、图书优惠等活动来吸引更多的用户购买，成功地让注册用户转化为成品用户。

其实，拉新活动除了图 12-2 中提及的情况外，还有一种特殊情形，那就是通过活动，潜在用户直接成为产品客户。这样的活动中的拉新，大多出现在产品的促销活动信息发布后。产品老用户基于促销活动中的优惠条件需求（如两人购买，一人半价或免单），会向朋友推荐该促销活动信息，成功地让潜在用户成为产品客户。

004　激活活动：叫醒不活跃的睡眠用户

在众多平台上，平台账号的用户动辄几万、几十万甚至上百万，但是真正经常活跃在平台上或是不时出现的用户，其实占了很大的比重。有些用户甚至在订阅、关注后，基本上可以说从来不曾光临平台，这些用户就是平台的睡眠用户。

一般来说，一个平台账号的活跃客户，占比不会超过 15%，有时会更低，其中大多数处在睡眠用户或半活跃半睡眠用户状态。对于占比如此大的用户，平台账号可以经常举办一些活动把他们激活，这样的活动就是激活活动。

与拉新活动一样，激活活动也包括两种情况，如图 12-3 所示。

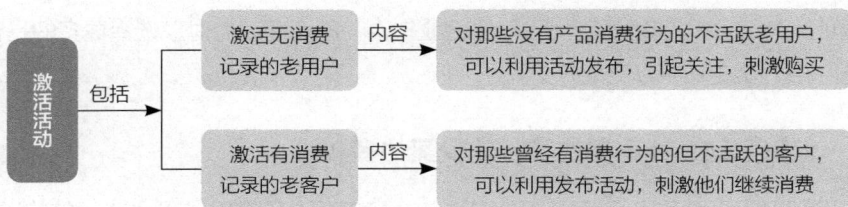

图 12-3　激活活动解读

在激活活动中，发送短信是一个非常有效的方法。用户只要一打开手机，就可看到未查看的信息，它可以送达每一个你认为有可能激活的用户之手。就拿唯品会来说，只要用户曾经关注过它并成为会员，它会根据你收藏和关注的信息来时不时地推送一些短信内容，如图 12-4 所示。即使你在非常长的一段时间内没有关注它，它也会一如既往地推送，可能有些用户会很讨厌这类短信，但对运营者来说，只要有一部分人看到了该类信息后又重新关注了，就说明活动是成功的。

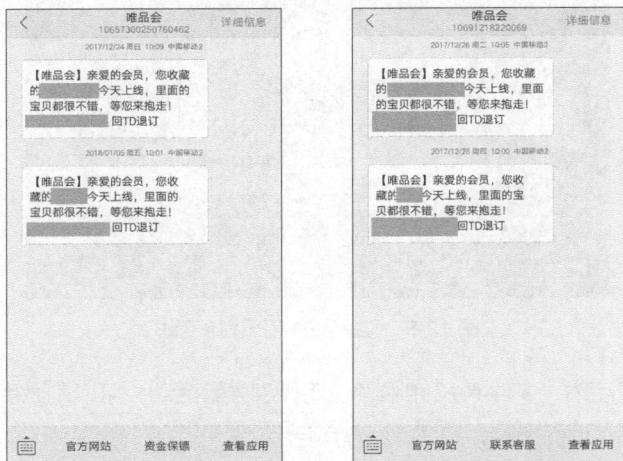

图 12-4　唯品会通过发送短信来激活用户

另外，如今各种平台大多都与邮箱结合在了一起，如可以通过邮箱注册账号、账号绑定邮箱等，这就使得通过群发邮件的活动来激活用户成为可能。运营者只要发送邮件，特别是通过 QQ 邮箱发送，不仅可以让用户通过登录 QQ 平台看到邮件提醒信息，还可以在 QQ 号绑定手机号的情况下，在 QQ 离线后直接以短信的方式发送给用户。这样既保证了信息的畅通，也是激活用户的有效措施。

在此，要注意的是，著名的二八定律（20% 的投入有 80% 的产出），同样是适用于激活活动运营的。对那些曾经有过消费行为的不活跃老客户，只要投入了 20%，你就有可能获得 80% 的产出；而对那些不曾有过消费行为的不活跃用户，可能投入了 80%，其产出却只有 20%。

因此，对那些以销售盈利为目标的企业来说，激活活动的对象选择更多的是曾经产生过消费行为的不活跃老客户。

005 促销活动：让不买的买，让少买的多买

促销活动，顾名思义，就是以促进销售、提高产品订单数和购买量为目的的活动。这一类型的活动在各个电商平台、外卖平台上处处可见，其重点就在于让不买的人买、让买得少的人多买。

关于促销活动的方式，其实是有很多的，特别是在电商平台竞争激烈的情况下，其招数设置之精妙令人惊叹。例如，打折优惠或送优惠券的活动，可以刺激一些还在犹豫是买还是不买的人迅速下单。图 12-5 为唯品会打折优惠活动。

图 12-5 唯品会的打折优惠活动

又如，满减活动、多件 N 折和限额使用优惠券等活动，可以刺激那些准备购买的人为了满足优惠条件而加购，如图 12-6 所示。

图 12-6　苏宁促销活动

006　品牌活动：提升认知，让更多人记住

如果说促销活动更多的是注重订单数的提高，那么品牌活动则更多的是表现在用户对品牌的认知提升上，具体表现在两个方面，如图 12-7 所示。

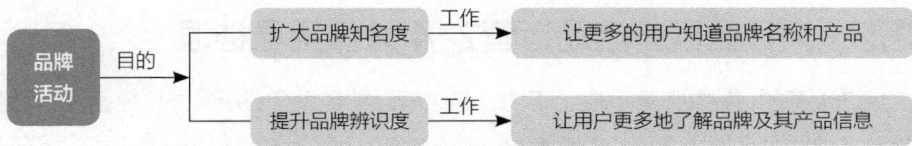

图 12-7　品牌活动目的解读

一般说来，利用各种渠道和平台，把品牌及其产品植入其中的都可称得上是品牌为了提升其知名度和辨识度而进行的活动，如冠名赞助、电视广告等。图 12-8 为著名综艺节目"我是歌手 第 5 季"的金典冠名赞助活动。

图 12-8　金典的品牌冠名赞助活动

007　趣味活动：提高用户参与的积极性

活动，在孩子的眼里，基本上可以与"玩"和"有趣"画上等号。因此，在活动运营中，趣味活动也是作为一种重要的活动类型而存在的，只是这里的活动不是为了玩而活动，而是为了一定的运营目的而活动——加强与用户之间的互动和联系，同时，活动也是检验平台账号活跃用户数的好机会。

而对以有趣、互动为核心的趣味活动而言，其形式和类型也是多样化的，如话题类活动、比赛类活动、好奇盘点类活动等。图12-9是微博推出的"带着微博去旅行"的话题类活动。

图12-9中的话题类活动，一般都是有特定的关注人群的，它主要是通过话题引起这些关注用户的参与，以有趣的活动内容来提升用户的活跃度，并最终凭借这一话题活动实现其商业化的运营目的。

图12-9　"带着微博去旅行"的话题类活动

12.2　为什么展开活动运营？4大作用显神通

活动运营的存在并不是凭空出现的，它之所以被各大企业所看重，是因为它能有效提升企业品牌在消费者心中的美誉度，这也是它们选择进行活动运营的目的所在。下面来进一步了解活动运营的多重作用。

008　吸引受众注意

一个好的活动运营能吸引受众主动参与到活动中，只有受众愿意参与到活动中，才能达到企业通过活动的方式向受众传播商业信息的目的。

例如，2017年，支付宝推出了"支付宝·奖励金"的优惠活动。在活动期间，消费者只要在其合作门店有消费行为，就可参与该活动，享受"奖励金"和"刮刮卡"的优惠。如笔者就曾用支付宝分别付款消费了500多元和180元，分别得到了0.61元和0.80元的奖励金。这些奖励金看着少，但是还是"有利可图"的。基于此，吸引了其合作门店的众多用户参与。图12-10为"支付宝·奖励金"活动页面。

图 12-10　"支付宝·奖励金"活动页面

009　宣传品牌形象

对企业来说，一个好的活动运营就是一个提高企业品牌曝光率的有效渠道。消费者积极参与到活动中，就会对活动中出现的所有因素产生"自主注意"意识。此时，企业在活动中注入的商业信息也不会让消费者产生厌恶的感觉，他们反而会愿意接受，这大大提高了商业信息或品牌的曝光率。

例如，在支付宝与 45 家品牌商家联合推出的"咻一咻"送红包活动中，用户只要在支付宝"咻一咻"上，"咻"到了红包，就能看到商家赠送的红包，而且还配有祝福。这样的方式既能让获得者心中产生温暖的感觉，又能在获得者心中留下对商家的好印象。

在有 160 多万人参与的众安保险的新春抢福袋活动中，众安保险能取得诸多收获。其中，提高品牌形象，是最主要的作用，也是众安保险联合支付宝推出该活动的最主要的目的。除了提升品牌形象之外，随之而来是其他 4 个方面的作用，具体如下：

- 增加潜在用户。
- 完善用户画像。
- 提高品牌的曝光率。
- 提升风控能力。

010　培养用户情感

对品牌来说，活动是培养核心用户和留住长期客户的重要手段。如果说产品是营销的关键，宣传是营销的主力，那么顾客就是营销的服务主体了。

想要获得稳定的客流，就要让顾客了解你的品牌价值，而通过活动向用户灌输品牌价值是非常好的方法。对于新顾客来说，首次消费优惠活动能让他们对于品牌有一个良好的第一印象；对于老顾客来说，稳定的回馈活动能增加他们对品牌产品的依赖度；对于忠实顾客来说，定期的会员活动能维护他们对品牌的信任与支持。相关分析如图 12-11 所示。

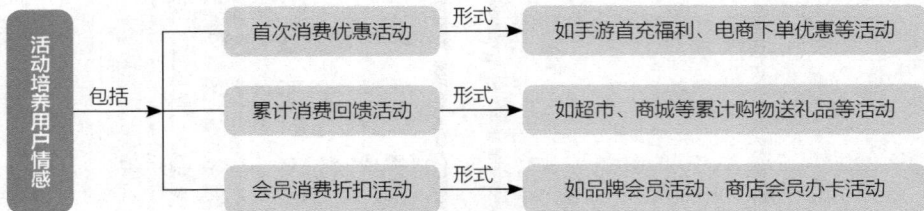

图 12-11　活动培养用户情感

011　增进双方互动

一个好的活动运营，并不只是对企业有好处，对于参与活动的受众来说也是益处多多。最大的好处在于能促进受众之间的交流，增加受众相互之间的情感。

人们可以通过活动，与自己的亲朋好友一起分享活动的快乐，也可以在活动中结交新的朋友，因此，活动就成为人与人之间加深感情的桥梁。

例如，在支付宝"咻一咻"活动中，受众之间的交流非常多。

（1）人们可以在支付宝中首次添加 10 名好友，从而得到 3 张福卡，而且用户与用户之间可以相互交换多余的福卡。这一设计可以让用户主动将自己的朋友吸引到支付宝中，也能维护用户与用户之间的情感。图 12-12 为用户之间相互交换福卡。

（2）用户在"咻一咻"中，咻中的红包可以分享给自己的支付宝好友，让好友共同享受好运气。图 12-13 为用户之间分享"咻一咻"红包。

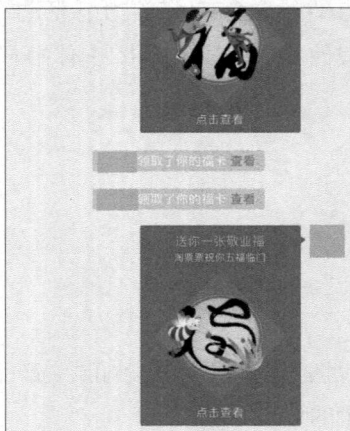

图 12-12　用户之间交换福卡

图 12-13　用户之间分享"咻一咻"红包

（3）在支付宝"咻一咻"的活动中，有30%的用户愿意将自己的福卡转送给自己的家人，这就说明活动参与者在活动中也能维护亲情。

（4）因为福卡和红包可以进行分享，于是出现了用户打破空间限制与自己家人连接在一起的情况，将自己收到的好"福气"、好"运气"通过支付宝分享给自己的家人。

12.3　怎样选择活动运营？　4种形式任你选

在各大平台上，我们可以看到企业和品牌推出了多种形式的活动，它们或是为了逐利，或是为了扬名，或是为了增进互动……本节就对平台活动的运营和营销推广形式进行介绍。

012　多样的打折活动：瞬间提升销量

关于"打折"，无论是企业还是消费者，都会乐于看到：于企业而言，尽管存在一定的让利，但是明显可以提升销售量，这无疑是有利于运营和营销的；于消费者而言，可以用更少的钱获得等价值的商品，无疑能让他们瞬间展颜。

那么，推出打折活动的企业和商家，究竟采用的是什么样的形式呢？而且其中哪种形式又能获得最佳效果呢？这就需要运营者去考虑和选择了。其实，无论是什么样的活动，其活动的着力点都逃不出3种情况，即节日类打折、产品类打折和用户类打折。

其中，"节日类打折"很好理解，就是在节日期间进行的打折活动。这里的"节日"，不仅包括电商平台包装的行业节日，如人们熟知的"双十一""双十二"、520、京东"618"店庆，还包括中国传统节日、西方节日以及每周会员日、每月会员日等。这些节日都是开展打折活动的首选时间。

所谓"产品类打折"，就是针对具体产品而开展的打折活动。它一般包括两种，即核心产品打折活动和新品上市打折活动，具体内容如下：

- 核心产品打折活动：俗称"买一送一"，即针对核心产品，以附属产品作为折扣的形式的打折活动，如买笔记本电脑送电脑包。
- 新品上市打折活动：即针对新发布和推出的产品，在限定的时间内打折销售。其目的在于迅速提高产品的曝光率和影响力以促进销售。

而所谓"用户类打折"，就是以用户为打折着力点，从用户的购买心理和行为出发而设定的打折活动。如针对犹豫的新用户，可以采取新用户半价或其他优惠的形式刺激其购买，如图12-14所示。

又如，针对那些喜欢结伴购买的用户，活动运营者也推出了相应的活动，如"二人同行，一人免单"。

图 12-14　针对新用户的打折活动

013　可抵用的代金券：让用户少付钱

除了打折活动，发放可抵用的代金券是另一种经常被活动运营者采用的活动形式。一般说来，这种可抵消部分商品金额的代金券是设置有一定的使用门槛的——或是要满足一定的要求，或是在一定的时间范围内。图 12-15 为京东平台代金券。

而运营者要注意的是，代金券作为一种引导用户消费的优惠券，必须在其包装设计和使用门槛设计上下功夫，具体内容如下：

图 12-15　京东平台代金券

- 在包装设计上，最好是将不同类型的代金券区分开来。如不同使用条件的代金券、不同商品类别的代金券，需要在颜色或图案上有所区分。图 12-15 中的京东平台的代金券就针对不同商品类别设计了不同图案。

- 在使用门槛设计上，最好是合理、合情的。不能为了促进销售而在使用条件上无底线，导致使用泛滥；也不能让用户觉得满减的额度太少，没有使用的价值和意义，从而放弃消费。

014　赠送礼物活动：适用范围广

如果说可抵用的代金券只能用在一定的领域和范围内，而且主要目的是为了刺激消费，那么赠送礼物的活动则在适用范围内有了很大的扩展。对于运营者来说，几乎所有的领域都可采用这种形式的活动。而礼物的形式也是多样化的，如红包、手机话费、附属的小商品等。

例如，在内容运营中，把这一活动用在留言送书里，既可提升平台账号的曝光度和活跃度，也是对出版的图书的宣传，如图 12-16 所示。

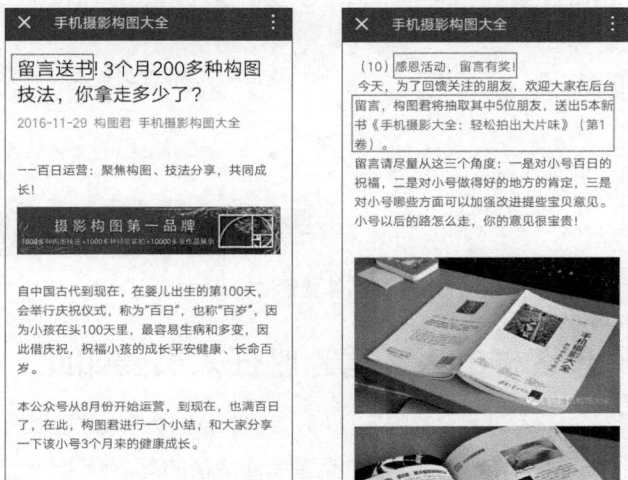

图 12-16 赠送礼物活动

当然，这里说的是赠送礼物的活动适用范围广，不是说这种活动的展开和规则设置是任意的、没有限制的，恰恰相反，正是因为它的适用范围广，因而在设置上有着严格的要求，具体如图 12-17 所示。

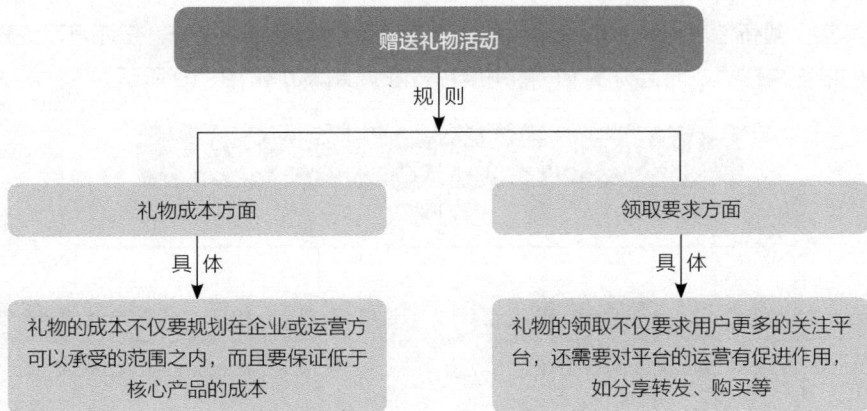

图 12-17 赠送礼物活动设置的规则

015 用户免费体验：产生产品归属感

不能真实地感受产品是线上购物的一大硬伤，而活动运营中的用户免费体验活动却能很好地解决这一问题。这类活动的展开，不仅可以让用户真实地体验和了解产品，还可以让用户在体验的过程中对产品产生一种产品归属感（在此意为"用户迫切拥有该产品的心理归属"）。

一般说来，用户免费体验的活动形式，主要包括 3 大类型，如图 12-18 所示。

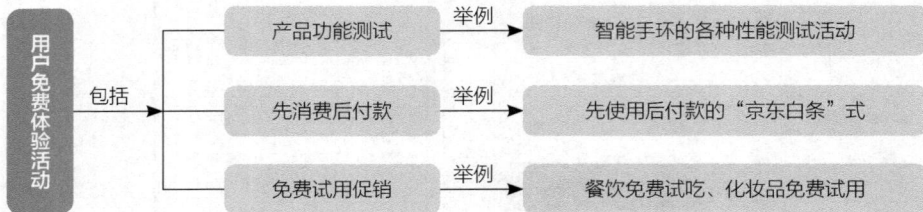

图 12-18　用户免费体验活动的 3 大类型介绍

12.4　选择什么样的人运营？胜任人员要如此

上面说了很多关于活动运营的内容，那么究竟什么样的人才能胜任活动运营的工作呢？下面从行业从业者角度出发，活动运营者应具备的基本素质——加以讲述。

016　需要培养创新性思维

所谓创新性思维，对于运营者来说，就是在运营过程中从打破常规的思维角度去寻找方式方法，最终提供有价值的、与众不同的解决方案。在这里，主要是强调运营者需要拥有创新性思维的能力。

其实，创新性思维除了取决于运营者本身的素质和反应能力外，它还可以通过长时间的培养来形成，而且有着不同的角度和方法，具体如图 12-19 所示。

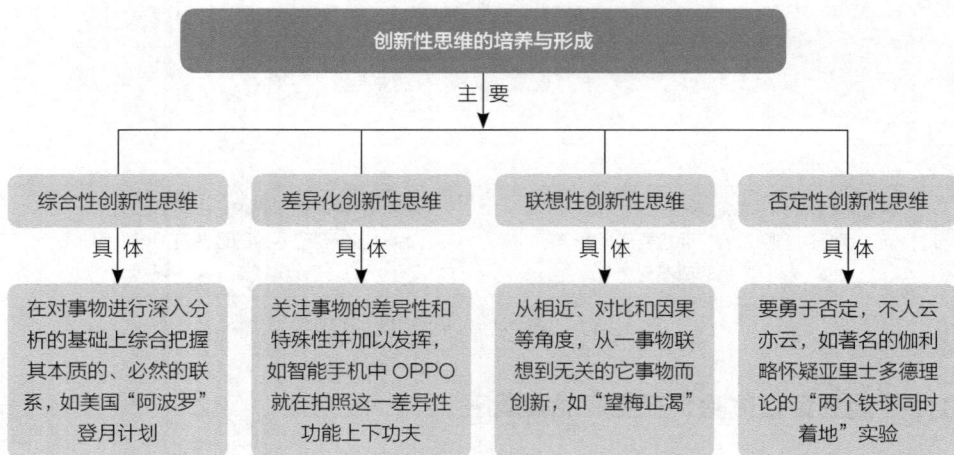

图 12-19　创新性思维的培养与形成方法

活动运营者需要具有创新性思维，这样才能让自己运营和策划的活动更具亮点，也才能更好地在运营过程中发挥出活动开展应有的价值。关于创新性思维的作用，具体分析如图 12-20 所示。

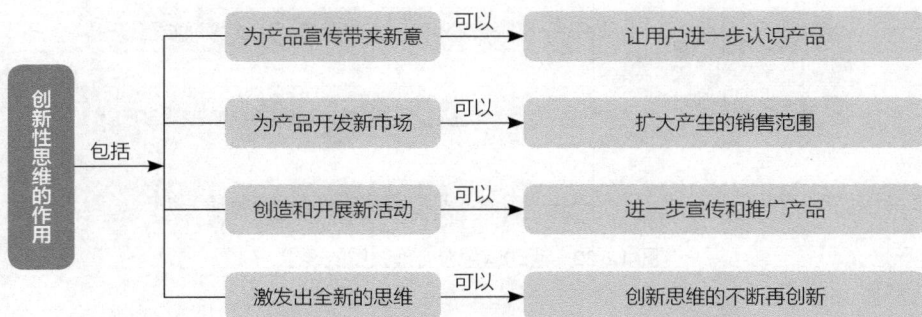

图 12-20 创新性思维的作用解读

017 需要具备强协调能力

所谓协调能力，即在决策过程中对人力、物力和财力等方面进行调度和控制，以便达到最佳效果的能力。人们常常说的某个人具有强协调能力，指的是无论是在人际关系上还是工作上都能应对和指挥自如的能力。

活动运营者可以说是整个活动的"指挥员"，他们需要具有较强的协调能力，才能与其他人员相互交流，才能维护活动顺利运行。那么，活动运营者的协调能力在活动中如何体现出来呢？如图 12-21 所示。

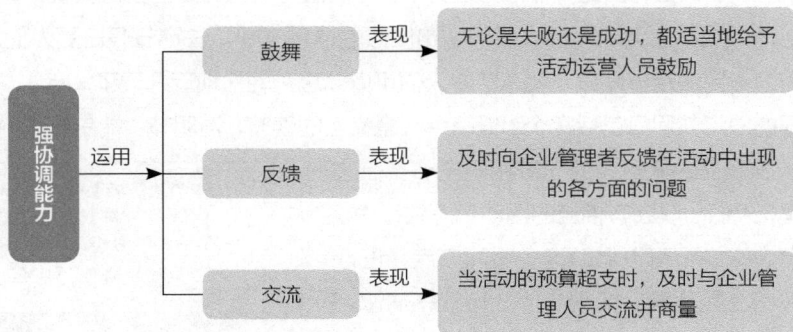

图 12-21 强协调能力的体现

018 拥有良好的心理素质

对于活动运营来说，良好的心理素质是活动运营者必须要具备的，特别是在处理突发事件上，对活动运营者的心理承受更是有着高要求。下面就来了解一下对活动运营者在心理素质方面的要求，如图 12-22 所示。

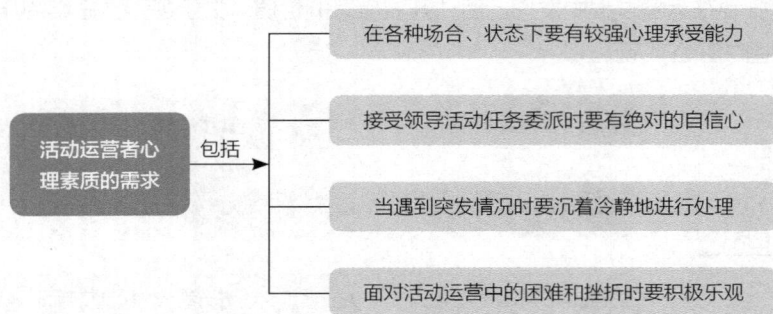

图 12-22　活动运营者心理素质的要求

12.5　选择什么时间点？最佳时间要抓住

活动与时间的关系，主要表现在两个方面，一是一个活动总是会有一个相应的时间，二是选择活动的时间时总是会借助一定的时间节点。可见，时间点对于活动而言，不仅是必需的，同时也是具有选择性的。

这里的"选择性"指的是，只有活动时间的选择是合适的，才能让活动运营达到甚至超出预定的目标。那么，怎样选择最佳的活动时间？本节将举例介绍。

019　节假日：给用户一份贴心的体验

在我国，节假日有法定和非法定之分。其中，法定节假日是国家法律统一规定的、基于风俗习惯或纪念要求而让人们庆祝和度假的休息时间。法定节假日受人们欢迎和喜爱，因为一到法定节假日，就意味着人们可以休息和轻松地玩几天了。

我国的法定节假日包括 7 个，既有传统意义上的春节、清明节、端午节和中秋节，又有非传统意义的元旦、劳动节和国庆节。在这些节日里，人们一般会有相应的活动和消费行为。而对运营者来说，可以借助这一时间节点，进行与之相关的主题运营，如端午节——端午情浓，好粽成双，如图 12-23 所示。

而在非法定节假日内，那些有着特殊含义的节日，如父亲节、母亲节、儿童节、情人节、圣诞节等，在让人兴奋的同时，也带给运营者以启发，开展运营活动。图 12-24 为儿童节期间的主题活动。

图 12-23　亚马逊端午法定节假日活动

图 12-24　儿童节主题活动

020　季节变化：推出用户需要的产品

在人们的日常生活中，不同的季节有适合不同玩法的活动。其实对运营者来说，同样也是如此，不仅不同的季节可以"玩"不同的活动，还可以在季节变化的时间节点开展活动，这也是开展活动可以借势的好时机。

一年有四季，不同的季节，衣、食两方面会有很大的变化。既然有变化，那么人们也会有相应的对策。我们就可以针对这一变化和对策安排不同的活动进行运营。这样的活动一般多与电商有关。图 12-25 为换季清仓活动。

当然，除了电商领域的换季清仓活动外，还有其他一些与季节变化相关的活动。如摄影领域，就有很明显的不同主题的活动可供运营者选择。图 12-26 为在秋季举行的摄影大赛。

图 12-25　换季清仓活动

图 12-26　秋季摄影大赛

那么，运营者在利用季节变化这一时间节点进行运营时，应该怎样选择呢？其实，不同的产品是有着不同的、具体的时间选择的。一般说来，从季节的阶段性考虑，可分为两种，具体如下：

（1）选择季节初期或末期：这主要是针对有明显季节变化的运营产品而言的，如服装。这一时期是推出新品活动和季节清仓活动的最佳时间：推出新品活动，有利于率先占据更有利的市场份额，提升竞争力；推出季节清仓活动，有利于处理即将过季的库存产品，获取现金流，可以利用优惠促销让更多的用户消费更多的产品。

（2）选择季节中期：可分为两种情况来分析。一是电商类平台，其推出的活动一般是促销活动，致力于通过运营为消费者提供他们需要的产品；二是内容类平台，如图 12-26 的秋季摄影大赛，这类参赛活动一般持续时间不会太长，同时有着与季节相关的主题，因而一般会选择在季节中期，从而有利于素材的获取。

021 纪念日：提升知名度和形象

运营者要开展活动运营，一般都会以时间为由头来进行，除了节日和季节变化外，还可以利用各种纪念日——既可以完成活动运营的目标，同时还可以提升自身的知名度和形象。

而活动方式的选择，既可以是没有确定纪念日的周年庆，也可以是确定某一天为纪念日的周年庆活动，如图 12-27 所示。

图 12-27　周年庆活动

其实，除了上文提及的以周年为单位的店庆活动（如苏宁 8 月 18 日前后）外，还有一些与部分产品相关的纪念日活动。在这些纪念日中有些已经成为法定节日，如农历五月初五端午节。有些没有成为法定节日但也有着重要价值和意义的纪念日，如"世界读书日"，这一节日与"书籍""阅读"息息相关，如书店、图书馆、线上图书商城、读书类平台等，都可选择"世界读书日"这一纪念日来进行活动运营。

022 热点时间：抓住机会提升点击量

所谓"热点"，即广受社会群众关注的信息，包括社会热点、生活热点和娱乐热点等。这些信息都可作为运营者开展活动时的时间选择节点。

从这一点出发，运营者要做的工作还有很多，如寻找热点、怎样利用热点等。例如，世界杯是人们一直比较关注的热点，特别是对那些喜爱体育的人而言，从各种预选赛到总决赛，所有这些时间点推出的各种活动，他们都会予以热切关注。图 12-28 为微博平台上推送的与世界杯预选赛这一热点的举行时间有关的话题活动。

图 12-28 "世界杯"预选赛的热点时间活动

当然，同一时间出现的热点有很多，运营者应该在搜集的基础上善于把自身运营目标与热点结合起来，然后及时开展活动运营，抓住热点时间这一活动理由和素材，成功实现活动运营目标。

023 品牌包装节日：借势大品牌日活动

运营者在进行运营时，除了可以借助节假日、纪念日、季节变化和热点来进行活动运营外，还可以"自造热点"，对品牌和产品进行包装，创造一个新的属于自己的包装节日。

如人们熟悉的"双十一"，就是淘宝平台炒出的一个节日，而且，随着淘宝平台在电商领域巨大的影响力，这一品牌包装节日已经跨越平台，成为众多商家和消费者参与的节日。在这一节日期间进行的活动运营，更是波及大大小小的平台和商家。在"双十一"之外，又出现了"双十二"活动，同样也备受运营者青睐和瞩目。图12-29 为苏宁易购的"双十二"活动——"12.12 手机趴"。

运营者除了可以利用那些影响日益扩大的品牌包装节日来进行活动运营外，还有一些品牌特定的节日。如维多利亚的秘密这一时装品牌，每年都会推出时装秀，在这一品牌包装的节日期间，运营者可以借势这一节日开展活动运营。图 12-30 为淘宝平台在同一时间推出的天猫超级品牌日活动。

图 12-29　苏宁易购"双十二"活动

图 12-30　维密秀之淘宝天猫超级品牌日活动

第 13 章

活动解读：
怎样循序渐进进行运营

学前提示

活动运营，是一个包含了多个阶段工作的运营过程，如活动目标策划、活动创意设计、活动开发、活动举行、活动评估总结等。

本章就从活动的各个阶段着手，一步步循序渐进地带你了解怎样进行活动运营。

要点展示

>> 活动目标策划：让各项事务成竹在胸
>> 活动创意技巧：增强用户参与的兴趣
>> 活动开发要略：怎样让用户更满意？
>> 活动顺利进行：7 大方面要注意
>> 活动评估总结：总体把握运营成果

13.1　活动目标策划：让各项事务成竹在胸

活动之所以要策划，是为了让活动变得有意义，能为企业达到某些目的。活动从开展到结束，这个过程中的人员配备、活动地点、活动宣传等方面都是需要一定成本的。若不进行一番好的策划就开展活动，那么很有可能会出现活动成本的增加、活动效果不明显等不利状况。

001　明确目标：组织策划工作的前提

进行活动策划，首先就要明确活动的根本目标。活动目标不明确，就无法去构思具体的目标。在不明确活动目标的情况下，靠臆测去组织活动策划工作，很可能让后续的工作白费功夫，甚至是无法进行，所以运营者在接手活动策划工作时，一定要了解清楚活动的根本目标后再进行后续工作。

一般来说，不同的活动，其根本目标有可能是不同的，从而使得活动的策划方式也有所不同。表 13-1 为根本目标不同的活动的不同策划方式介绍。

表 13-1　根本目标不同的活动的不同策划方式

根本目标	策划方式
宣传品牌形象	（1）邀请明星举行盛大的文娱晚会，再联系知名媒体进行转播 （2）冠名赞助明星综艺节目来进行宣传
提升企业形象	由企业主导，开展公益活动，提升企业在社会大众心中的形象
获得盈利	可以在节假日以产品促销为中心，进行一场盛大的营销活动
宣传品牌＋促销盈利	考虑将活动策划搬到互联网上进行，利用网络的强大功能来实现

002　构思方案：创建大体的活动雏形

企业在进行活动策划之前，需要将活动总体方案简单策划出来，创建出一个大体的活动雏形，为后续工作提供有效方向。一般来说，在活动总体方案中至少要列出 6 个事项，具体如下：

- 明确活动主题。
- 确定活动时间。
- 确定活动地点。
- 确定活动对象。
- 安排活动流程。
- 估算活动经费。

这 6 点中，被确定的活动对象一般是企业的忠实用户和潜在用户，所以活动的时间和地点要根据企业忠实用户的特点和需求来决定。

在进行活动策划之前，活动总体方案无须过于详细，不要花太多的时间在策划活动前的准备上，只需满足 3 个要求即可，具体如下：

- 简单、明了、易懂。
- 内容无须过多。
- 方案要素需全面。

003　工作安排：精确的细分工作表

制定活动工作安排表也是活动运营者所需要关注的问题，更是活动策划不可缺少的一环。活动运营者需要将工作落实到以下 3 个部分：

- 合适的部门。
- 合适的人。
- 具体的完成时间。

一般来说，活动工作安排表需要包括两个部分，即前期准备工作和当天工作安排。下面是以某企业在线下举办的新品发布会活动为例策划的活动工作安排表，如表 13-2 所示。

表 13-2　活动工作安排表

活动名称	某产品新品发布会	
活动主题	将某新产品正式向外推广	
活动开始时间	2017 年 11 月 13 日 13:30	
活动内容	分配部门	日期
确定会场	人事部门	9 月 11 日～9 月 15 日
会场购买使用物料	采购部门	9 月 18 日～9 月 29 日
发送邀请函	人事部门	10 月 9 日～10 月 13 日
会场设计	设计部门	9 月 18 日～9 月 29 日
会场布置	设计部门	10 月 9 日～10 月 27 日
检查会场	审检部门	10 月 30 日～11 月 15 日
临时雇用人才	人事部门	10 月 16 日～10 月 27 日
宣传广告	产品宣传部	11 月 6 日～11 月 12 日

> **专家提醒**
>
> 活动运营者在进行工作安排时，需要细分工作表，严谨地将工作分配到合适的部门中去，而且规定合理的、具体的完成时间。在时间安排上，最好将具体工作安排到分钟，越精确越好，这样可以解决工作落实慢的问题，避免活动当天出现意外的情况。

004　活动流程：安排到位才能更严谨

在活动策划中，活动具体流程表也是一个要点。活动运营者需要将活动期间的流程安排到位，将它一一列举出来，让工作人员和参与人员知道活动大概的整体流程，这样，活动才会更加严谨，更加容易举办成功。

依然以线下的新品发布会为例，来大致讲解一下活动具体流程表，如表13-3所示。

表 13-3　活动具体流程表

活动名称	某产品新品发布会	
活动主题	将某新产品正式向外推广	
活动开始时间	2017 年 11 月 13 日下午 13：30	
活动流程	时间	具体描述
签到	11 月 13 日 13：30 ～ 14：00	记录参会媒体
主持开场白	11 月 13 日 14：30	主持人上台 ＋ 轻音乐
节目	11 月 13 日 14：45	小型音乐会
介绍产品	11 月 13 日 13：15 ～ 14：30	介绍新产品的新功能、生产背景等内容
主持人谢幕	11 月 13 日 14：40	发布会即将结束
发布会结束	11 月 13 日 14：40	发布会全部结束

> **专家提醒**
>
> 活动具体流程表需要根据活动内容进行合理制定，不要套模板，应安排一个与众不同的流程，而且各个流程之间的时间一定要精确，将整个活动连接起来。

005　活动预算：4 大原则把控经费去向

对于活动运营者来说，需要将活动的经费去向罗列清楚。只有这样才能把控好活动经费的支出情况，才能让企业管理者快速了解活动经费的去向，从而放心地将活动经费交给活动运营者。

活动运营者需要根据活动类型、活动项目、企业具体情况来制作真实、合理、详细的活动整体预算表，因此，活动运营者在制作活动整体预算表时，需要遵循4大原则，如图13-1所示。

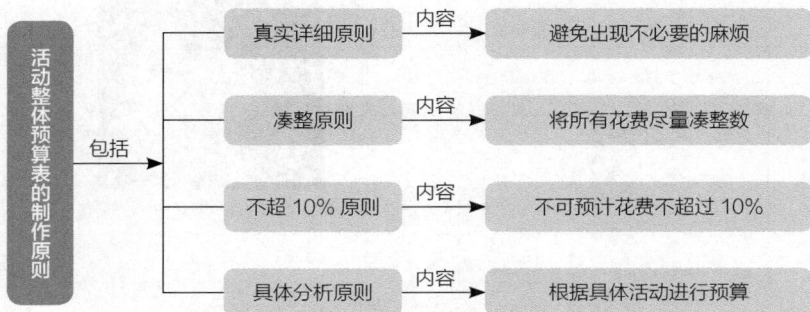

图13-1　活动整体预算表的制作原则介绍

13.2　活动创意技巧：增强用户参与的兴趣

如今，无论是在线上还是在线下，各种品牌宣传活动、促销活动等层出不穷。面对众多花样百出的活动，受众总是会选择那些既能满足自身需要，又具有关注度和自己感兴趣的活动。基于此，活动运营者应该运用各种运营技巧策划各种创意活动，吸引用户注意。

006　简单有趣：降低活动门槛，提升趣味性

在笔者看来，任何吸引人关注的活动都有两个必要的特点，那就是简单和有趣。

有趣，这是活动的核心。只有有趣的活动才能吸引人。用户关注某一方面的信息，有一个重要的原因，那就是有趣。有些在运营当中的产品就是因为其趣味性而获取海量用户和众多关注的。

例如，"冷兔"，凭借其冷笑话内容，带给了用户不少欢声笑语，并在微博平台获得了众多关注，其微信公众号也受到了大家的欢迎。用户无事时看一看，缓解一下工作一天之后紧张的心情，不失为一种美的享受。图13-2为微信公众号"冷兔"推出的文章。

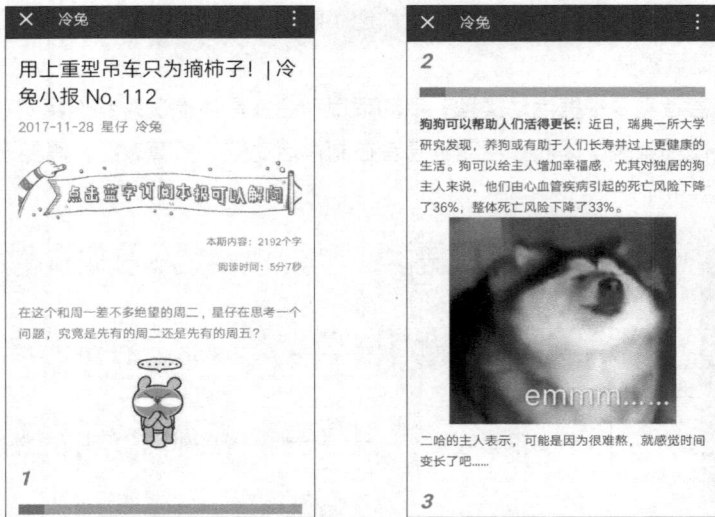

图 13-2　微信公众号"冷兔"发布的文章内容

可见，有趣是吸引用户关注并获取用户的技巧。当然，对于活动来说，有趣不仅表现在内容上，它还需要在其他因素的配合下才能完美地表现出来。

说到这里，就不能不提及简单了。假如你是活动的参与者，看到流程复杂的活动，你还会感到有趣吗？你还有心情去参与吗？我想应该是不会的了。所以，在进行活动运营时，不仅应该把活动的趣味性考虑进去，还应该想到简单之美，确保活动的体验门槛要低。

只有那些规则简单，让人一眼就能明白怎样参与的活动才会吸引更多的人关注，否则，用户不仅不懂，而且还需要运营者和客服一个个去告诉他们怎样操作，这不仅对用户来说是一种不好的体验，没有耐心的人根本就不会参与，对活动举办方来说也会产生额外的负担。

007　直击用户心灵：让用户乐于关注和转发

推出有争议的话题活动，运营者其实是基于用户心灵的某一触发点来说的。试想一下，假如你推出的活动能更进一层，直接击中用户心灵，那么这样的活动所带来的影响力是难以估量的，以至于能吸引众多用户的关注，这更是运营者的一大成功。

我们平时在关注文章、视频等内容时，总是会不由自主地被其中的某一句或一段文字，或是某一刻的场景所感动。假如把这些易感动人、易击中用户心灵的内容，加到运营的活动中去，或是在运营的活动中设置能直击用户心灵的活动环节，那么用户一般是会乐意关注并转发的。

如果领导还不满意运营的结果，那么在外面再加一道保险——在热点事件或热点时间节点的配合下，开展能直接击中用户心灵的活动，那么这一活动效果是显而易见的。

举例来说，将有关父爱、孝顺的活动选在父亲节前后，这样更容易引起儿女特别是身在外乡的游子的关注。图 13-3 为父亲节前后推出的产品优惠活动。

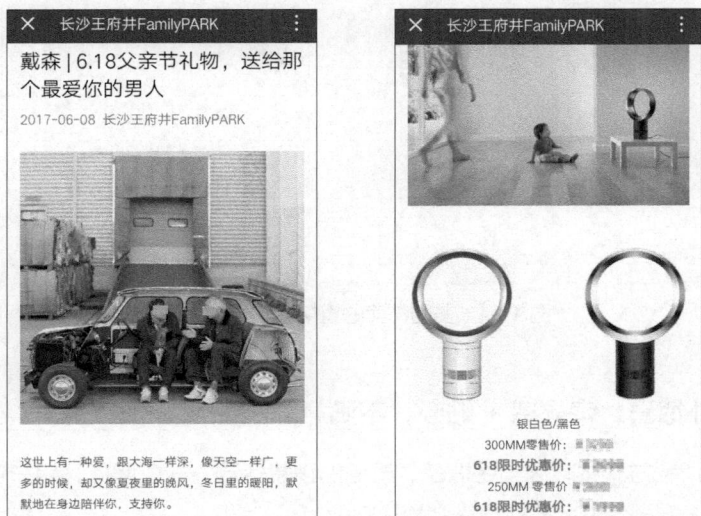

图 13-3　父亲节前后推出的产品优惠活动

008　直接让利：相同的产品，不一样的实惠

推出有创意的活动，向用户直接让利不失为一种有效的方法，特别是在传统互联网和移动互联网环境中，在网络平台上呈现出来的产品都差不多的情况下，推出产品让利活动，毋庸置疑，会吸引众多用户关注。如果你不相信，不妨来看一下你也可能熟知的例子。

就拿衣食住行中的"食"来说，自从推出了网上外卖平台，如美团外卖、百度外卖、饿了么等，它们都推出了不同形式的价格竞争，积极为外卖爱好者让利。满减、红包和代金券，都是外卖平台推出的让利活动的不错选择。图 13-4 为美团外卖平台的直接让利活动方式。

又如衣食住行中的"行"，滴滴打车曾经推出了让人疯狂的补贴活动，不少人弃公交而选"滴滴打车"，特别是在雨雪刮风天气，滴滴打车可以说成为出行的首选方式。

图 13-4　美团外卖的直接让利活动方式

009　额外惊喜：幸福感 + 贴心，不满意都难

在直接让利方式中，因为是清楚、明白的创意活动方式，因此，用户在进行消费时，一般还会考虑怎样才能获得更多的让利效果。

笔者曾经遇到过这样一种情况：一个服饰品牌的部分商品在进行一个"满 200 减 80"的让利促销活动。一位用户看中了一款 1999 元的上衣，让利促销下来，一下子就省了 720 元，让利幅度还是很大的，然而在用户看来，还差 1 元钱就又能省 80 元，看起来不怎么划算，因此满商场凑单，希望选一件百位数是偶数的价钱低一点的商品，然而没有合适的，因而用户一直在纠结，还考虑了一下干脆是不是不买了。

最后，店家的"额外惊喜"出现了：只要用户购买了该商品，可以额外积双倍积分，也就是 4000 积分，下次消费时可以直接减 200 元。用户一听高兴了，痛快地决定购买。此时用户想到的就是可见的 200 元，而不会想到因为这 200 元而要消费的几百、数千元。

可见，店家的这个"额外惊喜"不仅让用户满意，还在促进销售的同时刺激了用户继续购买，预留了下次销售的机会。

从这个例子中也可以看出，额外惊喜就好像是临门一脚，往往起着关键作用，因此，在活动运营过程中，也可适当安排一些这样的"额外惊喜"，这样的活动想不让用户满意都难。

一般的提供额外惊喜的方法是：在活动过程中为用户提供一些用户喜欢的，或能让用户感到幸福的节日，如活动时间恰好是用户的生日，那么可以用送祝福和礼物的方式提升用户的幸福感。在活动结束之后，为参与的用户提供一些贴心的小礼品。这些都是可以打造创意活动、提升用户满意度的提供额外惊喜的具体技巧。

010　争议性话题：越炒越热的爆炸性技巧

俗话说："一千个读者就有一千个哈姆雷特。"可见，不同的人，对同一事物、话题的看法是可能存在差异的。正是这种差异性，引来众多人关注，从而让众多话题传播开来。假如把这种差异性在话题源头上就加以扩大，那么关注的用户无疑就是海量的了。

因此，在活动运营中，假如提供一个有争议性的话题，开展一个关于话题的讨论活动，让话题的有争议的两方加以争辩，那么这一活动只会越炒越热，最终产生爆炸性的效果。这对于利用活动来引导流量的企业和商家而言，无疑是成功的。

例如，一个关于"到底是小时候好还是长大好？"的有争议性的话题，在短短几小时内就吸引了 1000 多人评论，有 8000 多人点赞，可见，这一话题活动的开展还是很有流量市场的，如图 13-5 所示。

图 13-5　"到底是小时候好还是长大好？"的话题活动

13.3　活动开发要略：怎样让用户更满意？

在活动目标和活动创意都有了的情况下，接下来就是怎样对活动进行开发，才能呈现给用户更好的、更满意的活动页面和活动规则。本节就从 7 个角度来阐述一下运营过程中活动开发要注意的重点问题：

011 清晰：轻松完成活动指引

一个新的活动出现，总是会有不同的活动流程的。开发运营者只有清晰地把这些活动流程展现给用户，才能让用户顺畅地体验活动。而要想把活动流程清晰地展现给用户，就需要做好活动页面上的指引工作，让用户在体验活动的过程中，能轻松地按照活动页面的指示参与活动。

具体说来，要确保活动页面活动指引的清晰度，就需要在活动页面设计上下功夫，如图 13-6 所示。

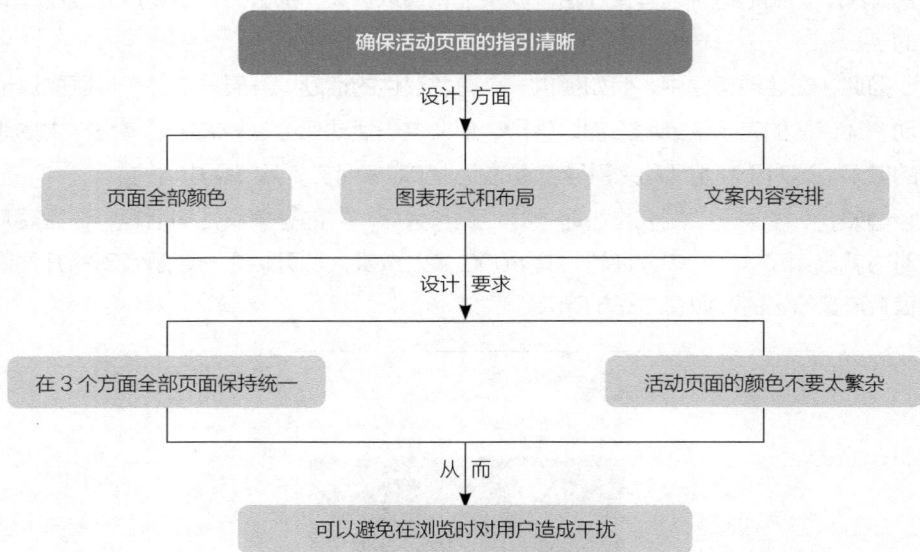

图 13-6　确保活动页面的指引清晰

012 安全：带给用户放心体验

随着互联网和移动互联网的发展，网络环境也变得越来越复杂，其中总有一些不和谐的因素存在着，这就使得用户在使用网络时总是很慎重——对一些以前没进入过的网站和平台，用户总是会产生不信任感。因此，在开发活动和制定活动规则时，应该把用户对安全性的顾虑考虑进去，提供给他们一个放心的活动环境。

关于活动开发的安全性的考虑，首先应该在参与活动需要的用户信息上进行权衡，应该把活动规则中需要的用户信息设置得尽量少一些，而且尽量不要涉及一些与用户隐私、利益相关的信息，如身份证信息、人脸识别、银行卡信息等，这样才能避免用户因产生疑虑而放弃参与。

当然，上面提及的身份证信息、人脸识别、银行卡信息等方面的规则主要是针对参与活动的新用户来说的。至于那些老用户，他们已经对活动产生了一定的信任感，企业和商家如果想要获取更多的用户信息，可以以其他的方式引导他们输入更多的信息，如身份证信息、地址信息等。基于此，在设置活动规则时，应该进行级别设置，将老用户和新用户区别开来。

然而，无论是老用户还是新用户，在活动运营的过程中都应该注意确保用户的安全性，不能把用户的任何信息泄露出去，特别是获取的老用户的如身份证、地址等信息，更是需要特别加以保管和注意。

013　简单：少跳转实现完整体验

一个完整的活动过程，并不是都可以在一个页面上完成的，有些活动从开始到结束是需要在不同的页面中跳转的。这里的"跳转"包括两种，具体如下：

- 不同层级页面的跳转：当活动从开始到结束包括两个或两个以上层级时，需要在代表不同层级的活动页面间跳转。
- 不同平台页面的跳转：当活动从开始到结束跨越了不同平台，需要在第三方平台上进行操作时，需要在不同平台页面间跳转。

然而，不管是什么样的跳转，对于活动参与者来说，还是越简单越好。因此，活动运营者在进行活动开发时，最好把活动操作汇总到其中一个或两个页面上，减少页面的跳转。只有这样，才能让用户更好地、无间断地体验活动参与过程。

而对于那些需要跳转到第三方平台页面的活动的开发，更是要慎重，最好不要设置这样的跳转。即使有时出于活动需要而不可避免，也要在进行活动开发时减少跳转的程序。对那些需要下载APP等的不常用的第三方平台，活动中最好不要涉及。

因为对用户而言，下载不同软件不仅需要流量和内存，同时还可能存在安全隐患，用户就极有可能在中途停止活动的参与，这是不利于用户完整体验活动的，而对于企业和商家来说，试图通过活动来宣传的目的也难以实现了。

014　快速：响应速度决定跳出率

平时，我们在手机和电脑上操作时，当遇到网络运行状态不好或因为内存原因而特别卡的情况，就会感到心烦，会摔打键盘或抱怨，甚至放弃浏览网页和文件，由此可见，目标文件和网页的响应速度，决定着用户的跳出率，如图13-7所示。

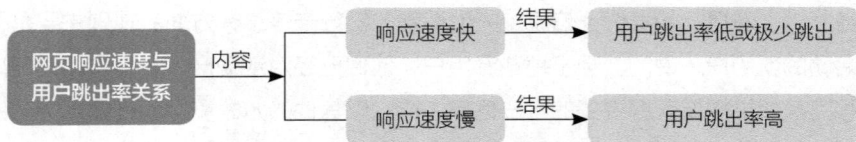

图 13-7　网页响应速度与用户跳出率的关系分析

当然，用户的网速和机器内存这两个方面的问题，对于活动开发者而言，是无法解决的，因此，要降低用户跳出率，就必须要在活动页面的响应设置上下功夫。

一般说来，用户选择跳出某一网站或平台，大多数（80%）用户会在 7 秒左右执行操作。这一数据对活动运营者来说，究竟有着怎样的含义呢？这意味着大部分人没有完整地体验活动，同时也意味着这一群人没有足够的时间浏览完网站就选择退出了，可想而知其活动运营的效果之差。因此，网站和平台页面的响应速度，活动开发者最好设置在 7 秒以内，不要让用户因为等待太久而中途停止参与活动。

015　兼容：全面检测避免损失

线上的活动页面也是网页，也是需要浏览器来进行浏览的，而在众多的浏览器中，它们主要是基于 3 种浏览器内核而开发出来的，如图 13-8 所示。

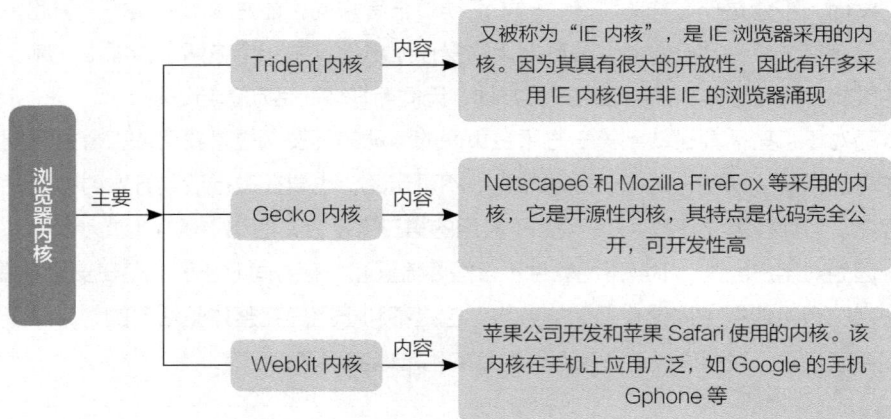

图 13-8　主要的浏览器内核

而基于不同内核开发的浏览器，并不是支持所有的页面内容的。换句话说，有些活动页面在不支持该活动页面的内核的浏览器中，是不能打开的，因此，在进行活动开发时，必须考虑浏览器的兼容性——是否支持活动页面。

而对于用户来说，他们有不同的使用习惯和爱好，因而所选择的浏览器也会有所不同。而活动开发者和运营者要考虑的是，在常见的和用户可能使用的浏览器范围内，是否都支持该活动页面。

因此，需要活动开发者在活动正式上线前，对浏览器是否兼容进行检测，以免在正式上线后、用户参与活动过程中出现无法打开和兼容的情况，这样才能保证活动的顺利推出，有利于吸引更多用户参与。

016 设计：5 元素构成完整页面

一个完整的活动页面，不是由单一元素构成的，而是包括多个组成部分，具体说来，包括 5 个，下面一一进行讲述：

1. 活动主题

活动主题，是活动页面的灵魂。无主题的活动页面，设计和开发阶段做得再好，也是无任何意义的。因此，在主题设计上，必须让用户一看到活动主题就知道活动的内容是什么，这样才能让用户有充分的理由参与进来。

而且对于一般的活动而言，除了活动页面主题以外，还有一个特别突出的活动 Banner 主题。用户参与活动，首先看到的就是活动 Banner 主题，它是用户进入活动页面的入口，因此，为了给用户提供更好的活动体验，就应该保证活动页面主题和活动 Banner 主题的一致性，以免用户进入活动页面后感到疑惑——"我是否点击错了？"

2. 页面风格

风格，也是活动页面应该注意的组成元素之一。不同风格的活动页面是有不同的适应人群的，而且不同的主题也应该有不同的风格，而活动运营者和开发者要做的就是把活动主题、页面风格和目标用户有机地结合起来。

举例来说，假如你要开发的活动主题是动漫展览，那么，活动风格自然也最好选择动漫风格，而活动的目标用户自然是那些喜欢二次元的年轻人，这样，就把活动主题、页面风格和目标用户在活动页面上实现了完整的统一。

3. 页面排版

活动页面达到用户手上，有两种明显的排版形式：移动版和 PC 版。而在不同的终端上，活动页面的显示是不同的，特别是当 PC 版的活动页面显示在移动终端上时，由于显示屏和容量的不同，活动页面的加载速度和显示效果都会受到影响，如加载速度慢，由于屏幕小而使得字体和按钮等太小、不清晰等。

因而在进行活动页面开发的过程中，就有必要考虑设计不同终端的活动页原型图，以供使用不同终端的用户浏览和参与。

4. 页面颜色

对用户来说，眼睛接触到的不同的颜色，其所包含的意义也是不同的，这是众所周知的事实。这一事实应用在活动页面上，也是适用的。关于活动页面的颜色，运营者应该注意两个方面的问题，即能体现出独特的风格、符合活动主题。

5. 页面元素

关于活动页面的元素，除了需要具备用户参与活动的必要元素外，还应该把宣传推广的活动功能考虑进去，也就是有必要把相关的能代表企业、品牌的元素加入活动页面中，如企业 LOGO、品牌名称等。

017　测试：两大环节查漏补缺

关于活动的开发这一阶段，要想真正把活动投入到运营中去，首先就应该保证活动无论是在技术上还是在功能上都是没有缺漏的，是可以正常运行的。下面就从功能和技术两大环节来进行测试，实现查漏补缺：

1. 功能测试环节

在技术测试环节保证了活动页面的顺畅运行以后，接下来就进入了功能测试环节。这一环节主要是检测活动的各项流程能否正常运营，是否能实现活动开发的预期效果。

至于具体的测试过程，则是采用了模拟测试的方法：让测试人员从用户的角度出发，去真实地参与活动，一步一步完成操作。在操作中去发现问题、解决问题，最终保证用户参与活动时各项功能的正常。

那么，测试人员要关注的测试内容包括哪些呢？具体说来，主要涉及 4 个方面，如图 13-9 所示。

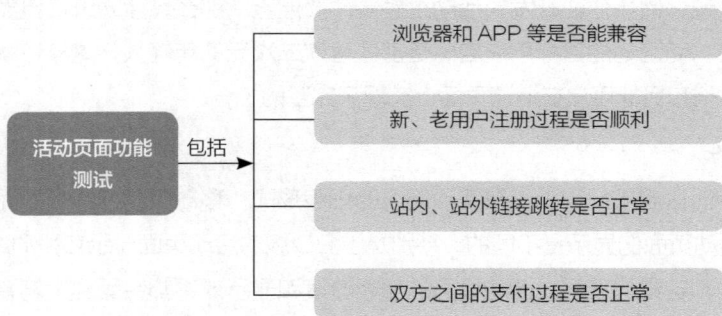

图 13-9　活动页面功能测试的主要内容

2. 技术测试环节

技术测试，其目的就在于让活动设计和开发技术方面无漏洞，这是保证活动页面能在网站中顺畅运行的基础。关于活动页面的技术测试的过程，在开始进行和完成了第一轮技术测试之后，会出现两种情况：一种是测试后不存在问题，那么就可以投入运营了；另一种是测试后存在问题，此时就应该进行修改，解决问题，再次进行测试，直至没有发现问题才能投入运营。

13.4　活动顺利进行：7 大方面要注意

经过了目标策划、创意设计和开发的活动页面投入运营中后，接下来的工作就是怎样确保活动能顺利进行。

018　考查可行性：活动顺利进行的前提

思考分析活动方案中设计的内容是否真实可行，是活动运营者要注意的一个方面。关于这一问题，光是预算通过还不够，运营者还要考虑到现场、人员和法规等多方面的原因。一般来说，确定一个活动是否真实可行，应该从 3 个方面进行分析，具体内容如下：

1.　实际操作性方面

从实际操作性方面进行分析需要考虑活动策划的运行能力这一主观条件和人力、物力等客观条件。

抛开运行能力去谈活动无异于纸上谈兵——说得再好，讲得再棒，可带不好兵，打不赢仗，又有什么用呢？所以活动运营者不要一味地追求充满创造性、新奇独特的活动方案，而是要适当考虑主办方的运行能力。

人力、物力等客观条件，也是活动运营中要考虑的一点。没有人力、物力等客观条件支持的活动无异于画饼充饥——没有做饼的材料，饼画得再好看也只能饿着。所以活动运营者不要有什么新想法就往活动方案里加，要考虑到现有的资源量，以整体活动的实现为本。

2.　绩效性方面

从绩效性方面进行分析，首先需要考虑活动盈利能力。不管是什么活动，始终是需要回报的。确保活动获得回报是活动运营者必须要考虑到的一点。另外，对活动目标价值的论证也是活动运营者要关注的一点，只有活动有价值人们才会相信并参加，这样才值得投入成本去开展活动。

3.　可执行性方面

从可执行性方面进行分析，我们需要了解 4 点，具体分析如图 13-10 所示。

效益与风险之间的指数	→	活动的成败决定了活动是带来效益还是风险，因此，要把活动中存在风险的因素去除，以确保顺利进行
成本与效益之间的指数	→	活动具有效益但也需要成本，因此，要把握好二者之间的关系，从而确保活动效益大于活动投入成本
活动方式是否是科学的	→	因为只有科学合理的工作方式才可以节省活动运营成本，缩短活动的筹备时间，保障活动顺利完成
活动内容是否是合法的	→	活动会场的设施布置是否符合相关规定，这样可以避免发生"千里之堤，溃于蚁穴"的意外情况

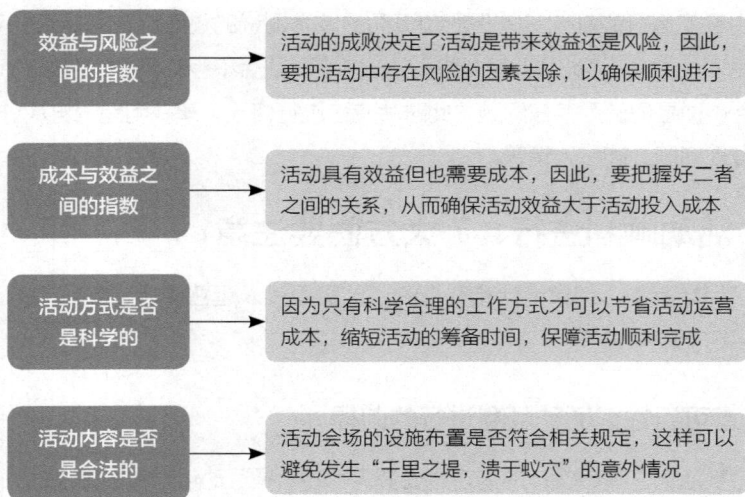

图 13-10　活动的可执行性分析

019　准备：备用方案，应对可能难题

活动总方案至少需要在活动开展前的 1 个月进行策划。由于无法预测活动当天会发生的事情，所以活动策划者需要做出一份备用活动紧急方案，来应对变化带来的难题。

一般来说，备用活动紧急方案与活动总方案大致相同，只是为了一些不可控制的因素而制定的方案。

例如，总方案的活动场地是在室外，活动当天可能会下雨，则可在备份方案中将活动场地改成室内，或者是在室外加一个雨棚，或者准备一些简易的雨衣、雨伞。在活动当天有可能会遇到情绪比较激烈的受众，需要有应对的方法，或者聘用保安维护现场秩序等。

020　组织：选择活动团队和主持人

在活动组织上，特别是在人员组织上，有两个方面需要运营者特别注意，才能更好地保证活动顺利进行，即活动团队的组织和主持人的选择，具体内容如下：

1. 组织活动团队

俗话说："一个篱笆三个桩，一个好汉三个帮。"活动运营也是如此，虽然活动运营者也需要亲临活动现场进行活动工作，但是也不必凡事亲力亲为。活动运营者是活动工作的决策者和指导者，更多的应当是进行指导和决策方面的工作，这样，活动工作的进行才能更有效率，才能避免错误集中发生。

所以，活动运营者在准备进行活动策划时需要组织一个团队，一起完成整个活动的策划，团队人数需根据活动大小来确定：

- 一般小型活动在 10 人以下即可。
- 大型活动要根据活动的具体要求进行人数的拟定。

活动运营者需要根据团员的性格、爱好、技能来分配任务，只有这样，团队人员在处理问题时才会更有效率。

在团队中，还需要多开会议，来征求团队成员对各方面工作的意见和看法，以及考虑是否要求助外援，例如，活动策划专业人士、公关方面的公司、活动运营导演等，通过他们专业的技能来给活动添彩。

💡 专家提醒

活动运营者还需要考虑活动安全、相关许可证等因素，确保活动完美展开。

2. 选择活动主持人

主持人在活动现场中扮演着十分重要的角色，如果说活动运营者是幕后的规划者，那主持人就是台前的指挥者。优秀的主持人能为活动增光添彩，合格的主持人能引导活动顺利进行，拙劣的主持人则会使活动毁于一旦。一般说来，主持人对活动的作用表现在 6 个方面，即调节气氛、引导流程、临时救场、讲解活动、互动观众和配合幕后等。

由此可见，主持人对活动的帮助是非常大的，对活动的顺利进行起着重要作用。所以活动运营者在决定主持人人选时一定要提高要求，注意其职业素养。如果不能选出一个各方面技能突出的人选，也可以选择两个人主持或多个人主持，形成优势互补。

021 宣传：做好宣传预热、引流和发酵

在活动运营中，宣传是一项非常重要的工作。不管是活动前、活动中还是活动结束时，只有在宣传上做得好，才能达到活动运营的目的。

1. 活动前：做好宣传预热

对于活动运营来说，活动的宣传方式是活动成功的"领路先驱"。当宣传效应非常好时，活动成功率会大大地提高；若宣传效果不佳，那么活动效果必然不好。

做好活动宣传预热，保证的活动顺利进行和活动目标的顺利实现，首先就要选好宣传渠道。活动运营者在选择宣传渠道时，需要考虑其渠道是否能为活动带来最大化的效果，否则，活动宣传就会变成了一种既"烧钱"又"无用"的策略了。

因此，活动运营者在选择宣传渠道时，需要考虑 3 个问题，具体如下：

- 企业目标用户是否在此渠道比较聚集。
- 此渠道能给活动带来怎样的宣传作用。
- 活动是否适合此渠道的整体风格。

活动运营者在选择活动宣传策略时，需要在宣传策略中嵌入 6 大特色，才会具有吸引人们注意力的作用，如图 13-11 所示。

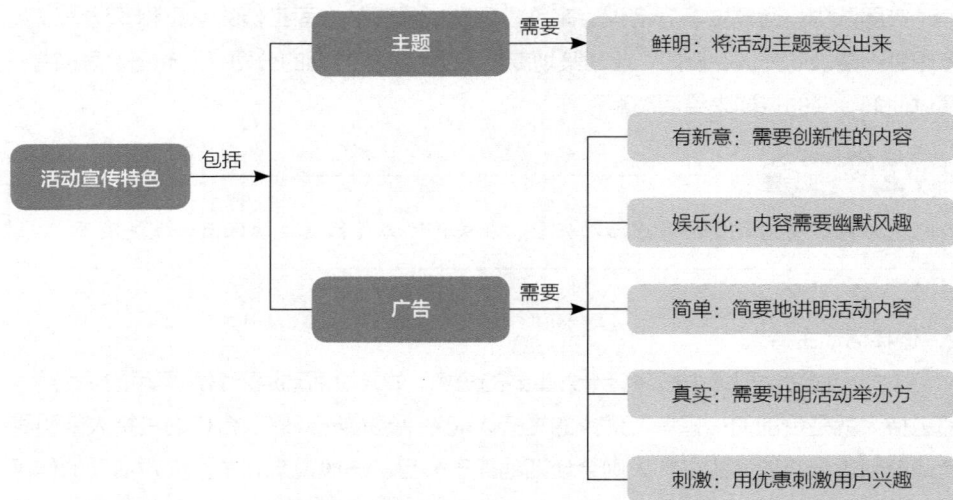

图 13-11　活动宣传的特色

选好了宣传渠道，接下来就要思考怎样去宣传，也就是宣传的方式方法。活动宣传方式多种多样，活动运营者若想在众多的宣传方式中选出一个最合适活动的方式，则需要从 3 个方面考虑，即活动成本问题是否在预算范围之内、活动宣传面对的受众是否是活动需要的和是否适合宣传该活动主题等。

除此之外，活动运营者还需要对活动宣传方式有一定的了解，才能从客观上进行选择。下面就来了解一下活动宣传的常见方式，以微信朋友圈推广、互联网广告和发送宣传单告知为例，相关分析如图 13-12 所示。

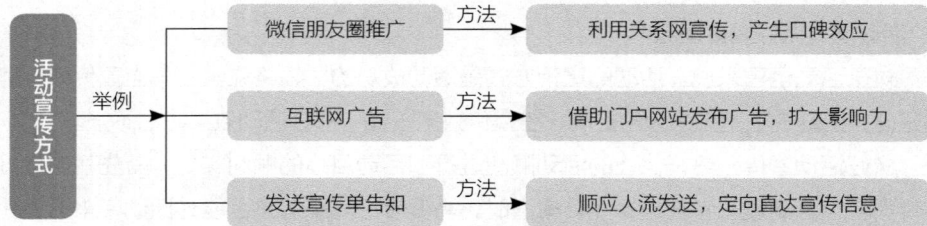

图 13-12　举例分析选择的宣传方式

2. 活动中：做好宣传引流

任何平台的用户都是一个由少到多、不断积累的过程，而活动运营就是一个实现"多"这一目标的途径，因此，在活动运营过程中，做好宣传引流也是保证活动顺利进行的必要条件。那么，应该怎样做好宣传引流，让更多的用户参与并最终转化呢？

有因才有果，宣传引流也是如此。要找到宣传引流的正确途径，就要解决引流中可能存在问题。图 13-13 举例分析宣传引流中可能存在和需要解决的问题。

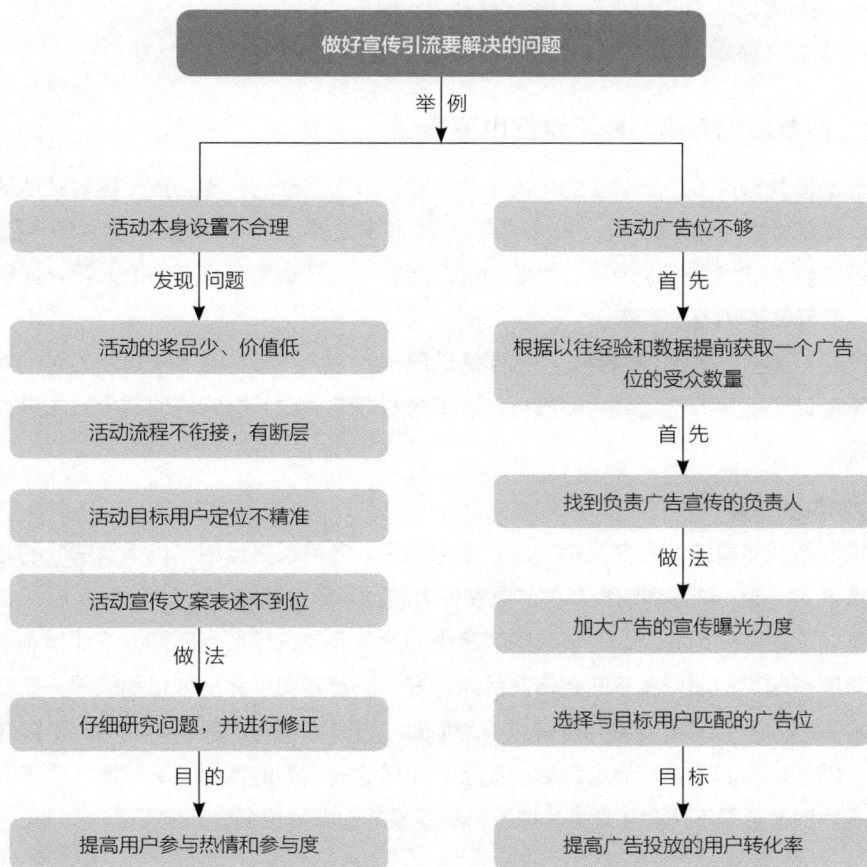

图 13-13 举例分析宣传引流中可能存在和需要解决的问题

3. 活动中和结束时：做好宣传发酵

要保证活动的顺利进行和活动目标的顺利实现，在宣传方面，只单纯地进行宣传引流和解决宣传中遇到的问题还是不够的，运营者还需要对宣传进行再次发酵，制造引爆点，让宣传效果更上一层楼。

当然，这里的宣传发酵，一般是在活动顺利落地过程中和刚结束时进行的。它是对宣传发起的又一轮大的攻势，意在通过活动举行过程中出现的一些值得宣传的"点"，加以巧妙包装，让其有引爆的机会，从而收获海量用户关注，提升品牌形象和知名度。

一般来说，宣传发酵这一阶段中的宣传，其用于发酵和引爆的"点"才是活动运营者运营的中心内容。这个"点"的选取是要注意技巧的，具体如下：

- 要有价值，最好还能借势热点宣传。
- 要有讨论性，问题答案不能一边倒。
- 要切入新颖，能调动用户的好奇心。

022 控制活动节奏：既不仓促也不拖延

活动运营者对于活动节奏的控制十分关键，因为活动的节奏会直接影响到活动的效果。节奏太快，受众跟不上，只能放弃参与；节奏太慢，受众等不及，也会离开活动。合适的节奏才能增强活动效果。想要制造合适的活动节奏需要从 3 方面入手，即氛围节奏、时间节奏和流程节奏。

其中，流程节奏很好理解，指的是活动流程的各个环节，需要在规定的时间内完成，不能让个别环节拖延或仓促进行。接下来对控制活动节奏的其他两个方面进行详细讲解：

1. 控制氛围节奏

控制氛围节奏的方式在促销活动中十分常见，通常都是运用"饥饿营销"的方法在消费者中形成一种强烈购买意愿的氛围，再激发消费者抢购。

例如，在某促销会上，对于有购买意愿的消费者先进行适当压抑，不让其购买，而是对等待购买的消费者不断宣传产品如何好，消费者买了会觉得特别值得。在让消费者被激起强烈的消费欲望并且有点不耐烦时，再开始销售产品。与此同时不断鼓吹产品，然后告诉消费者产品是最后一批了。通过这一系列的氛围节奏控制，原本只买一件的消费者会忍不住多买几件，原本打算看看的消费者也会立即购买。

2. 控制时间节奏

任何一种包含了时间和空间两个方面的立体艺术表现形式，都必然会经历起始、渐强、高潮、渐弱、落幕这 5 个阶段。这是一个经过了无数次验证的规律，活动也不例外。

在起始、渐强、高潮、渐弱、落幕这 5 个阶段中，起始、高潮和落幕 3 个阶段最能被观众记住，因此，活动策划者要善于控制活动的时间节奏，在活动的关键时间将表现活动目的的关键内容呈现出来。

再以促销活动为例。一开始便打出了"大甩卖"的噱头来吸引顾客，然后在活动进行到高潮时，又打出"挑战全年最低价"的广告语再度吸引顾客抢购，最后在活动快结束时再打出"最后1天"等字样的广告语，营造紧迫感，让顾客忍不住再次抢购，让活动完美收官。

023 实事求是：根据数据及时调整

在活动运营过程中，即使策划得再好，活动中可能发生的具体情况也是不能完全预测的，因此，在活动过程中，还需要运营人员实时监控活动，并在确切的数据指导下对影响活动顺利进行和实现活动目标的情况及时进行调整。

这也就是说面对活动中出现的预料之外的事情时，要有及时应变的能力，并能快速调整，让活动进入预定轨道。一般来说，活动可能出现的问题是多种多样的。即使运营人员有再好的运筹帷幄的能力，执行人员有再好的执行能力，都不能完全避免。图 13-14 举例介绍活动过程中运营人员要根据数据及时调整的问题。

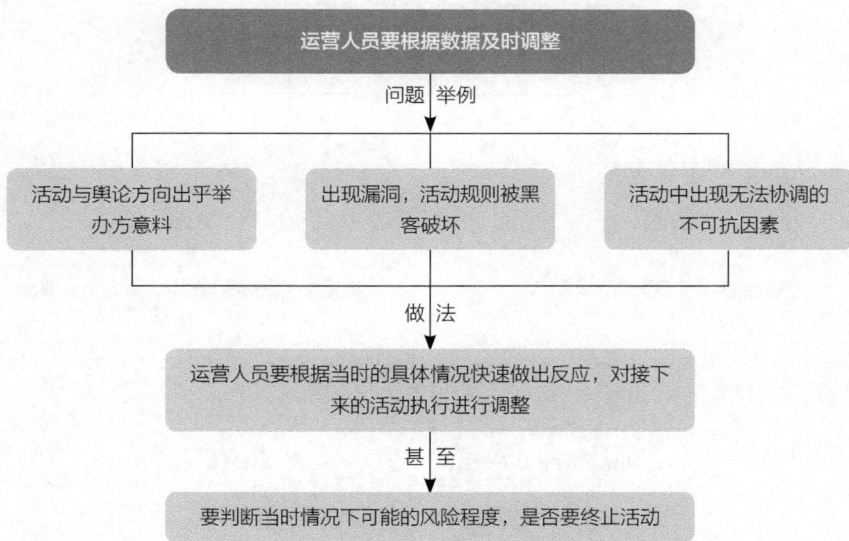

图 13-14 举例分析运营人员要根据数据及时调整的策略

024 后续工作处理：让用户留下好印象

人们常说某一活动"结束了"，是相对于用户来说的，对于活动运营者来说，却是还没有结束的。运营者还有后续工作需要处理，其中最主要的是关于活动中获奖人员的问题，一般包括两大程序，具体介绍如下：

1. 公布获奖名单

有些活动的获奖名单并不是在活动现场和活动过程中就公布的，而是把这项工作留到了活动完成后进行。活动运营者可以通过多种途径来公布获奖人员名单，如手机短信、微信、QQ 信息和平台活动页面等。

2. 寄送活动奖品

寄送活动奖品可从横向分类和纵向流程两个方面解读，内容如图 13-15 所示。

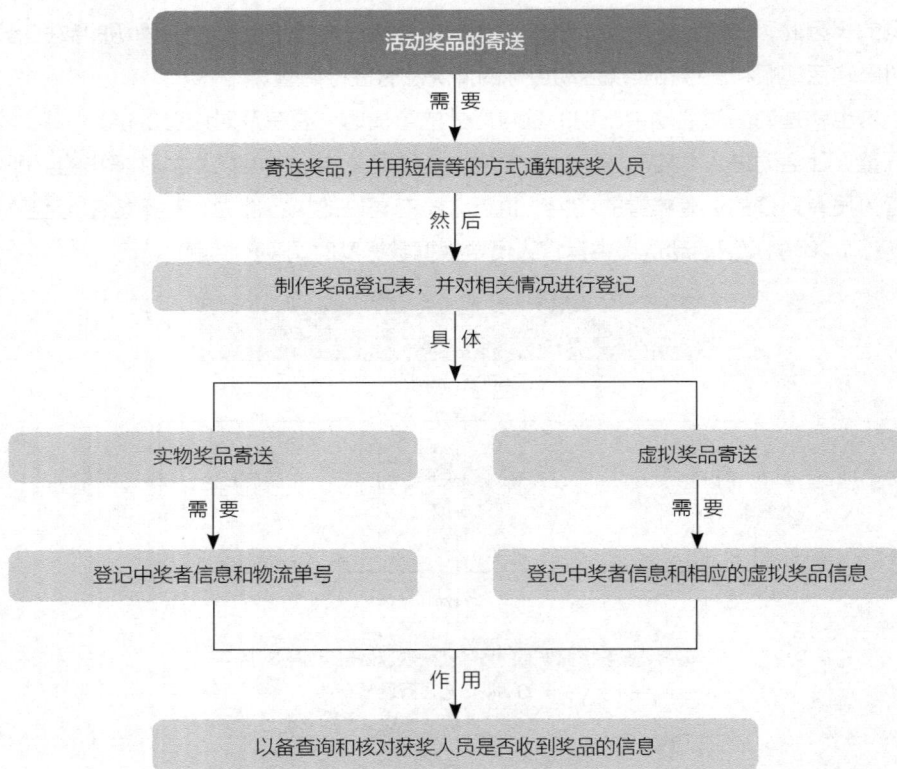

图 13-15　活动结束后活动奖品的寄送问题解读

13.5　活动评估总结：总体把握运营成果

在活动的后续工作处理完之后，接下来运营者就需要对这次活动进行评估总结：哪些地方很成功，哪些地方出现了败笔，还有哪些地方需要改进，预期的活动目标是否实现……这些都是活动结束之后的总结报告中需要提及的问题。

在这一活动运营阶段，我们主要应该关注和做些什么呢？接下来为大家解答。

025 冲高回落值：轻松判断效果好坏

此处的冲高回落值引用的是股票的概念，其在股票市场上的具体含义如下：

- "冲高"，是指分时图上的当天的股票价格，突然向上无限量的飙升，达到一个峰值。
- "回落"，是指分时图上的当天股票价格，在达到峰值后又突然在有成交量的情况下下跌，其上涨趋势回缓。

被引用到活动运营中后，冲高回落值是针对整个活动来说的，而不是针对某一时间段的活动来说的，而且计算的内容大多与用户数有关。其计算公式为：

$$冲高回落值 = \frac{活动结果数据 - 活动开始数据}{活动峰值数据} \times 100\%$$

利用这一公式计算出来的冲高回落值结果，是判断活动效果好坏的重要依据，具体内容如下：

- 如果其数值非常低，表示活动运营的效果不好。
- 如果其数值为负数，表示活动运营起了反作用。
- 如果其数值比较高，表示活动运营的效果非常好。

💡 专家提醒

冲高回落值计算公式中的"活动结果数据"和"活动开始数据"不是任意选择的，它一般要求使用在用户的行为处于稳定状态下的数据。

026 活动用户增长率：有效评估长期效果

在对活动进行评估的过程中，除了冲高回落值外，还有一个重要的指标，那就是活动用户增长率。这一数值可以有效评估活动运营的长期效果。其计算公式为：

$$活动用户增长率 = \frac{活动结果数据 - 活动开始数据}{活动峰值数据} \times 100\% - 自然增长率$$

在这一公式中，"自然增长率"指的是平台没有进行活动运营时的用户增长率。

利用这一公式计算出来的活动用户增长率的结果，也是判断活动效果和效率高低的重要依据，特别是关于活动对用户的引流方面，通过这一数据可以轻松得出结果。具体分析如下：

- 如果其数值非常低，表示通过活动运营而转化来的用户数，几乎没有什么增长，活动效率低，活动效果不好。

- 如果其数值为负数，表示通过活动运营不仅没有促进用户数增长，反而在原有的用户增长上有所退步，活动运营出现了反向结果。

- 如果其数值比较高，表示活动运营转化而来的用户数也高，活动效率高，活动效果好。

027　活动数据分析和报告：全面了解活动成败

上文已经对与活动运营有关的两个重要数据分别进行了讲解，在此具体介绍一下活动运营的数据分析和活动数据报告。

一般说来，在活动结束后，是有必要对相关数据进行统计和分析的，以便发现问题，为下一次的活动举行提供有效的数据支撑和验证。

相对于线下活动，线上活动的数据分析明显比较繁杂。就以产品促销活动为例来说，线下活动要进行的数据分析，其内容逃不开4个数据，即进店用户数、消费人数、销售额、客单价。一般的数据分析内容，都可通过这几个数据计算出来。

而在线上的产品促销活动，其数据分析的内容就需要从多个角度去考虑。除了销售效果的分析外，还有其他的一些比较重要的数据的分析。关于线上促销活动的数据分析应包含的一些数据量，举例如下：

- 发券量、领券量和使用量。

- 交易单数。

- 活动营收。

另外，在线上活动中，除了上面提及的数据外，还有一些比较关键的数据，如跳出率、页面停留时间、新增用户数、净增用户数。当然，所有活动还应该把活动的投入和产出计算进去，并计算活动的收益，这才是比较完整的数据分析。

在数据分析的基础上撰写成的活动报告，要求是一份交给领导的满意的答卷。一般说来，活动报告主要包括两部分：

（1）以Word、Excel或PPT的形式撰写一份正式的关于活动内容的详细的报告。在撰写此类报告时要从报告阅读人员的视角出发，以简单、直观的方式呈现报告内容。具体说来，活动报告的撰写应该注意以下问题，如图13-16所示。

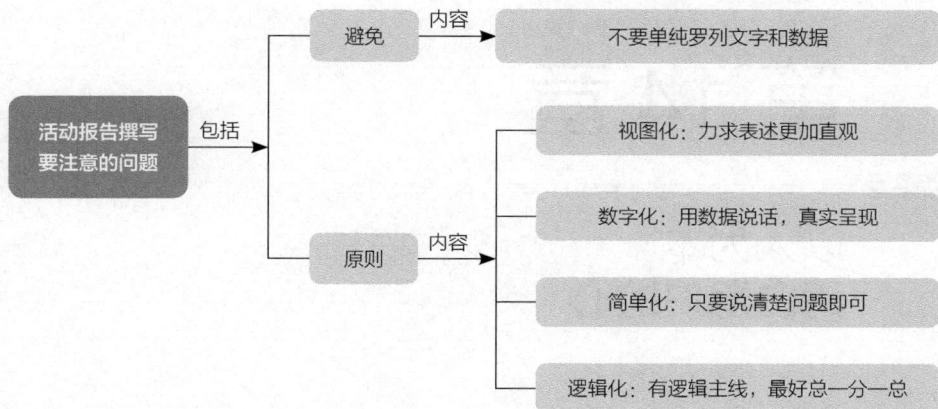

图 13-16　活动报告撰写要注意的问题

（2）以邮件的形式发送的关于活动结束或下线的通知类的报告，并对活动中出现的问题和解决办法做出简要描述，在最后还应该对活动执行人员表示感谢。

028　活动总结和复盘：发现易被忽视的细节

活动顺利结束后不要急着开庆功会，因为活动运营者的工作还并没有结束。活动运营是一份需要经验积累的工作，而活动结束后正是活动运营者积累策划经验、总结活动问题的大好机会。

活动总结主要有 3 个主要任务，即总结优点、总结不足和活动复盘。从总体要求上来说，需要的是客观、严谨的总结，所以指出不足、互相批评很重要，但也不要忽略活动运营中做得优秀的地方，这是宝贵的成功经验。

其中，总结活动中出现的不足和本可以避免的问题是活动总结工作的重点。活动运营团队中的策划方和执行方可以相互指出对方的问题，以及由于对方的问题而引发的自己这方面的问题。这并不是互相推卸责任，而是通过这种先暴露问题然后解决问题的方法，增加活动运营团队的磨合度，这对今后的活动策划工作十分有帮助。

从一定意义上来说，复盘的内涵大于总结。对活动进行复盘推演有助于活动运营者发现难以注意到或是容易被忽略的细节问题，可以及时地更新活动运营者的活动处理经验和技能。

第 14 章

以人为本：
明白用户的心

在工作烦琐的用户运营中，我们具体应该怎么做呢？说到底，就是了解用户的需求，知道他们需要什么。只有明白了用户的心，才能更好地为用户提供服务。本章就从了解用户这一目标出发，告诉你怎样进行用户运营。

要点展示

>> 入门快速解读：一切为了用户

>> 怎样进行用户运营？进阶 6 大关键

>> 用什么支撑用户运营？用户数据分析

>> 运营包含哪些阶段？用户成长周期

>> 怎样实现与用户打成一片？

14.1 入门快速解读：一切为了用户

无论是为了营销目标的运营，还是为了吸粉引流的运营，它们都离不开用户这一关键因素，由此可见，在互联网运营体系中用户运营的重要性。而如此重要的用户运营，其本质就在于了解用户、愉悦用户，最终为了在为用户提供需要的产品的同时更好地为用户提供贴心的服务。

001 认识：什么是用户运营？

"用户运营"，顾名思义，就是关于用户的运营，其一切运营工作都是基于用户这一中心进行的。用户运营含义解读如图 14-1 所示。

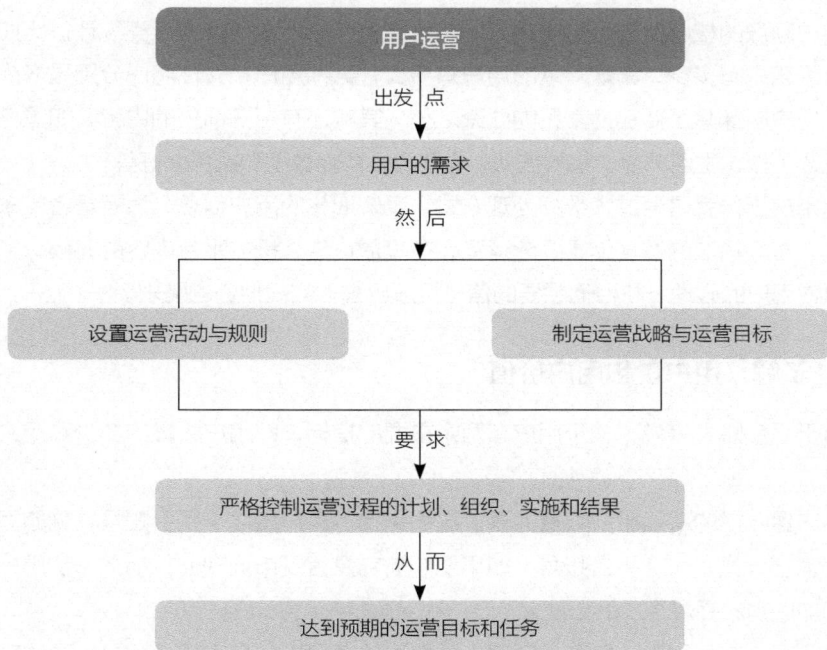

图 14-1 用户运营的含义解读

在互联网环境下，用户资料和了解用户的途径都是非常多的。我们要做的用户运营的工作就是整理和了解它们，然后清楚地知道：你的目标用户是谁，他们需要什么，他们会选择什么样的途径关注你……如此种种，都是用户运营要了解的。

接下来的内容，就会针对这些问题进行详细解读，相信能帮助你找到你需要的答案。

002　理解：什么是用户画像？

用户画像又叫用户角色，是团队用来分析用户行为、动机、个人喜好的一种工具。用户画像能够让团队更加聚焦于用户群体，对目标用户群体有一个更为精准的了解和分析。

对于平台账号来说，每一个平台都是为特定的用户提供服务而存在的，不存在一个平台适合每一个人的情况，而作为一种虚拟形象存在的用户画像，并不是运营者脱离实际虚构出来的，而是由一群有代表性的用户群体和目标受众的各类数据总结而来的。

对于运营者来说，如果没有一个精准的期望目标，而是用户画像模糊，比如既囊括了男人女人、老人小孩，又囊括了文艺青年、热衷八卦的青年等，这样的产品终究会走向消亡。

用户画像的核心目的是给用户打上一个标签，从而实现数据分类统计。比如，北京地区的用户有多少，喜欢唱歌的用户有多少，男性用户和女性用户分别是多少等。另外，用户画像除了要包括常见的要素之外，其实还有更多细化的内容，如星座、婚姻状况、工作、生活环境、宗教信仰、购买力、购物类型和颜色偏好等。

而用户画像就是通过大数据处理方式，了解细化的用户信息，为运营者带来了更为便利、更为精准的数据结果，让运营者在投放广告、投放平台内容的时候，能够准确地抓住用户的心理，将他们想要的信息投放出去，实现他们的需求。

003　了解：用户量和用户价值

对于平台账号来说，关于用户有两个重要的指标，即用户数量的多少和用户价值的多少。

用户量，指的就是用户数量的多少这一指标。用户量之于平台账号，就如同销售额之于销售人员。一个平台账号，如果要判断它是否受市场欢迎，那么，从用户量这一指标加以判断是最基本的标准。

更何况，在互联网环境下，利用平台积累的海量用户来变现盈利是主要的获利方式，因此，拥有足够的用户量，在数量上取胜，是获利的基本条件。

然而，有人会问：只要有了足够用户，就能实现盈利吗？其实不然，这里还要考虑一个用户价值的问题。举一个大家都明白的例子：

一个销售人员，其通讯录上联系的客户很多，这就是用户量，然而这些客户每年的订单数和销售额都很少，也就是用户价值低。另一个销售人员，可能其通讯录上联系的客户没有前一个销售人员那么多，然而他的客户中却有一些订单数和销售额都很高的客户，那么其用户价值无疑是更高的。

平台账号也是如此，关注该平台的用户的价值是参差不齐的，既有那些非常活跃的、愿意付费的高价值用户，也有那些关注极少、基本处于静默状态的低价值用户。

我们首先还是来了解一下什么是"用户价值"。用户价值，顾名思义，就是用户所创造的价值。具体说来，就是用户通过各种方式，如付费、口碑传播等，为平台账号创造的所有价值。

可见，用户价值是用户运营的核心，它是决定平台账号能否更进一层和走得更远的依据。而要提升用户价值，首先就要看你能为用户创造什么样的价值，然后才是思考用户能为平台创造的价值。

综上所述，用户量和用户价值都是平台账号的用户运营中必须要考虑的指标。而运营者要做的就是让用户量更多，让用户质量更优，最终实现用户价值更高的目标。

004 掌握：什么是核心用户？

核心用户，既然提到了"核心"二字，那么，就表示这一概念是处于核心地位的存在。把"核心"与"用户"搭配起来，指的就是互联网产品的用户群体中处于核心地位的那一部分，他们是能对产品的发展和盈利有着巨大贡献的用户群体。

在这里，关于核心用户这一概念的进一步理解，主要应该抓住两个关键点，具体内容如下：

- 核心用户是互联网产品的目标用户群体的一部分，因而它也是互联网产品的使用者。
- 核心用户提供了其他目标用户没有提供的价值，为互联网产品的发展和创收做出了贡献。

在理解核心用户时，还要注意，一个互联网产品的核心用户并不是固定不变的，而是会随着产品发展阶段的变化而变化的。另外，对于整个互联网领域而言，核心用户这一概念的含义会存在行业、产品类型方面的差别。

就如一个以生产内容为主的互联网产品和一个以销售为主的互联网电商产品，其核心用户的理解是不同的。前者的核心用户包括内容贡献者、建议提供者和站外推广者等；后者的核心用户一般是指购买商品更多的消费者。

14.2 怎样进行用户运营？进阶 6 大关键

了解了用户运营中的几个关键指标和概念后，接下来就要进入具体的运营阶段了。在此，主要是介绍一下怎样完成用户运营的进阶，也就是在用户运营中，具体包括哪 6 大关键阶段。

005　确定目标用户：4 大步骤完成筛选

一个互联网产品，其潜在的用户数量是很多的。而运营者要做的事就是把其中的目标用户筛选出来，作为互联网产品推广和宣传的主要目标。至于目标用户的确定，就需要运营者通过以下步骤来确定，具体内容如图 14-2 所示。

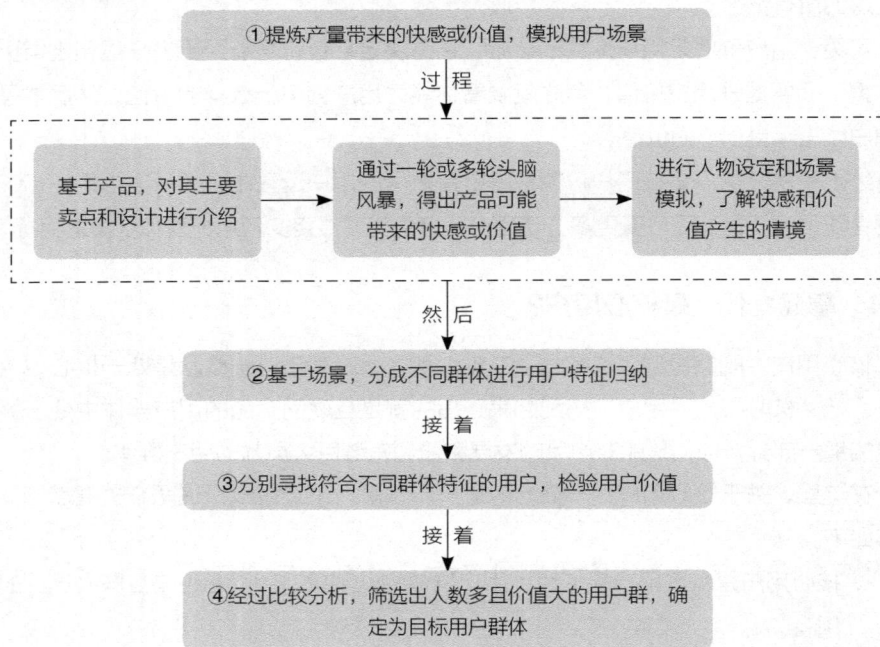

①提炼产量带来的快感或价值，模拟用户场景

过　程

| 基于产品，对其主要卖点和设计进行介绍 | → | 通过一轮或多轮头脑风暴，得出产品可能带来的快感或价值 | → | 进行人物设定和场景模拟，了解快感和价值产生的情境 |

然 后

②基于场景，分成不同群体进行用户特征归纳

接 着

③分别寻找符合不同群体特征的用户，检验用户价值

接 着

④经过比较分析，筛选出人数多且价值大的用户群，确定为目标用户群体

图 14-2　确定目标用户的过程介绍

要注意的是，在最后进行用户群体筛选时，运营者要注意筛选的角度，具体说来，可从以下 3 个方面来考虑：

- 对自身平台推出的产品是否有足够强烈的需求欲望。
- 是否在群体大小、消费能力和传播力方面占有优势。
- 吸粉引流时获取这一群体的难度如何，成本是多少。

006　定位用户需求：匹配用户＋产品＋场景

在有了明确的目标群体后，就需要了解他们的具体需求是什么，以便进行运营内容和具体产品的准备。

而在进行目标用户的需求定位时，还是要结合具体场景的，这样才能把目标用户群体与相应的场景、相应的需求进行匹配，如图 14-3 所示，这样才能初步了解用户需求。至此，就完成了用户需求定位的第一步。

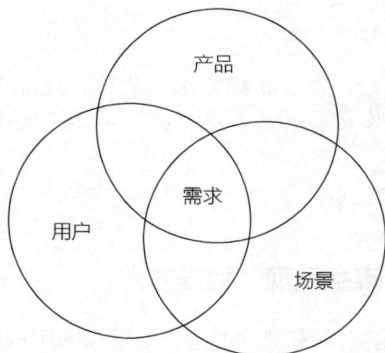

图 14-3　初步定位用户需求

关于目标用户群体与相应场景、相应需求匹配，图 14-3 已一一标示了出来，具体如下：

①产品用户：处于产品与用户的结合部，把产品与用户相匹配，可以很清晰地展现目标用户群体。

②产品场景：处于产品与场景的结合部，把产品与使用场景相匹配，可以很清晰地展现出产品功能。

③用户场景：处于用户与场景的结合部，把用户与使用场景相匹配，可以清晰地展现相应场景的用户需求。

然后把①、②、③结合起来，把用户、产品和场景串联在一起，就形成了在某一场景下关于某产品的某一用户群体的需求。如果把所有筛选出来的用户群体按照不同场景的产品使用，一一进行匹配，就可以把所有类型的用户群体的需求分析出来，这样，用户需求的初步定位也就完成了。

最后，对整理和分析出来的用户需求进行需求优先级定义，过程如图 14-4 所示。

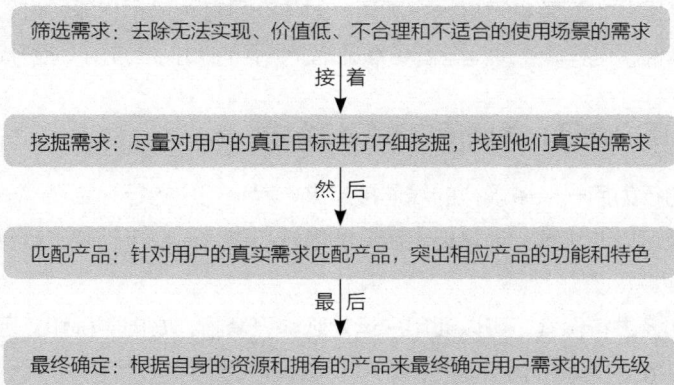

图 14-4　确定需求的优先级的过程分析

237

> **专家提醒**
>
> 　　在确定需求优先级时，在"挖掘需求"阶段，运营者要注意：有时用户想要什么，并不表示这是他们的真实需求。真实需求是需要运营者仔细挖掘才能获得的。

007　总结用户属性：表格呈现，找准方向

完成了目标用户定位和用户需求定位后，接下来的用户运营就是围绕具体的已确定的目标用户而工作的。首先是了解目标用户本身，也就是对用户的属性进行总结，以便更精准地进行宣传推广。

一般来说，用户属性就是用户的身份背景。在微信公众号平台后台的"用户分析"，就包括了"用户属性"的统计分析，有用户属性分布表，其中就包括了性别、语言、省份、城市、终端和机型等 6 项内容（其中部分属性将在本章第 3 节中有具体介绍），如图 14-5 所示。

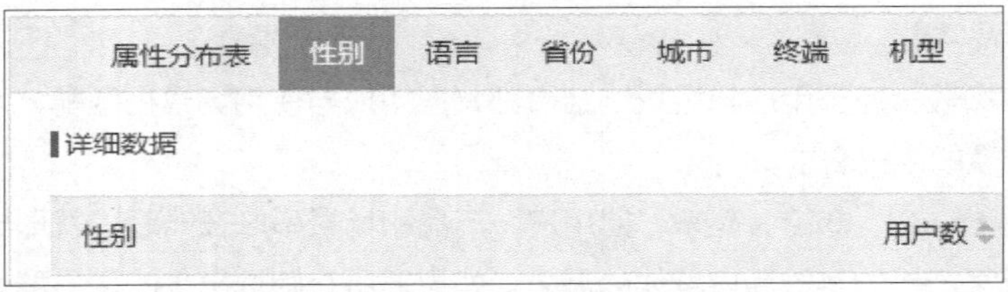

属性分布表	性别	语言	省份	城市	终端	机型
▌详细数据						
性别						用户数⇕

图 14-5　微信公众平台后台用户属性分布表

除了上面提及的 6 项内容外，用户属性还包括身份、年龄、兴趣爱好、空闲时间和消费能力等方面的内容。当然，在进行用户运营时，并不是所有的用户属性的价值是一样的和必需的，运营者可以根据需要，对与产品有关的用户属性进行总结，制作表述清晰的表格，这样能帮助运营者更准确地了解用户和找准方向，提升运营效果。

008　探索用户路径：关联用户喜好和需求

把用户的行为用一条条虚拟的线连接起来，就是用户的行为路径。一般说来，用户的行为路径可以非常真实地体现出用户的喜好和需求，也可反映出运营者的运营推广能力和效果。

对用户路径进行探索，可以让用户运营脉络更清晰，方向更确切。因此，我们需要对用户的两条路径有一个清晰的了解，具体内容如图 14-6 所示。

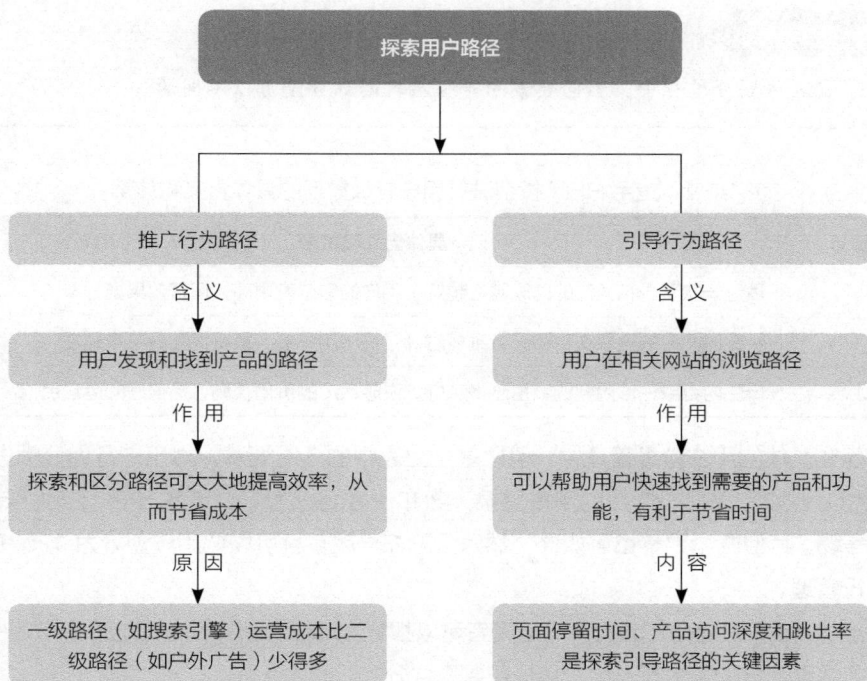

图 14-6 用户路径的分析

009 用户分级管理：好方法、高效率的选择

为平台吸粉引流是用户运营的目标。而当这一目标即将实现时，运营者可能会发现，运营过程出现了新的问题：用户增长太快，用户数量太大，关于用户的管理及其与平台关系的维护无法达到预期的效果。此时，就需要进行用户分级管理了。

用户分级管理的出现，是运营过程中必须要进行的工作，其原因就在于：运营人员的能力和精力是有限的，平台所属企业的资源和精力也是有限的，而其能投入运营中的资源和精力更是有限的。

而对用户进行分级管理又是提升用户运营效率、更好地进行宣传推广的有效途径。既然如此，用户分级管理是必需的，又是有着重大价值的，那么我们应该怎样来对用户进行分级呢？

我们可以把传统商业中用于用户管理的 RFM 模型引入到用户运营中来，并定义其为：① R（Recency），为最近一次登录和关注；② F（Frequency），为特定时间内的登录次数和天数；③ M（Monetary），为产生内容或评论内容的数量。运用这一模型进行的用户分级管理，具体含义和依据如表 14-1 所示。

💡 **专家提醒**

在具体划分过程中，不同要素的等级层次的划分是可以不同的。

表 14-1　运用 RFM 模型进行用户分级管理的具体含义和依据

要素	具体含义和依据
① R	最近一次登录和关注的时间越近越好，用户的敏感度更高，运营效果更好
② F	特定时间内的登录次数和天数越多越好，说明用户的满意度很高，愿意关注
③ M	产生内容或评论内容的数量越多越好，说明用户的价值很高，是很好的运营目标

而在具体的用户分级管理中，可以基于上表中的 3 个要素，对用户行为分别进行层级划分。如可以把一个月的用户登录天数和次数划分为 F1、F2、F3、F4、F5 等 5 个等级，其他两个要素也可如此，然后汇总在一起，就可以把用户划分为 125 个等级进行管理。

当然，在划分等级的过程中，运营者可以根据实际情况选择要考虑的要素有哪些、选择各要素划分的等级有多少、选择各要素划分的区间内容等。

010　提高用户满意度：无限接近于 100%

运营者应该知道，不同的用户对产品的喜好和细节要求是不一样，而且有些用户喜欢"鸡蛋里挑骨头"，因此，不论多么好的产品，总是有人不会感到满意。何况在不能保证产品非常完美的情况下，用户的满意度更是会大打折扣。

而运营者能做到的，不是 100% 的满意度，而是尽量提高用户满意度，让其无限接近于 100%。那么，我们应该怎样做呢？具体内容如图 14-7 所示。

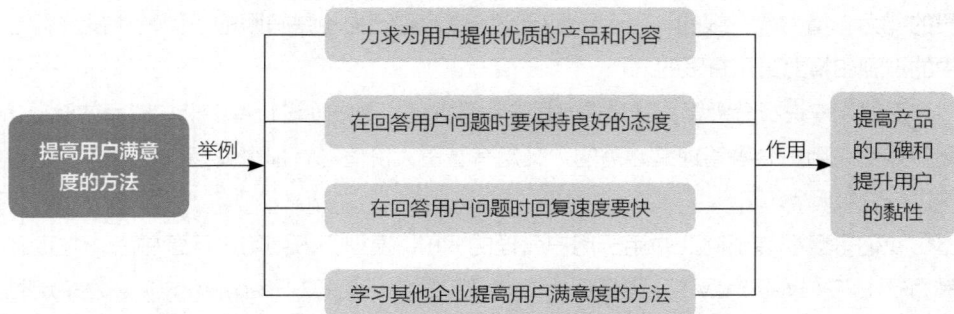

图 14-7　提高用户满意度的方法

14.3 用什么支撑用户运营？用户数据分析

有数据才更加可信。在用户运营中，用户数据是我们进行运营的基础。基于用户数据而进行的运营，才能更好地指导工作。本节就以微信公众号平台为例，针对多项重要的用户数据进行具体介绍，告诉你怎样去分析用户数据，并在掌握数据事实的基础上去运营。

011 新增人数：观趋势，判断运营效果

微信公众号运营者能够看到"新增人数""取消关注人数""净增人数""累积人数"的趋势图。

这里笔者主要为大家分析"新增人数"的趋势图。在"新增人数"的趋势图中，微信运营者可以选择"最近30天""最近15天"和"最近7天"这几个时间段对"新增人数"的趋势图进行查看。

图14-8为"最近7天"的"新增人数"趋势图。图中灰色部分为鼠标指向的时间节点，可以看到该日期下的详细的新增人数数据。

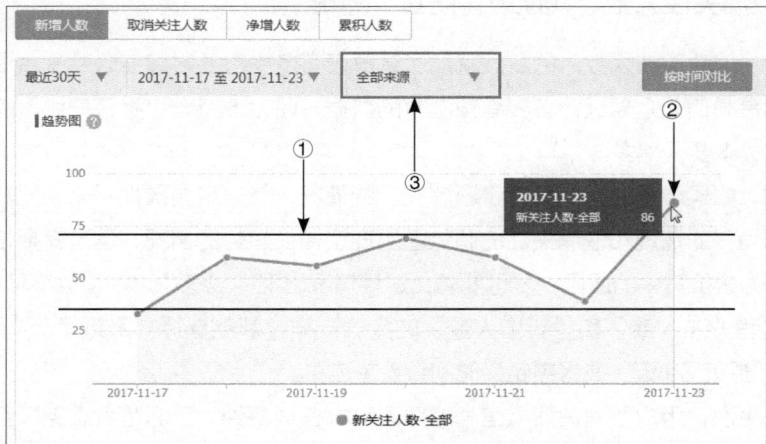

图14-8 "最近7天"的"新增人数"趋势图

分析上面新增人数的趋势图，有两方面的意义：

（1）观察新增人数的趋势，可以以此来判断不同时间段的宣传效果。

"①整体趋势"：从图14-8可以看出，平台的用户新关注人数趋势虽然有起有伏，但整体上还是比较平稳的，可见在宣传推广上还是不曾懈怠的，时有吸引用户关注的"点"存在，从而取得了非常不错的宣传效果。

（2）观察趋势图的"峰点"和"谷点"，可分析出这些效果出现的原因。

"②峰点"：表示的是趋势图上突然上升的节点。它与"谷点"相对，都是趋势图中特殊的点，意味着平台推送可能产生了不同寻常的效果。

图中②处，是 2017 年 10 月 23 日的新关注人数，数值为 86 人。那么，为什么这一天的新关注人数呈现出"峰点"的趋势？此时就需要找出原因——是因为平台内容吸引人、关键词吸引人、文章标题结合了实时热点，还是其他的原因——等查明原因后，运营者就相当于积累了一次经验，以后可以把这种经验复制下去，以期获得更好的效果。

如果运营者想要了解粉丝在不同渠道的增长数量，就可以在"③全部来源"那一栏进行查看。如果一定时间内没有出现断层，那就表明在这个时间段内，这个渠道一直都有新增用户。如果出现了断层，则说明这个渠道并不是一直有新增用户。

综上所述，在微信公众平台后台的新增人数数据分析中，运营者不但可以了解不同时间的拉新人数、拉新效果和各渠道的用户来源数量，还可以通过更加具体的数据了解产生这一效果的各种因素，为后期的用户运营工作提供指导：哪些经验是有利于引导用户进入平台的，哪些方面是需要改进的。

012 取消关注人数：找原因，防止"掉粉"

通过"取消关注人数"的数据就能了解每天有多少粉丝对微信公众平台取消了关注，它也是微信公众号运营者要着重考察的数据，因为维持一个老客户比增加一个新客户，其成本要低得多。

因此，如果微信公众号遇到了取消关注的情况，就一定要重视起来，尤其是那种持续"掉粉"的情况和取消关注的趋势图出现了增长趋势的情况，运营者要格外注意了。要努力分析其中的原因，尽可能防止这种情况出现，或避免这种趋势继续增长。

"取消关注人数"和"新增人数"的数据一样，都能选择"最近 7 天""最近 15 天""最近 30 天"或者自定义时间查看趋势图。

一般来说，用户取消关注微信号的原因可能有很多种。下面笔者总结了几种用户取消关注的原因，如图 14-9 所示。

> 🔆 专家提醒
>
> 通常来说，用户取消关注最大的原因是对推送的消息不感兴趣。如果微信公众平台的取消关注人数一直在增加，那么微信平台运营者就要从图 14-9 所示的几个方面查找原因了，然后才能对症下药。

运营者对取消关注人数进行数据分析，也是推动用户运营工作向前发展的一个

重要因素。因为只有找到了症结所在，才能更好地解决问题。而对那些在取消关注
人数上有着增长趋势和持续掉粉的情况，只要找出了其原因并加以改进，那还何愁
用户不来呢？

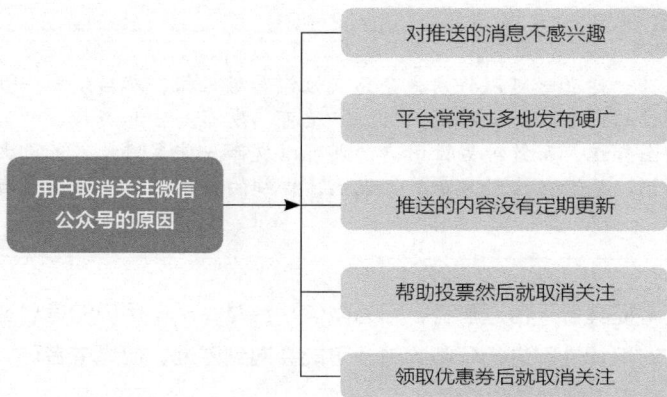

图 14-9　用户取消关注微信公众号的原因

013　性别分布：对内容进行更精细的划分

在运营微信公众号时，如果你想要知道用户的性别属性，就可以在后台的"用户
属性"页面进行查看。图 14-10 为"手机摄影构图大全"公众号用户的性别分布图。

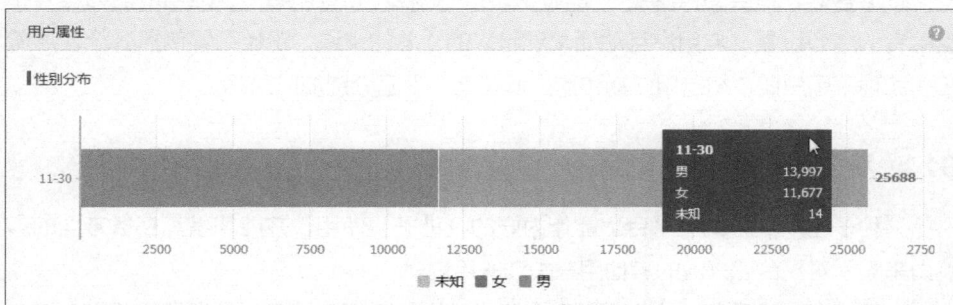

图 14-10　"手机摄影构图大全"公众号的用户性别分布图

把鼠标放在分布图上，就能看到分布的数据，而如果想要查看用户性别属性的详
细数据，还可以在"用户属性"页面下方的"用户属性分布表"中查看详细数据。

从图 14-10 中可以看出，该公众号男性成员比例和女性成员比例相当，女性用户
比男性用户稍微多一些。微信运营者要根据微信公众号的定位来判断这样的比例是否
和微信公众号的目标用户群体相匹配。

因为用户的性别比例相当，所以运营者在发布图文消息的时候，要兼顾男性用户和女性用户的喜好习惯和行为模式，这就要求微信运营者对"摄影构图"的内容有更为精细化的分类。

💡 **专家提醒**

笔者认为，运营者可以将用户分为女性组和男性组，然后发布一些有个性的或者有针对性的内容。如针对女性用户，就可以发布一些和美妆、情感、闺蜜相关的摄影构图知识，而针对男性用户，则可以发布一些黑科技、美剧大片相关的摄影构图知识。笔者在这里只是举例说明，详细的策略还需要运营者自行揣摩和研究。

同时，笔者提醒各平台运营者，因为微信平台对每一位用户的信息都是保密的，因此运营者在对男女性别进行分类的时候可能会遇到困难，但是笔者可以教给大家一个方法，就是看用户的姓名和头像。

现在的人玩微信，很少会出现以前 QQ 上的那种非主流的名字了。很多人的名字都比较有特点，通过名字，一看就知道是男是女了，而且很多用户的头像也很有代表性，因此运营者可以通过用户的头像和名字来辨别其真实的性别。

14.4　运营包含哪些阶段？用户成长周期

在运营时，粉丝的积累是一个逐渐发展的过程，它是随着平台运营的能力提升和运营者的精心设置、与用户互动而发展起来的。总的来说，粉丝积累包括 3 个发展阶段，即种子用户期、初始用户期和用户增长期，下面分别加以论述。

014　种子用户期：值得信赖＋影响力大

"种子用户"，就是平台上能作为好的"种子"使用，并能凭借其在各方面的影响力来吸引对平台感兴趣的其他用户关注的用户。

一般来说，种子用户的作用并不在于其关注的时间先后性，而是着重于其在培养企业及其产品、品牌推广氛围的一批用户。当然，种子用户更多的是指第一批用户。在用户运营中，种子用户有其特有的优势，即值得信赖、影响力大和活跃度高。

就以微信公众号为例，其种子用户的最主要的特征是在各类媒体和平台上互动频繁，具体表现举例如下：

- 主动帮助转发分享到朋友圈。
- 主动帮助在 QQ 群推广公众号。

- 主动帮助在微信群推广公众号。

- 对公众号的发展提供有效建议。

那么，这样的种子用户应该怎样寻找和培养呢？关于这一问题，运营者可以基于种子用户愿意主动分享、互动活跃的特征来进行种子用户的选择，而种子用户的选择范围和途径主要包括3类，具体内容如下：

（1）同行业的朋友。这一类型的种子用户选择范围主要是基于其专业性而言的。他们都是行业领域内的专业人士，在干货内容提供和分享上有着特有的优势，而且能更好地提升平台的专业能力和水平。

（2）企业合作伙伴。这一类型的种子用户选择范围主要是基于其关联性而言的。他们虽然可能对平台内容不精通，但是他们有着巨大的相关联的推广资源，可以提供更广泛的合作机会和推广机会。

（3）名人效应。平台可以基于账号主体企业的管理者的知名度和人际关系，或是基于外界明星和名人的粉丝关注度，以此来进行种子用户的粉丝经营。这是一种获取更多目标用户关注的、培养种子用户的有效方法。

015 初始用户期：平台利用 + 目标量化

在经过精挑细选的种子用户期后，接下来用户运营就进入了一个获取初始用户的发展阶段。在获取初始用户的粉丝推广阶段，主要是利用一系列途径和方法来进行推广以获取注册用户的阶段。其粉丝获取的特征主要表现在数量多和范围广两个方面。

其实，关于初始用户的获取，并不是可以快速完成并向用户增长期过渡的，它需要运营者利用各种方法进行逐步推广才能渐渐增长。因此，在进行初始用户的获取过程中，运营者可以通过具体的目标量化来完成。

也就是说，企业和运营者有必要在初始用户期的开始推广阶段就设定一个关键绩效指标（KPI），对用户增长提出某一时间段内的总体目标，然后再进行具体分配，并通过往期经验总结优劣得失。

这样的做法，既能把目标具体化，从而指导用户运营，又能推动企业和运营者为用户的进一步积累而努力。那么，在用户增长目标量化的方法指导下，运营者可以通过哪些渠道来实现初始用户的获取呢？关于这一问题的解答，可以从两个方面进行考虑，具体内容如图14-11所示。

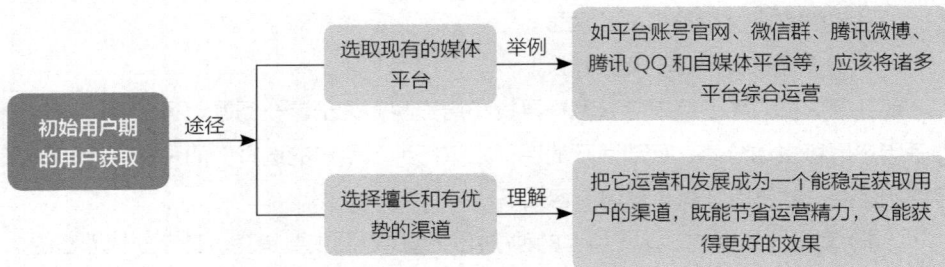

图 14-11　初始用户期的用户获取分析

016　用户增长期：力度更大，见效更快

经过了种子用户期和初始用户期的用户运营，平台已经有了相当规模的用户基础。在这种情况下，接下来的用户增长期的用户运营工作将呈现出以下两大特征：

- 力度更大。
- 见效更快。

而呈现出两大显著特征的用户运营工作，其具体策略可从两个方面进行考虑：一是继续利用一些免费的推广方法促进用户的发展，二是利用一些能有效吸引用户关注的付费的方式来进行推广，具体内容如图 14-12 所示。

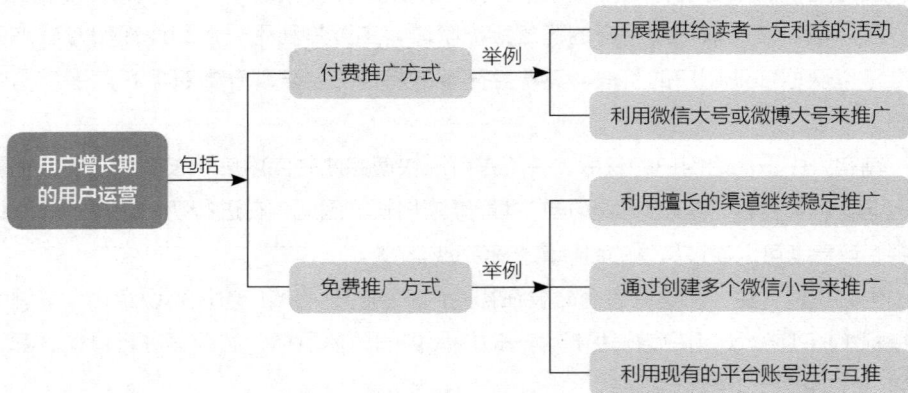

图 14-12　用户增长期的用户运营

14.5　怎样实现与用户打成一片？

对运营者来说，与用户打成一片是一种理想的运营状态。在这种情况下，用户与运营者之间已经成为朋友（至少在沟通态度上如此），运营者为用户考虑，用户积极为平台的发展贡献力量。下面将具体介绍一些与用户打成一片的运营技巧和方法。

017 能站在用户角度考虑问题

"能站在用户角度考虑问题"，其学名是同理心，这是在用户运营中必须具备的一项能力，是实现与用户打成一片的主要方法。仔细想想，如果你所有的运营工作都是从方便用户、为用户提供利益的角度去考虑的话，那么，用户一进入平台，第一感觉就是体验感太好了，宾至如归，完全能满足用户在该平台上的各种需求。

一般说来，这一思考方式是有其特定的含义和表现的，而当我们能在具体的运营工作中充分地把这一方式融入进去时，那么用户运营工作也就会开展得得心应手了。图 14-13 为用户运营中的同理心解读。

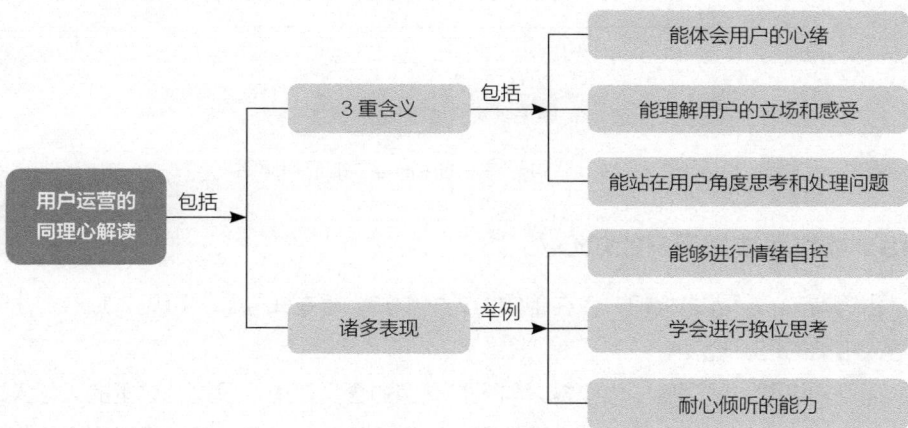

图 14-13　用户运营的同理心解读

018 学会从心理上了解和应对用户

如果要成为一个出色的用户运营人员，那么掌握一定的心理学知识就显得尤为重要了。而运用心理学知识去进行运营，才能直击读者的痛点，在从更深处了解用户的基础上去应对用户。

这里所说的不是一般意义上的"了解用户"（仅仅了解与用户相关的信息），而是从心理层面上的了解。体现在运营中，就是找到用户的心理需求点和痛点，让用户愿意接受你的产品和推广。而从这一层面开始进行的运营，能轻松驱动用户去关注你，关注你提供和推广给他们的产品和内容。

至于"应对用户"，与上面的"了解用户"一样，也是属于心理层面的范畴。它需要在了解用户的基础上，从心理上去引导用户，让他们朝着有利于运营的方向去进行关注平台的活动。下面以利用活动来进行用户运营为例，去阐述怎样应对用户，具体如图 14-14 所示。

提供给读者一个心理预期：或方便，或愉悦，或获利

然 后

学会从心理上把控或驱动用户的行为

要 求

不能任由用户的行为向不利于平台发展的方向进行下去

不能明确地向用户提出要求让他们不要进行某项行为

目 标

努力保证用户的这一心理预期得以实现

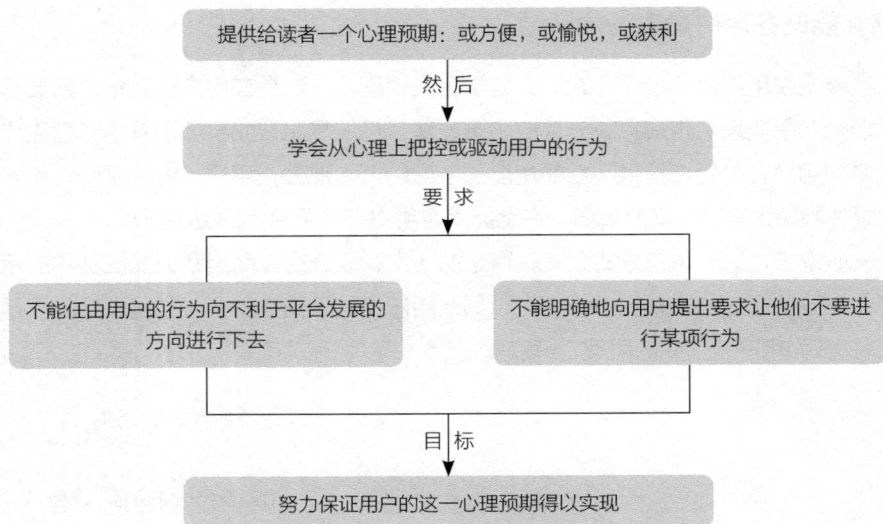

图 14-14　活动开展中的用户运营的应对策略

019　能快速成为用户的知心人

古语有云："人之相识，贵在相知；人之相知，贵在知心。"可见，知心产生于人与人相交的理想阶段中。

而用户运营，说到底，也包含人与人打交道的含义在内。只是，这里的人与人之间的交往，大多不是可以面对面交谈的交往，而是通过各种平台和途径以文字的方式实现的交往。

此种情形下的用户运营，要与用户打成一片，就需要一个前提条件，那就是你要足够了解用户，成为用户的知心人。具体说来，最基本的交往条件如图 14-15 所示。

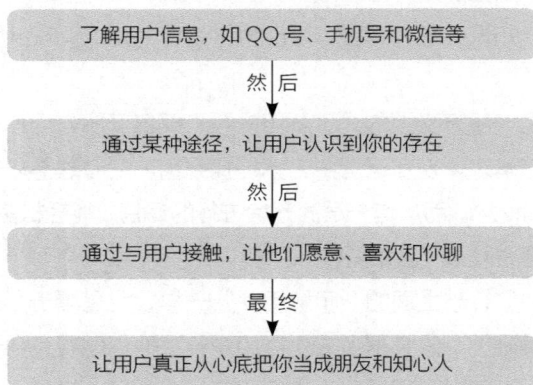

了解用户信息，如 QQ 号、手机号和微信等

然 后

通过某种途径，让用户认识到你的存在

然 后

通过与用户接触，让他们愿意、喜欢和你聊

最 终

让用户真正从心底把你当成朋友和知心人

图 14-15　成为用户的知心人最基本的交往条件

当然，在成为用户的朋友、知心人的过程中，仅仅只是这些最基本的条件还是不够的，还需要一个非常重要的条件——那就是在责任方面的要求，具体内容如图14-16所示。

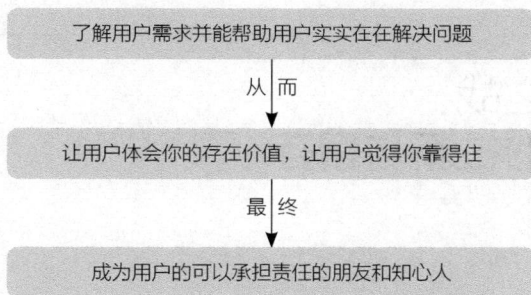

了解用户需求并能帮助用户实实在在解决问题

从 而

让用户体会你的存在价值，让用户觉得你靠得住

最 终

成为用户的可以承担责任的朋友和知心人

图 14-16　成为用户的知心人在责任方面的要求

020　保持良好心态，学会自我调节

运营者要想与用户打成一片，除了要处理好与用户之间的关系外，还应该加强自身能力的培养，这种能力主要表现在心理能力方面。

一般来说，运营工作是非常烦琐的，特别是用户运营，它需要与不同的用户打交道，需要处理用户提出的各种问题，因而很容易让人产生厌倦心理。因此，在用户运营过程中，时刻保持良好的心态非常重要，这样才能让你愉快地面对运营工作、高兴地解决问题和轻松地完成运营目标。

那要怎样才能时刻保持良好的心态呢？在笔者看来，学会自我调节才是解决这一问题的根本之道。当然，这也是每个用户运营者必须要学会的。

特别是在碰到难题时，在解决问题的同时还要在心理上进行调节，从心理上给自己打气，鼓励自己没有什么困难是克服不了的。

而当运营者遇到纠纷和矛盾时，也要学会在心理上进行调节。首先应该在心态上放平和，然后从心底说服自己，退一步海阔天空，这样才能以用户满意的态度去面对他们，才能在运营上更进一步。

可见，无论是处在什么样的运营状态下，保持良好的心态很重要。无论是顺境还是逆境，不管成功与困难，学会自我调节。那么，烦琐的用户运营工作也将是一个值得回忆的美好的过程。

第 15 章

前期之战：
用户的拉新与留存

学前提示

在用户运营工作中，在了解了目标的基础上，接下来要做的工作就是怎样把用户引流到平台上来和怎样把引流的用户留在平台上，也就是用户的拉新与留存。这是进行建设和发展的必要工作，也是保证后期营销实现的基础工作。

要点展示

>>> 用户拉新：轻松成就百万大号
>>> 用户留存：多种技巧留住用户

15.1 用户拉新：轻松成就百万大号

企业在进行运营时，肯定希望平台能够拥有更多的活跃度高的用户。因为用户数量的多少是衡量平台运营成功与否的一个重要依据。本节笔者为大家介绍常用的用户拉新技巧。

001 导入通讯录：轻松一点就可添加好友

如今微信被越来越多的人使用，并且已经成为众多企业和商家进行运营的必要工具和媒介。而导入手机通讯录好友是一种很简单的利用微信来进行用户引流的途径。

运营者在"微信"界面单击①"+"、②"添加朋友"、③"手机联系人"按钮，然后进入"查看手机通讯录"界面，④单击右边的"添加"按钮即可添加通讯录的朋友，如图 15-1 所示。

图 15-1 导入手机通讯录好友

> 💡 **专家提醒**
>
> 要注意的是，目前微信的最新版本中已经取消了 QQ 好友直接导入功能。

002 三号合一：加大被添加的可能

对于运营者来说，在微信这一运营平台上，导入手机通讯录还只是一种比较粗浅的方法，而想要通过微信与其他平台的连接来更好地实现运营目标，那么保证微信账号和手机号、QQ 号"三合一"是非常有必要的。这样一来，别人通过手机号就能添加微信和 QQ，并且账号看上去很简单，没有一串英文加数字加符号所表现出来的烦琐，不会让人一看见就没有想要添加的欲望。

将 QQ 号设置为手机号的方法如下：

步骤 ① ①单击 QQ 界面左下角的"主菜单"按钮，选择②"帮助"、③"我的 QQ 中心"选项，进入"我的 QQ 中心"页面，如图 15-2 所示。

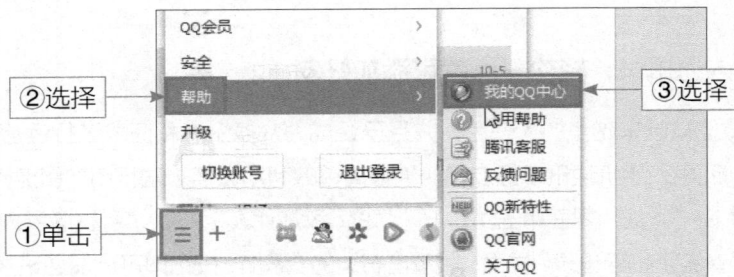

图 15-2　进入 QQ 中心

步骤 ② 绑定账号：①选择"账号"选项，②单击"手机辅助账号"选项栏右边的"立即绑定"按钮，弹出"绑定手机账号"对话框，依次输入手机号和验证码，③单击"提交验证码"按钮，如图 15-3 所示，单击"完成"按钮，便可完成绑定。

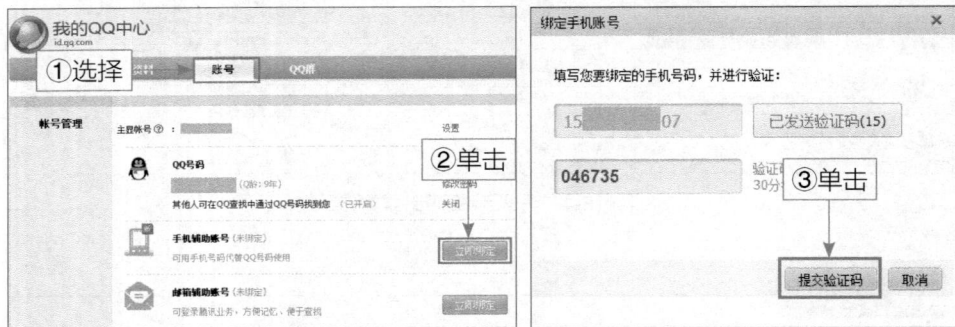

图 15-3　绑定手机号

步骤 ③ 完成设置：回到"账号管理"页面，①单击页面右上角的"设置"按钮，会弹出"修改主显账号"对话框，②选中"手机账号"单选按钮，③单击"确定"按钮，就会显示设置成功，此时表示完成了把 QQ 号设成手机号的操作，如图 15-4 所示。

将 QQ 号设置为手机号之后，用手机号再注册微信账号便能实现"三号合一"。只要通讯录里有这个手机号的用户都可以从微信"新的朋友"界面中看到账号信息，从而增大被添加的可能。

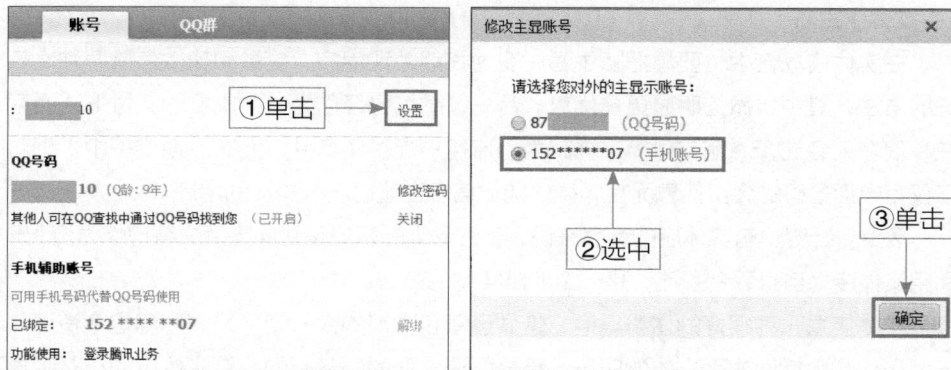

图 15-4 "修改主显账号"页面

003 以号养号：以小成大，用户汇聚

所谓以号养号就是商家采用微信、QQ 等个人小号来吸引用户，等积累了一定的数量，就转化为自身主要平台账号，或者转发有诱惑力的软文诱导粉丝主动关注。在此以微信小号为例，介绍这种用小号加粉方式的策略，如图 15-5 所示。

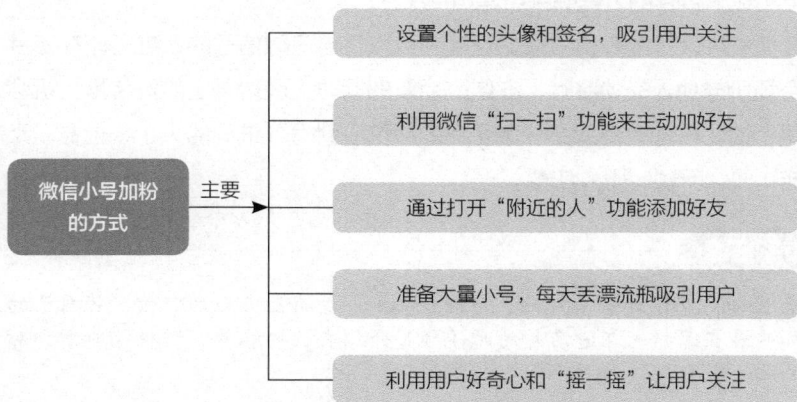

图 15-5 微信小号加粉的方式

004 其他关联账号：实体店 + 名片

在平台的用户拉新运营中，其中比较重要的一步就是通过各种途径实现与账号的关联，如上面的"三号合一"和后文即将介绍的 @ 微博大 V、大号互推等，然而，除了这些方法和技巧外，还有其他一些有效的利用自身平台来关联账号的方法，如实体店拉新和名片等。下面进行简单介绍：

1. 实体店拉新

在实体店场合中，要想把陌生客户变为长期关注用户，会员和加微信是两种比较好的方法。其中，微信明显更具优势。首先，微信已经作为一种重要的支付形式而存在，很多人会选择微信支付，这样就为引流用户提供了条件。而在后期维护中，相对于仅有电话号码的会员信息而言，微信能把信息送达每一个关注的用户。

因此，针对具有实体店的商家来说，微信最大的好处是能够将陌生客户作为资源，利用实体店为自身平台引流，是一个非常实用的方法。

实体店是一种很好的增粉渠道，想做运营和营销的人一定要好好利用这个资源。因为当你和顾客面对面交流的时候，是最能消除他的防备心的。有实体店的运营者更能增加顾客的亲切度和信任度，同时实体店还能方便顾客随来随加。

实体店拉新的具体方法是：和顾客沟通交流，让他们添加自身账号（如微信公众号）；用送礼物或者办会员卡的方式，让客户关注自身账号。

2. 名片拉新

在用户拉新中，二维码也发挥着越来越重要的作用，上面提及的实体店关联账号的方法中就有它的身影。其实，它不仅可以线上扫二维码或长按二维码关注，还可以通过线上和线下名片的二维码来引导用户关注。

名片是一种很好的宣传方法。运营者可以将自己微信号的二维码印在名片中，然后在社交场所与他人交换名片，在结交朋友的同时，获得一定的宣传推广机会。名片要设计得个性化一些，特别是一些企业的微信公众号二维码的大小、位置以及颜色，要么简洁，要么新颖、引人注意。

> **专家提醒**
>
> 企业和商家设计好名片后，可以在参加一些行业大会的时候，将自己的名片递给那些潜在客户。在递名片的时候顺带介绍自己的账号，这样就能增加对方扫描加关注的概率。

005 ＠微博大 V：吸引大量同行关注

微博是一种将信息以裂变的方式传播出去的平台。那么，在这样一个平台上，利用＠工具进行主动引流也是一个不错的方式。在微博上利用＠工具进行主动引流，主要是主动＠微博的大 V 或者精准的账号。

在微信里面，如果你想找到一个同行的达人，可能会存在难度，但是在微博里就很容易实现。比如，你是做化妆品的企业和商家，那么你可以在微博上搜索一些化妆达人博主的微博，可以是时尚达人，也可以是化妆师等。

然后，你不仅可以主动发微博并 @ 这些化妆品行业的大 V，还可以与他们的粉丝进行互动并引流。其原因就在于他们的粉丝对于做化妆品的企业和商家而言，也算是精准受众群体了。

如果有机会的话，还能与这些微博大 V 达成合作。他们在微博资料里也有放上合作 QQ、微信的，完全可以直接加 QQ、微信进行合作沟通，而且，这些大 V 大多都有自己的个人微信或者微信公众平台以及其他一些主流平台账号。通过微博，运营者也能从与大 V 关联的一些账号中找到合适的资源，实现精准受众的引流。

006　大号互推：共赢 + 互补，快速涨粉

所谓大号互推，即账号与账号之间进行互推，指的是两个或者两个以上的账号运营者，双方或者多方之间达成协议，进行粉丝互推，以实现共赢的一种方法。

例如，在微信公众平台上，相信大家会时不时地见到过某一个公众号会专门写一篇文章替一个或者几个微信公众号进行推广。这种推广就算得上是公众号互推。这两个或者多个公众号之间，其运营者可能是认识的，双方或者多方之间约定好有偿或者无偿给对方进行公众号推广。

其实，除了微信公众号外，其他的一些平台也是如此。运营者在采用互推吸粉引流的时候，需要注意一点：找到的互推账号，尽量不要跟自己的是一个类型的。因为同一类型的账号之间会存在一定的竞争关系。

两个互推的账号之间尽量以存在互补性为最佳。举个例子，你的账号是推送主营健身用品的，那么你选择互推账号时，就应该先考虑找那些推送瑜伽教程的平台账号，这样获得的粉丝才是有价值的。

账号之间互推是一种快速涨粉的方法，它能够帮助运营者在短时间内获得大量的粉丝，效果十分可观。

007　换量推广：等值资源下的用户获取

相对于电视广告，换量推广明显更便宜；相对于内容、活动等推广方式，换量推广明显更简单，不用花费太长的时间。因此，当企业和商家自身没有合适的推广渠道而又急需用户时，可以采用换量推广的方式。

换量推广中的"量"，一般是指等值的资源。企业和商家可以选择与不同的对象以不同的方式进行换量推广，具体如图 15-6 所示。

当然，换量推广中的"量"的种类并不是一样的，也就是说，其中所包含的等值

的资源表现为多种形式，既有品牌资源，也有流量，而且其中的流量也有着差异，可以是通过自身运营获得的流量，也可以就是通过换量而来的流量。

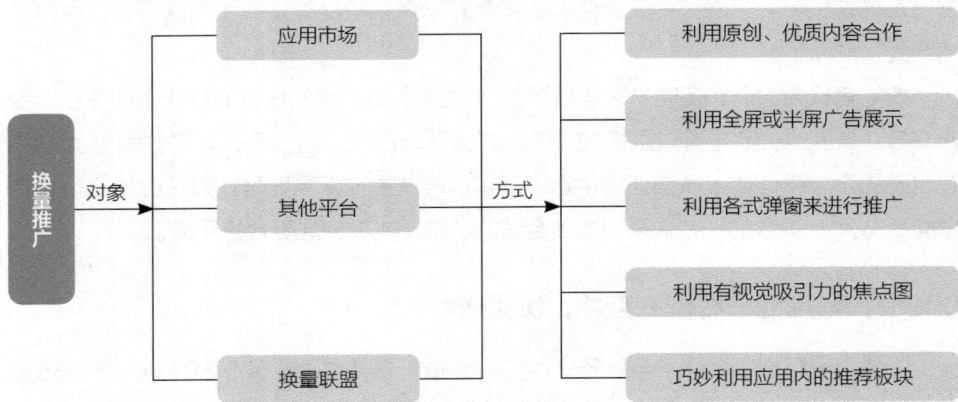

图 15-6　换量推广可选择的对象和方式

008　投票功能：微信公众号有效吸粉方法

对于那些拥有自身的微信公众号的企业和商家来说，投票功能是一种非常有效的引导用户的方法。在微信公众平台的后台，运营者可以通过发起投票来吸引粉丝。发起投票的步骤如下：

步骤 ① 进入微信公众平台的后台，①单击"功能"下方的"投票管理"按钮，然后进入"投票管理"页面，②单击"新建投票"按钮，如图 15-7 所示。

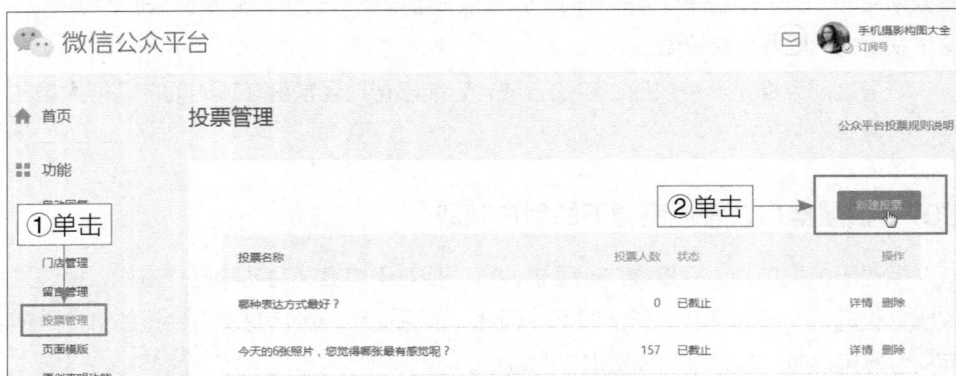

图 15-7　"新建投票"

步骤 ② 进入"新建投票"页面，如图 15-8 所示，运营者在该页面按照要求填写内容，随后点击"完成"即可完成新建投票。

图 15-8　"新建投票"页面

009　邀请式老带新：更多保障成功引流

在用户运营过程中，当积累了一定数量的忠实用户后，利用老用户来拉新是一种低成本的获取用户的方式。它主要包括两种形式，一是利用奖励机制让老用户邀请新用户关注平台账号，二是利用奖励机制让老用户分享平台账号推送的信息给周围的朋友。在此就以利用奖励机制让老用户邀请新用户关注平台账号为例介绍老带新的拉新方式。

在邀请式老带新中，一般的规则是：当老用户（推荐人）邀请新用户（被推荐人）关注或消费时，每带来一个新用户就可以获得一定的奖励。

其中的奖励根据平台的不同而不同。从种类上来说，既可以是实物奖品，也可以是现金券，抑或是其他一些能让人获利的事物。从对象上来说，有时不仅老用户有奖励，被邀请到的新用户同样也有奖励，这样就为成功拉新提供了更好的保障。

图 15-9 为"拼多多"推出的"助力享免单"老带新活动，只要老用户邀请了好友参与了商品消费拼单，就可享受免单。

图 15-9　"拼多多"助力享免单

010　分享式老带新：价值认可引导用户

相对于邀请式老带新，分享式老带新这一方式运用得可能更多，但在拉新效果上却是不及邀请式老带新的。因为，老用户邀请式老带新包括引导用户关注的话语在内，然而对分享而言，仅仅只是看到了认可的内容，就分享给新用户，此时对新用户来说，无非表现为两种反应，具体内容如下：

- 被分享的人可能只是看一眼就忽略过去了，没有给予过多的关注。此时被分享的人没有被分享的信息调动起足够的兴趣，因而是不会加入关注者或消费者的行列的。此时被分享的人还只是一个旁观者，而没有成为平台账号的新用户。
- 被分享的人对分享的信息，或是基于兴趣，或是基于利益，或是在有一定兴趣的基础上基于对分享者的信任，而点击关注了分享的信息，成功地成为平台账户的新用户。

因此，在分享式老带新中，其奖励机制的设置包括两种情况：一种是老用户分享了并有截图证明就有奖，如图 15-10 所示；另一种是以老用户分享之后转化过来的人作为判断奖励的依据，如图 15-11 所示。

图 15-10　分享截图有奖

图 15-11　分享并有效邀请有奖

15.2　用户留存：多种技巧留住用户

对运营者来说，把用户成功引流到平台上是不够的，我们要做的是把这些引流来的用户成功地留在平台上，让他们为平台的发展提供助力。本节就围绕这一问题，对多种技巧进行讲解。

011　主要原则：坚持差异化和精准化

在运营过程中，经常听人说起差异化、精准化，仿佛放在哪里都是适用的。事实上也是如此，它们是成功留住用户的两个主要原则。

对于用户，他们首先是具有差异化的个体，不管是个人爱好，还是个人属性，都是不同的。而运营者留住用户，让用户对平台产生认同感和归属感，就应该以差异化、个性化的产品和服务为运营内容，让用户觉得你对他们是用了心的、是重视的。这样不仅有利于用户的留存，还有利于后续营销的实现。

在对用户的不同的爱好、属性有所了解的情况下进行的运营工作，不仅是差异化的，同时也是精准化的。针对用户有了差异化和精准化的运营，具有如下好处：

- 及时——急他们之所急。
- 周到——想他们之所需。
- 暖心——荐他们之所喜。

做到这三点，让用户享受到不一般的运营推送成果，那么，带给企业和运营者的回报同样也是可喜的。就拿我们熟悉的淘宝来说，这一平台的很多模块和页面的设计，都是建立在不同用户有着不同兴趣爱好基础上而进行的产品推荐，如图 15-12 所示。从图中明显可以看出椭圆圈出来的内容推荐的是不同类型的商品。

图 15-12　淘宝平台的差异化、精准化运营

这样，用户能从中更快速地找到自己所需要的、合适的产品，无疑是能更快地引导用户消费的。当然，这种便于用户消费的方式是用户喜欢的，因此用户也乐意留在该平台上购物。

012　做好引导，快速进入用户角色

在具体的用户留存运营中，对一些新用户来说，他们是首次使用平台产品和关注平台内容，还不了解平台。此时，如何让用户更快地熟悉起来，更快地进入用户的角色，就成了决定用户留存的主要影响因素之一。

只有做好了引流到平台的新用户的引导工作，才可以让用户对平台及其内容产生兴趣，从而愿意继续关注平台内容并体验产品。此时，我们可以从平台产品出发，做好用户引导的设置工作。这一工作可以从多个方面来完成，下面举例进行介绍。

例如，在资料页上，要想做好用户引导，就需要在功能介绍上能体现公众号亮点和内容，为用户了解公众号和阅读公众号文章提供认识基础。图 15-13 为"手机摄影构图大全"公众号的资料页界面。

该公众号的功能介绍上用了"1000 多种构图技法""1000 多种场景和物品构图"和"1000 多张作品展示"连续呈现平台内容，又用了"最全面""最深入""最生动"加以修饰，带给用户的绝对是专业的体验。

又如，在图 15-14 的欢迎页上，运营者在设置上为留住用户做了许多努力，具体如下：

（1）对公众号中的精彩文章进行了超链接设置，点击进去后，可以进一步了解平台。

（2）"自定义菜单"设置，有利于用户有针对性地进入平台和阅读相关内容。

（3）设置了奖励选项，只要用户回复自身的渠道来源，就能获得高价值的摄影技巧电子书。

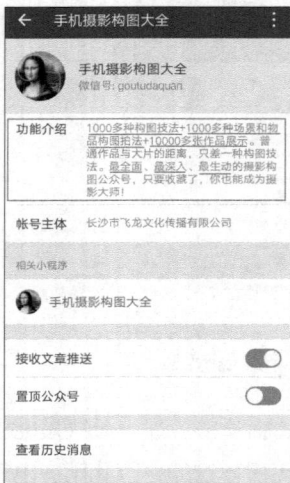

图 15-13　公众号资料页面

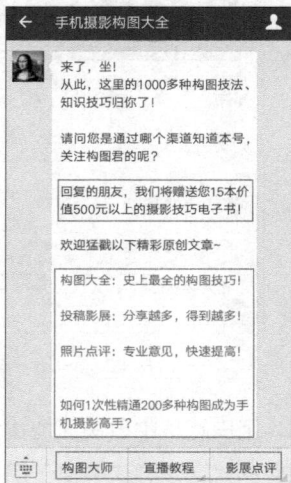

图 15-14　公众号欢迎页面

013　用户痛点：要有针对性地解决

在笔者看来，有针对性地解决用户的痛点需求，可从两个方面来着手进行，一是从用户的需求出发解决问题，二是专攻一点解决用户痛点问题。下面对这两个方面进行具体分析：

1. 从用户需求出发解决问题

在收集和整理了用户的反馈和体验的基础上，运营者能清楚明白地知道运营的问题所在，也能更好地了解用户的需求，在此基础上，有针对性地解决用户提出的关于平台的不同的问题，对于留住用户，减少用户的流失有很大作用，如图 15-15 所示。

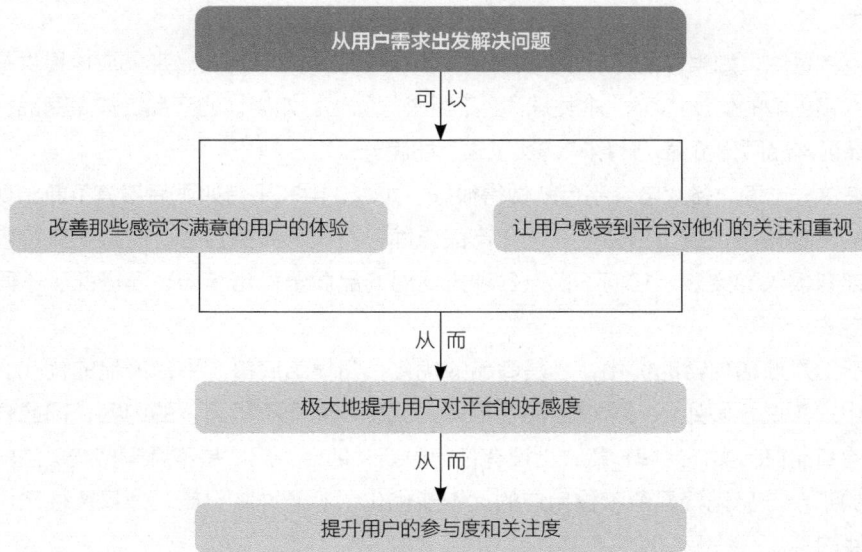

图 15-15　有针对性地解决用户问题分析

2. 专攻一点而解决用户痛点

古语有云："兵不在多而在精。"其实，不仅在军事领域上如此，这句话同样适用于互联网时代的运营工作。

任何平台的运营者，假如你追求的是全面，无疑可以吸引很多用户，但是需要耗费巨大的人力、财力，而且在追求全面的过程中，可能一不留心，还有可能出现知识性方面的错误，会让用户产生不信任的心理，结果往往得不偿失。

因此，对于一般的运营工作来说，我们选择时一般不要求全面，而是专攻一点，试图在某一点上做到极致，从某一极致的点上针对特定用户人群，解决他们的痛点需求，那么，这些有着明确指向的用户人群，将会成为平台的忠实粉丝，这是毋庸置疑的。

基于此，运营者要想更有效地在平台上留住更多用户，就需要在平台功能或内容上设置得简单一些，专门从某一角度有针对性地解决用户的痛点问题，这不失为一种好的运营技巧。

就如构图君，他在推出"手机摄影构图大全"时，是专攻"摄影构图"这一块的，为那些不了解、不精通摄影图片布局的爱好摄影的人士解决摄影方面的痛点问题。

014　推陈出新，不断优化产品

关于用户留存技巧，说一千，道一万，归结为一点，首先还是应该从平台产品上下功夫。

也就是说，如果你的产品主体是技巧性、专业性的文章内容，那就应该提供有自己观点和见解的优质内容，并根据需要不断进行优化。如果你的产品主体是商品，就应该保证产品质优价廉，让用户购买了之后能满意。

在这一方面，各大电商平台就做得很好。如今，电商平台如雨后春笋不断出现，它们的营销策略也层出不穷。在优化产品方面，不仅从商品自身，而且在宣传内容上，都有很大的突破。它们不仅以各种方式对商品质量做出承诺，还搭配了不同的展现方式。

不论是推送内容的优化，还是商品的优化，归根结底都是平台产品的优化。而对于用户来说，假如你经常推出的是相同的或是"换汤不换药"的内容，抑或是你经营的商品在品类、品牌、款式上没有任何更新，那么，用户是不愿意持续关注的，这样的平台产品无疑是留不住用户的。不断优化、不断推陈出新，才是留住用户的不二法门。

015　4大途径，培养与用户的关系

关于用户的运营，首先还是基于人与人之间关系的运营。在日常生活中，人与人之间的关系维护，是需要有来有往的，这一点反映在线上的用户运营中，就表现为彼此之间的互动。

培养企业、运营者与用户之间的关系，经常进行友好互动，是运营的应有之义。特别是对运营者来说，应该积极主动地利用各种途径来培养与用户之间的关系，从而更好地留住用户，具体分析如图 15-16 所示。

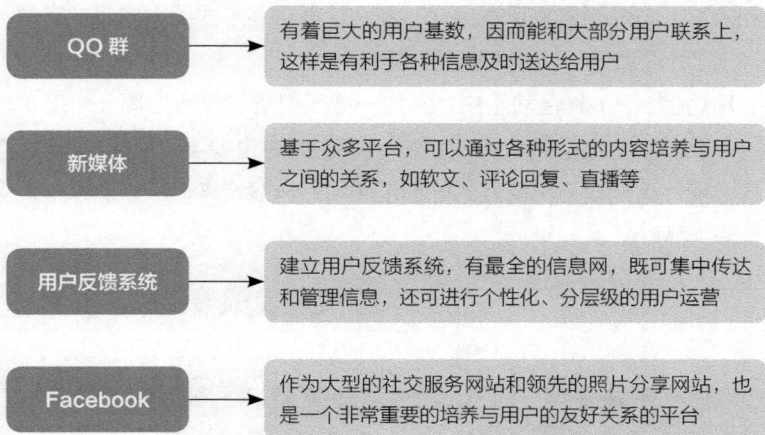

图 15-16　4 大途径培养与用户的关系

016　3 大渠道，有效召回用户

上面提到了用户的流失和流失率，可见，对于运营者来说，用户的流失是不可避免的。基于此，我们要做的事主要有两件：一是怎样尽量减少用户的流失，二是怎样将流失的用户重新找回。

关于前者，前文已经有了相关内容介绍，在此，主要对怎样将流失的用户找回进行具体介绍。

其实，与吸引一个新用户相比，将流失的用户找回来，其价值是更大的。因为流失的用户本身还是对平台有一定兴趣才关注的，而且流失的一般是对平台不了解的、黏性不高的新用户。在保证优质平台产品的前提下，只要解决了用户流失的问题，让流失的用户重新回到平台上来，在操作层面更为容易，对于运营也更有意义。

可见，对流失的用户进行运营，把他们召回，是更为有效的、有意义的运营工作。那么，针对这些流失的用户，应该怎样召回呢？具体说来，可从 3 大渠道来进行分析，内容如下：

1. 用短信、Push（服务信息）召回

无论是短信还是 Push，都是信息，因而在实现用户召回上有着共同点。首先，它们都有着比较高的送达率和打开率。这一点对用户召回非常重要，也是运营者选择这一渠道召回用户的主要原因。

但是要注意的是，在考虑其优点的同时也不要忘了其缺点的存在。这类用户召回方式，一方面，内容比较单一，大多是以文字为主的文案形式，有时包含链接，在内

容的新颖和吸引力方面明显不足；另一方面，这类召回方式用得多了，容易让用户从心底反感，一不小心就有可能被屏蔽或拉黑。

可见，用短信、Push 召回用户，又如一把双刃剑，只有把握一个度，才能对召回用户有效，否则，将会适得其反，让用户讨厌的同时也破坏了前期已有的运营成果。那么，怎样才能让这把双刃剑向好的一面发展呢？一般说来，应该从以下几个方面着手，如图 15-17 所示。

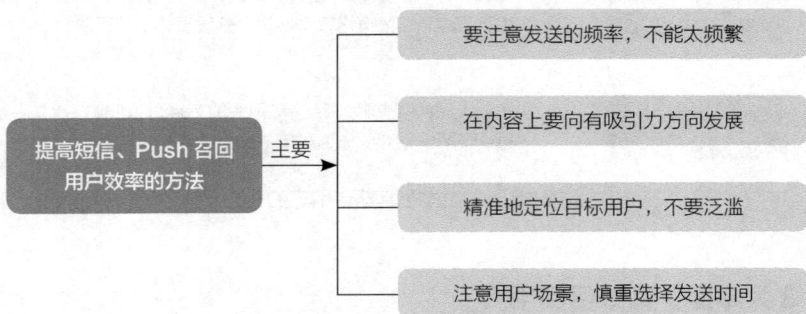

图 15-17　提高短信、Push 召回用户效率的方法

2. 用电子邮件信息（EDM）召回

与短信、Push 召回用户相比，发送电子邮件来召回用户的优势主要表现在其内容类型的多样性上，除了短信、Push 方式常见的文字和链接外，还可以包含图片、视频等内容。当然，任何事物都有两面性，用电子邮件召回用户也是如此。它的劣势主要表现在电子邮箱的使用率较低和容易被屏蔽两个方面。

运营者如果想要利用电子邮件更好地完成用户召回的任务，那么就需要在两个方面加以努力，具体内容如下：

- 标题方面：需要撰写一个非常吸睛的标题，这样，用户才会愿意打开，才有接受召回的可能。
- 规范方面：应该确立一定的规范，不被列为垃圾邮件，这样才能不被屏蔽。

3. 用微信公众号召回

用微信公众号召回用户同样有其优势，除了成本低和内容打开率较高之外，还有一个非常重要的点，那就是利用这种方式召回，毕竟是一个有着持续内容和产品推送的平台，因而能更好地提升用户黏性。当然，这些优势都是建立在用户没有取消关注的基础上的。而要想召回用户并让用户持续关注，那么优质的内容是基础。另外，运营者还可以通过开展有趣的活动来实现召回。

017　跟踪收集用户体验，减少流失

数量众多的用户，对于平台的体验也是有着区别的，不可能是完全一样的。正是这种体验决定了他们对平台账号的观感，也决定了有多少用户愿意继续留在平台上。

而从客观上来说，平台产品是不可能十全十美的，总是存在让用户感觉不满意或欠缺的地方。只有不断减少这种让用户不满意的体验，才能有效减少用户流失，留住用户。

那么，在具体的过程中，面对客观的可能存在的问题和用户的主观的不满意的体验，运营者要做的就是去跟踪收集用户的体验，从而区分出哪些地方在运营上是做得好的，哪些又是需要改进的，把这些资料和信息收集整理出来，才是解决问题的前提条件。

018　回复：消息自动回复 + 回复评论

用户有问，运营者有答，才是正确的用户运营之道。在此主要从两个方面来介绍利用回复来留住用户的方法，具体如下：

1．无时间或无条件：消息自动回复

当运营者没有时间或没有条件及时手动回复时，利用平台的消息自动回复功能是一个很好的选择。在某些平台上是有消息自动回复功能的，如微信公众平台、QQ 等，充分利用这些功能，可以更好地留存用户。图 15-18 为微信公众号的"自动回复"功能页面。

图 15-18　微信公众号"自动回复"功能页面

从图 15-18 可知，自动回复功能有三种模式，具体如下：

- 关键词自动回复：在后台设定关键词及其规则，当用户发送的消息中含有匹配

的关键词时，就会依照设置自动回复相应信息。

- 收到消息回复：用户发送的消息不能匹配设置的关键词时，系统就会依照"收到消息回复"的设置回复给用户相应的信息。

- 被关注回复：当新用户关注平台账号后，会进入相应的欢迎页，欢迎页的内容就是"被关注回复"一项设置的自动回复内容。

无论是哪一种回复功能模式，只要设置得好，都可以给用户留下好的印象。而有新意的自动回复消息往往更容易引起用户的关注，同时也更容易留住用户。可见自动回复消息也是一门学问，用得好不好就看运营者肯不肯用心了。

2．有时间和有条件：评论回复

文章有人看，自然也会有人评论留言，而且每个人思考问题的角度都不一样，对于同一问题的看法和立场也不尽相同。

运营者需要去回复这些有自己的看法和立场的网友的评论留言，其实回复留言的过程也就是与网友互动交流的过程。虽然回复留言比不上彻夜长谈那种详细深入的交流，但是最起码能够知道会去评论留言的这些人，还是对推送内容很感兴趣的，并且有的时候还能提出一些有建设性的意见。

网友评论留言是需要得到运营者认可的，因此，运营者在编辑图文消息的时候，要注意检查留言功能是否开启。如果没有开启，网友是不能评论留言的。

其实，笔者认为，巧妙回复网友文章评论留言，是一种有效留住用户、提升用户黏性和忠诚度的方式。通过与用户之间回复留言的互动，也可以有效沟通和了解。比如说，有网友评论留言说你的哪些东西做得好或者写得好，运营者应该肯定网友，回复一些表达感激之情的语言。

运营者在回复网友评论留言的时候，根据不同的留言回复不一样的内容，而且语言风格方面尽量活跃风趣一点，"伸手不打笑脸人"就是这个道理。

019　创建微信群 + 群规，积攒人气

相信许多企业都会建一个或者多个微信群，运营者也会加入很多的微信群，但就如何利用这些微信群去积攒人气，与用户粉丝之间的互动，并成功留住用户来说，其实很多运营的朋友都没有掌握要领。

微信群推广操作起来比较简单，不需要什么成本，而且通过微信群更能与用户达到较好的互动效果。通过微信群你可以找每个群员单独聊天，还可以通过微信群发二维码去宣传企业公众号或 APP 等。利用微信群做宣传来积攒人气，只要你做得好，肯定会有不错的效果。

在这里，笔者主要分享一下自身"运营和玩转微信群"的技巧，具体内容如图 15-19 所示。

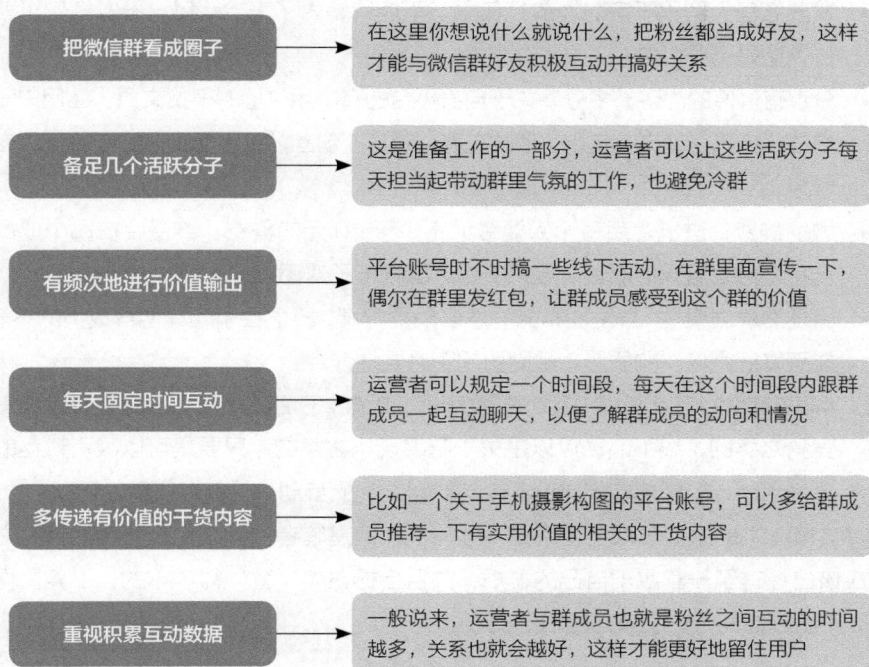

把微信群看成圈子	→	在这里你想说什么就说什么，把粉丝都当成好友，这样才能与微信群好友积极互动并搞好关系
备足几个活跃分子	→	这是准备工作的一部分，运营者可以让这些活跃分子每天担当起带动群里气氛的工作，也避免冷群
有频次地进行价值输出	→	平台账号时不时搞一些线下活动，在群里面宣传一下，偶尔在群里发红包，让群成员感受到这个群的价值
每天固定时间互动	→	运营者可以规定一个时间段，每天在这个时间段内跟群成员一起互动聊天，以便了解群成员的动向和情况
多传递有价值的干货内容	→	比如一个关于手机摄影构图的平台账号，可以多给群成员推荐一下有实用价值的相关的干货内容
重视积累互动数据	→	一般说来，运营者与群成员也就是粉丝之间互动的时间越多，关系也就会越好，这样才能更好地留住用户

图 15-19　运营和玩转微信群的技巧介绍

另外，要注意的是，创建微信群的目的就是为了巩固粉丝群，在微信群中积攒人气与粉丝互动，但是你的平台账号不可能是独一无二的，总有和你的类似的平台账号，那么，在这里就要考虑到自己的粉丝会不会被同行给吸走了。因为如果同行积攒人气的方式比你的更有吸引力，那么，你的粉丝就会放弃你，而选择一个更好的微信群。

企业与企业之间的竞争也不外乎如此，所以创建了微信群之后，运营者最好是要建立一些让用户无法拒绝的群规。让用户可以老老实实地待在你的微信群里面，而不会因为外面同行的诱惑而离开你的微信群。而且创建了群规之后也可以很好地约束用户，俗话说的"没有规矩，不成方圆"就是这么一个道理。

那么，现在问题来了，要建立一些什么群规才能约束粉丝，并让粉丝能够自愿留在你的微信群而不受到其他同行的诱惑、让你的微信群发挥最大的价值呢？接下来，笔者将举例分析建立群规的相关内容，具体如下：

- 统一群名片：为了便于快速相互认识，要统一群名片，格式可以让运营者自己来定，笔者在这里以"姓名 + 地区"的群名片为例，如"张三 + 湖南"。
- 在群里可以发布分享消息：如干货文章（必须是有实用价值的干货），自己的原创文章。

- 刺激分享：在群里发布帮忙转发的文章需要注明，并发不少于 100 元的红包。

- 发放红包：群里不定时发放红包雨，不能只是为了来抢红包，不发红包了就退群，这是不可以的。

- 分享有价值的内容：多分享关于自身平台的有实用价值的干货文章。让用户知道你的平台账号确实有实用价值的东西，这样，粉丝才会不想离开，想留下来交流学习。

- 缴纳群费：进群之后每个人要缴纳不少于 10 元的群费。群费会在每个成员加群两个月之后双倍返还，如果中途退群就不予返还。

- 保证消息健康性：群里发布的消息必须要健康，不然会引起其他群成员的不满，从而降低微信群的质量，从而引起不必要的误会。

- 群里定期举行活动：包括"线上活动"和"线下活动"。线上活动可以是有奖竞猜之类的，线下活动可以是关于吃喝玩乐之类的，只要是可以吸引粉丝的都是好活动，这样更能促进运营者与粉丝之间的互动，培养有质量的粉丝。

其实笔者讲的这些群规也还只是一些皮毛，但是笔者相信广大运营者们看完之后心里应该已经有了一套属于自己的群规，并且会把粉丝"套"得牢牢的，"养"得肥肥的，不给其他同行一丁点儿圈粉的机会。

020 多多放置链接：引导用户阅读

链接是一个很好的提高阅读量的入口。对于运营者来说，最好每一条回复中都加上一些文章的链接来引导用户阅读，让用户在平台停留更长的时间。例如"罗辑思维"微信公众号在发送自动回复的时候，就会在最下面放一条文章链接，如图 15-20 所示。

图 15-20 在回复中嵌入文章链接

021 巧妙设计签到：因势利导关注

有什么能够让用户每天都来关注的功能呢？那就是"签到"功能了。签到功能兴起后，很多网站都开始都对这一功能进行了开发和利用。就拿我们每天会用到的支付宝来说，要想留住用户，运营者在设计签到功能的时候，就从用户的心理需求出发，设置一定的奖励，不然谁会天天没事跑来签到呢？如图 15-21 所示。

图 15-21　支付宝"签到"功能设置

可见，所谓"签到"，其实就是基于一定的利益点设置，让用户逐渐形成持续性关注的签到的习惯，因此，从本质上来说，签到就是一种提高用户活跃度和黏性的运营方式。

一般说来，签到主要有三种形式，即每日签到、连续签到和累积签到。无论是哪种形式，其目的都无非是为了让用户持续地、长时间地关注平台。基于这一点，在运营过程中设置"签到"功能时，可从图 15-22 所示的几个方面着手，才能取得更好的用户运营效果。

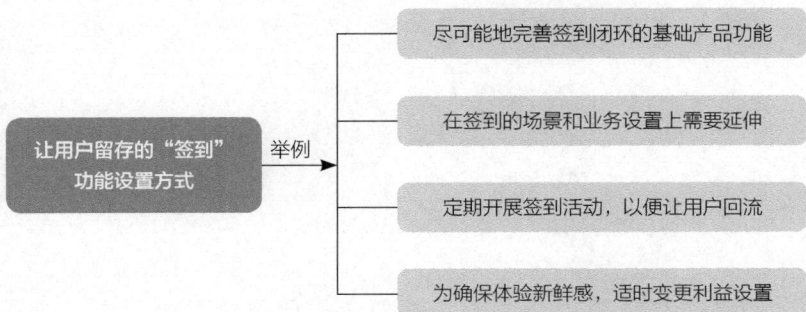

图 15-22　让用户留存的"签到"功能设置方式

第 16 章

后期攻略：
用户的促活与变现

在平台引流、积累和留存了一定用户后，运营者就已经打好了运营的用户基础。接下来运营者的首要任务就是怎样让这些用户在平台上活跃起来并创造价值和迅速实现变现。本章就针对这一问题，围绕 14 个技巧和方式，进行具体阐述。

要点展示

>> 用户促活——让平台热闹起来
>> 商业变现——让平台富裕起来

16.1 用户促活——让平台热闹起来

相信运营者在运营过程中已经注意到了，每次推送图文信息的阅读量一般最多只是用户数的 10% 左右。其他没有阅读内容的用户，有些是对此次信息不感兴趣，更多的还是用户仅仅只是在最初的关注之后就再没有后续动作了。对于这些用户，运营者应该怎么做呢？本节笔者就从 7 个方面来具体介绍怎样让用户活跃起来：

001 多种活动促活：总有一种适合你

想要让用户活跃起来，利用活动是一种比较有效的方式。说到活动，大多数人脑海里就会出现诸多与之相关的词汇。一般说来，只要是活动，就都会在促进用户活跃方面有一定的影响，只是这种影响有大有小。

而我们运营过程中一般会选择那些能极大地活跃用户的方法。在此，简单介绍一下常见的促活用户的活动，如图 16-1 所示。

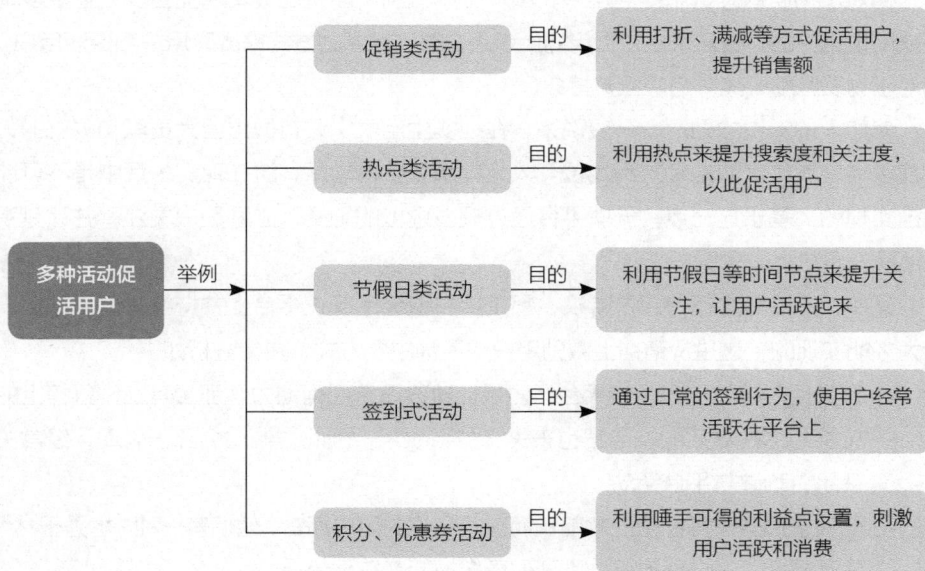

图 16-1　多种活动促活用户介绍

002 物质激励机制：利益下的用户激发

除了活动外，企业和商家制定用户激励机制也是一种必要的促活用户的技巧，一般包括物质、精神等方面。在此介绍一下利用物质激励机制促活用户的方法。

这里的"物质"既可以是具体实体的物质，也可以是虚拟的物质。利用不同形式的物质进行用户促活，是众多企业和商家选择的方式，具体分析如图 16-2 所示。

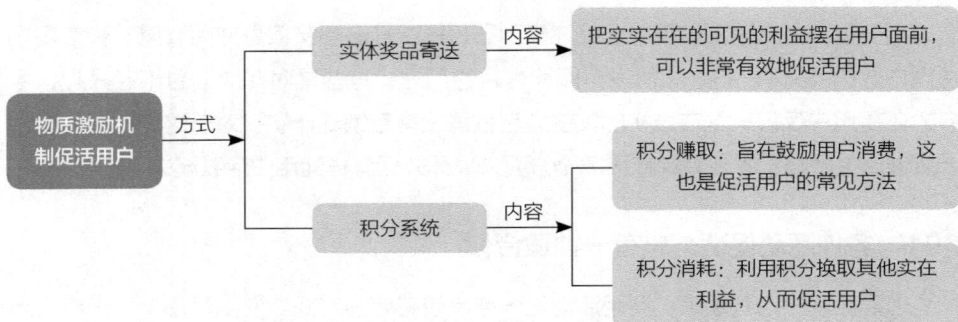

图 16-2　物质激励机制促活用户分析

003　精神激励机制：更持久的促活方式

相对于物质激励机制促活用户，精神激励机制所耗费的成本明显更少，它更多地是从满足用户的心理需求出发，用能代表人自豪、荣誉的方式来激励用户和促活用户。相对于物质激励，其影响明显更持久。

就如人们常说的勋章，一般说来，在现实生活中，只有做出巨大贡献和成就的人才能获得，其代表的是荣誉和地位。人人都想要获得勋章，这在现实生活中是不可能完全实现的。基于这一点，一些平台通过颁发虚拟的勋章来激励用户关注，并让其积极活跃在平台上。

又如，无论是排行榜还是特权，都是用户积极活跃在平台上并持续有着某种活跃行为才能实现的，这是从精神上激励用户的两种主要方式，具体分析如下：

- 假如用户根本不去关注平台，对平台建设没有任何助力，那么其在排行榜上的位置必然是靠后的，自然也丧失了"特权"，因此，他们会急于表现，经常关注平台和参与平台活动。
- 而对于那些在排行榜上靠前和拥有了特权的用户而言，他们有一种"木秀于林"的优越感，这自然也就激励他们更多地活跃在平台上。

004　信息通知方式：不时提醒很重要

运营者和平台每天推送信息，用户每天接收信息，表面看起来平台与用户之间很活跃，其实不然，这种信息的推送和接收，用来考查活跃度是没有任何依据的，因为平台与用户个体之间是没有一对一的直接的接触的，长此以往，必然使得用户与平台之间关系漠然。

　　而要改变这种状态，可以采用更直接的信息通知的方式来活跃用户与平台之间的关系。具体说来，利用信息通知的方式促活用户主要有四种方式，即短信、电子邮件（EDM）、服务信息（PUSH）和弹窗。这些方式都能达到以更加醒目、直接的方式来传达信息的要求，从而可以增加与用户之间的联系，活跃用户。

　　在这四种信息通知方式中，前面三种已经在第15章的16小节中进行了介绍，具体阐述了它们对于召回用户以提升用户留存率方面的作用。其实，这三种方式对于促活用户也有着显著的作用，其原理大体一致，因此不再赘述。在此主要介绍一下弹窗这一信息通知方式对促活用户的影响。

　　弹窗，是一种自动弹出的广告窗口，旨在获取流量和提升人气。虽然，弹窗可能会对用户浏览网页和平台内容造成困扰，但是运营者如果能合理地用它来传达信息，也不失为一种不错的信息通知方式，特别是那些包含福利的弹窗，在促活用户方面是有着奇效的。

　　图16-3为打开"美团外卖"APP后的弹窗广告，显示了用户能获得的红包信息。在这种情况下，假如确实有需要的话，用户是极有可能马上活跃起来的。

图16-3　"美团外卖"APP弹窗

005　版本更新提醒：让用户清楚最新动态

　　无论是在手机移动端还是在PC端，你可能都会时不时地发现有软件的更新提醒，特别是对移动端用户来说，短信方式的版本更新提醒还是容易让人接受的。而用户一看到更新提醒信息，将表现为3种程度的用户促活：

- 在看到信息的那一刻意识到自己作为某一平台用户的身份，这在一定程度上从心理上促活了用户。
- 促活效果更进一步，那就是用户同意了版本更新并进行了操作。这就表示该平台对于用户来说还是有用的，不会卸载和删除。
- 促活效果再进一步，那就是用户在版本更新之后去关注了版本的变化和平台信息，这种促活是直接表现在行为上的。

可见，版本更新提醒也是一种有效的促活用户的技巧。这对于拥有自己的软件（如APP、小程序等）的企业和商家来说是非常适用的。

006　任务列表方式：每一步都是活跃的存在

用户关注某些平台，基于娱乐而进行浏览和关注是选择的主要原因之一。在这一原因的基础上再加一个操作——任务列表，就可以进一步提升平台的娱乐性质，从而让用户从中感受到愉悦身心的价值所在，自然会活跃起来。

当然，除了娱乐这一性质因素之外，任务列表还有一些用户获取奖励或提升账号等级的必经途径，特别是在游戏平台上，任务列表一般是必备的组成插件，如图16-4所示。

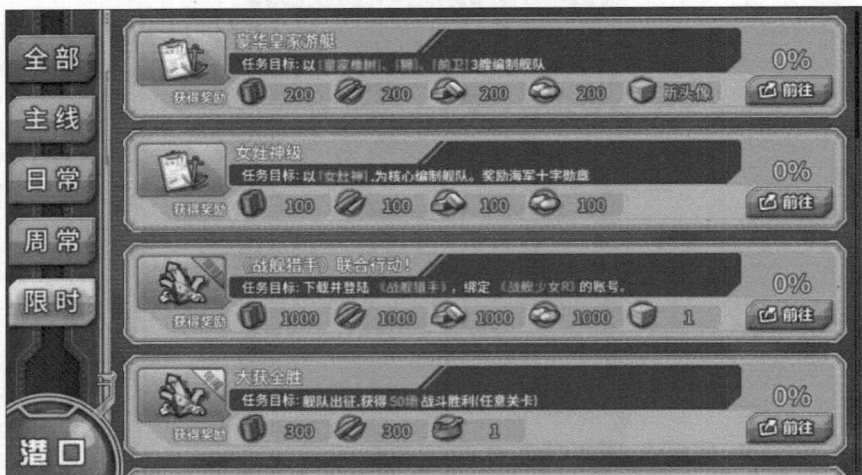

图 16-4　游戏平台任务列表

而把任务列表借鉴到一般平台的运营过程中来，对用户运营来说，从理论上讲，是完全可行的。在设置了任务列表的情况下，假如设置的任务是可以很容易做到而奖励又是用户所需，那么那些处于休眠期的用户，自然而然地会加入完成任务的行列中。

可见，无论是娱乐方面的原因，还是为了获取奖励，抑或是为了提升账号等级，任务列表这一方式都可归结为一点：促进平台用户活跃。

007　成长等级与福利：设置充分的活跃理由

现在，很多企业和商家的运营平台上都设置了用户的成长等级，这一设置的作用，除了有利于用户管理、给用户提供更贴心的服务外，还是促活用户的有效措施。

对用户来说，其成长等级越高，代表用户可享受的特权也就越多，因而用户都是希望自己的等级越来越高的。而为了提升自身等级，用户一般需要有更多贡献值，而更多贡献值的来源是包括多个方面和多种形式的。不论哪一个方面和哪一种形式，首先都需要用户是活跃在平台上的，而其贡献值是其活跃程度的表现。

可见，在平台的用户运营中，设置合理的、合适的用户成长等级，也是有利于用户促活的。

既然提及了用户的成长等级与可享受的特权，那就不能不说到用户等级福利的设置与用户促活之间的关系。

人们常说平等，然而把"平等"这一理念放在用户运营中，其意义就发生了一定的变化。这里的平等指的是所有的用户都有权利获得更高用户成长等级，所有用户完成成长等级上升的标准是一样的，而不是说所有用户（这里包括不同等级的全体用户）可享受的权利是一样的、平等的。不同等级之间的用户可享受的福利是存在差异的，所谓"多劳多得"就是如此。

用户等级福利的设置为用户活跃提供了一个成长的目标和理由。因为他们知道，只有付出更多的贡献值，才能提升等级，并享受相应的等级福利。假如在用户运营中，所有的用户等级可享受的福利是一样的，那么，用户努力地完成等级成长、积极地在平台上活动又是为了什么呢？难道纯粹是为了那一个好听的虚荣的等级名称吗？笔者认为，可能在一些用户看来，等级名称固然很重要，然而他们更加看重的还是等级成长之后的福利。

16.2　商业变现——让平台富裕起来

前文提到了用户了解、用户拉新、用户留存和用户促活，不管是其中的哪一个方面，其目标最终还是为了实现变现。而获得收益是每一个平台运营者的最终目的，也是运营者付出劳动后应该得到的回报。本节就从商业变现出发，具体介绍变现的运营技巧和方式。

008　电商盈利：最直接的变现模式

在新的时代环境下，原始的一手交钱一手交货的买卖方式也同样可以照搬到互联网上，而且与传统模式相比，电商营销更具有优势。

电商平台消费和支付的便捷化，让众多平台运营者的脚步迈得越来越大。目前，已经有不少商业巨头开始投入到电商平台营销的大潮中，有了自己的电商平台或品牌。

图 16-5 是京东微信公众平台的品牌特卖入口。广大用户可以在京东微信公众号的界面上，选择一个标题链接点击进入，即可进入京东商城不同的产品专区选购商品。

图 16-5　京东微信公众平台的品牌特卖入口

009　广告创收：内容＋流量，都是通途

在通过广告创收的变现模式中，其实现的方式也是多样化的。在此以软文广告和流量广告为例，进行具体介绍：

1. 软文广告变现

软文广告，是指平台运营者在文章中以软性植入广告的形式推送文章。它一般在文章里不会介绍产品，或直白地夸产品有多好的效果，而是选择将产品渗入文章情节中去，在无声无息中将产品信息传递给消费者，从而让消费者更容易接受该产品。

软文广告形式是广大平台运营者使用得比较多的变现方式，同时能获得的效果也是非常可观的。图 16-6 是"手机摄影构图大全"公众号推送的一篇摄影图书的广告，在一篇文章中适时渗入产品广告。

2. 流量广告变现

流量主功能是微信公众号平台上的一个展示推广服务，主要是指平台管理者将微信公众号中指定的位置拿出来给广告主打广告，然后收取一定费用的一种推广服务。图 16-7 是"手机摄影构图大全"为某一家装公司打的流量广告。

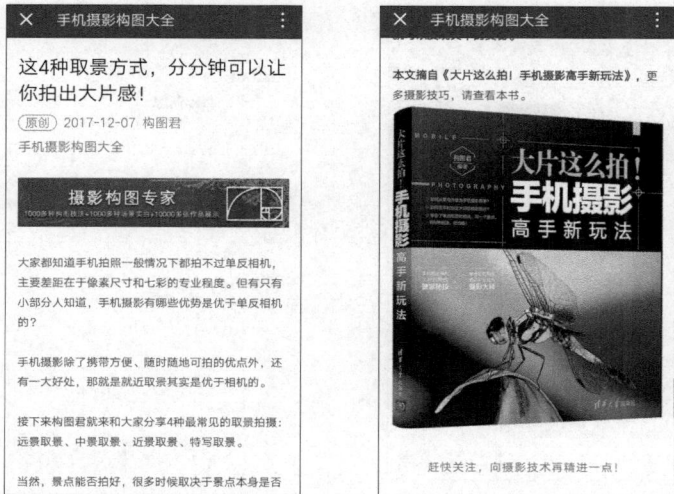

图 16-6　软文广告变现

图 16-7　微信公众号流量广告

010　平台订阅：内容创业者的首选

付费阅读也是运营者用来盈利的一种方式，它是指运营者在平台上推送一篇文章内容，订阅者需要支付一定的费用才能够阅读该文章。

付费阅读，同接下来要讲的付费会员有一个共同之处，就是能够找到平台的忠实粉丝。但是，需要注意的是，运营者要实施付费阅读的话，就必须确保推送文章有价值，不然就会失去粉丝的信任。

图 16-8 是"罗辑思维"公众号通过其小程序"得到"推出的付费订阅。

图 16-8　"罗辑思维"微信公众平台小程序"得到"推出的付费订阅

011　付费会员：高门槛，高效益

招收付费会员也是平台运营者变现的方法之一，最典型的例子就是"罗辑思维"微信公众号。"罗辑思维"推出的付费会员制如下：

- 设置了 5000 个普通会员，成为这类会员的费用为 200 元。
- 设置了 500 个铁杆会员，成为这类会员的费用为 1200 元。

普通会员 200 元 / 个，而铁杆会员是 1200 元 / 个，这个看似不可思议的会员收费制度，其名额却在半天之内就售罄了。

> 💡 **专家提醒**
>
> 　　罗辑思维为什么能够做到这么牛的地步，主要是罗辑思维运用了社群思维来运营微信公众平台。将一部分属性相同的人聚集在一起，就是一股强大的力量。

要注意的是，罗辑思维初期的任务也主要是积累粉丝。等粉丝达到了一定的量之后，罗辑思维才推出了招收收费会员制度。对于罗辑思维这个平台来说，招收会员其实是为了设置更高的门槛，留下高忠诚度的粉丝，形成纯度更高、效率更高的有效互动圈，最终更好地获利变现。

012　点赞打赏：让用户主动支付

为了鼓励创造优质的内容，很多平台推出了"赞赏"功能，就拿我们熟悉的微信公众号来说，要开通"赞赏"功能是需要满足一定条件的，具体如图 16-9 所示。

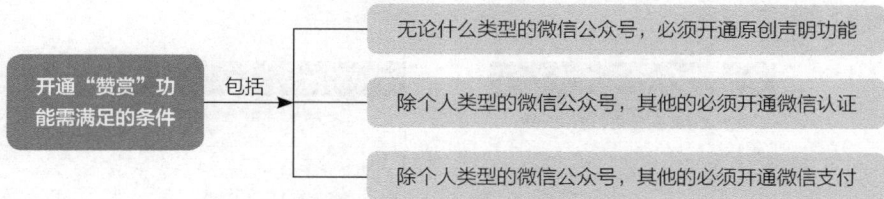

图 16-9　开通"赞赏"功能需满足的条件

图 16-10 是"二号床"微信公众号的"赞赏"功能的示例。

图 16-10　　"二号床"微信公众号的"赞赏"功能的示例

在微信公众平台上，企业想要开通"赞赏"功能，需要经历两个阶段：

- 第一阶段：坚持一段时间的原创后，等到微信公众平台发出原创声明功能的邀请，企业就可以在后台申请开通原创声明功能了。
- 第二阶段：企业在开通原创声明功能后，继续坚持一段时间的原创，等待微信后台发布赞赏功能的邀请，这时，企业就可以申请开通赞赏功能了。

013　培训教学：积累实力是关键

线上培训是运营者可以用来变现的一种非常有特色的方式，也是一种效果比较可观的吸金方式。运营者要开展线上培训的话，首先必须在某一领域比较有实力和影响力，这样才能确保教给付费者的东西是有价值的。

采用线上培训这种盈利方式的公众号中，做得不错的有"四六级考虫"微信公众号。"四六级考虫"是一个为广大大学生及想学习英语的群体提供教学培训的公众号，其公众号上的课程分为收费和免费两种，不同的课程价格也不一样。图 16-11 是该公众平台上的相关内容。

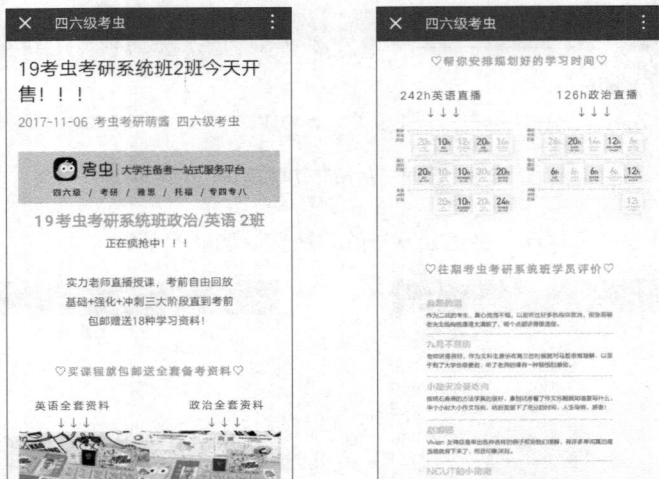

图 16-11　"四六级考虫"微信公众平台上的相关内容

014　冠名赞助：双赢的变现方式

冠名赞助，指的是运营者在平台上策划一些有吸引力的节目或活动，并设置相应的节目或活动赞助环节，以此吸引一些广告主的赞助来实现变现。

例如，受大家喜欢的诗词节目——《中国诗词大会》，就是连续两年由中国农业银行独家冠名播出的，如图 16-12 所示。

图 16-12　《中国诗词大会》赞助商——中国农业银行

通过这种冠名赞助的形式，一方面，对运营者来说，能让其在获得一定收益的同时提高粉丝对活动或节目的关注度；另一方面，对赞赏商来说，可以利用活动的知名度为其带去一定的话题量，进而对自身产品或服务进行推广。因此，这是一种平台和赞助商共赢的变现模式。